解 锁
客 户
价 值 链

[美]
塔莱斯·S. 特谢拉
（Thales S. Teixeira）

[美]
格雷格·皮肖塔
（Greg Piechota）

著

欧阳立博

译

**Unlocking the
Customer Value Chain**

How Decoupling
Drives Consumer Disruption

中信出版集团 | 北京

图书在版编目（CIP）数据

解锁客户价值链 / （美）塔莱斯·S.特谢拉, （美）格雷格·皮肖塔著；欧阳立博译. -- 北京：中信出版社, 2022.12
书名原文：Unlocking the Customer Value Chain：How Decoupling Drives Consumer Disruption
ISBN 978-7-5217-4807-9

Ⅰ.①解… Ⅱ.①塔… ②格… ③欧… Ⅲ.①企业管理－通俗读物 Ⅳ.① F272-49

中国版本图书馆 CIP 数据核字（2022）第 204189 号

解锁客户价值链
著者： ［美］塔莱斯·S.特谢拉 ［美］格雷格·皮肖塔
译者： 欧阳立博
出版发行：中信出版集团股份有限公司
　　　　　（北京市朝阳区惠新东街甲 4 号富盛大厦 2 座　邮编　100029）
承印者： 北京诚信伟业印刷有限公司

开本：787mm×1092mm　1/16　　　印张：20.5　　字数：236 千字
版次：2022 年 12 月第 1 版　　　印次：2022 年 12 月第 1 次印刷
京权图字：01-2019-7585　　　　　书号：ISBN 978-7-5217-4807-9
定价：79.00 元

起源很重要。

献给我的父母，若昂·巴蒂斯塔和阿孙塔·特谢拉，

以及我的妻子伊娃、女儿卡利娜和儿子马利：

在我的生活中，你们是三大颠覆浪潮。

我爱你们所有人！

目 录

推荐序 ————————————

"价值链"（value chain）概念是由迈克尔·波特（Michael E. Porter）于 1985 年在《竞争优势》（*Competitive Advantage*）一书中提出的，提出价值链的目的在于指导企业如何保持竞争优势，让企业专注于价值链上某些特定的战略环节，因为只有某些特定的活动才能真正创造价值。

类似地，塔莱斯·S. 特谢拉（Thales S. Teixeira）和格雷格·皮肖塔（Greg Piechota）提出的客户价值链（customer value chain，CVC）则是从客户视角出发，分解满足客户需求的一系列活动。这些活动涉及客户痛点，与他们如何使用产品或者更容易使用产品密切相关。"一些旨在降低客户成本和风险的下游活动正成为价值创造的驱动力和竞争优势的来源。"因此，竞争优势更多是在客户和市场中，而不是在工厂和产品中，并且"最常嵌在与客户互动的过程中，在市场信息中，以及在客户行为中"。因此，客户价值链提供了一幅全景图，将客户的价值环节与产品进行映射，通过这样的方式，企业能够真正理解和把握客户如何与产品互动，从而做出更好的决策。

在商业模式和科技创新层出不穷的时代，市场需求不断地被创造出来，也出现了新兴的工具来满足需求，因此商业世界进入了"混沌"时代。这个时代的特点不仅仅体现在消费者随时随地通过手机和社交媒体完成购物和娱乐活动，还体现在更多资源和劳动力进入市场，生产方式和价值创造方式发生了颠覆性改变，比如爱彼迎（Airbnb）解锁了旅店的供给，众筹平台 Kickstarter 催生了更多的创新。在过去的几十年中，移动硬盘行业的品牌商琢磨着不断提升硬盘的存储效率，但在亚马逊云（AWS）、Dropbox 等云端存储的玩家出现之后，整个行业的格局都发生了变化。因此，行业边界和企业边界等都变得不再固定和明确。

本书作者指出第一波和第二波数字化浪潮分别发生了专业化和去中介化，同时也指出第三波数字化浪潮中发生的解耦（decoupling）会是一种普遍的现象，这一波浪潮颠覆了整个客户价值链。除此之外，这个变革时代融合着新自由主义文化转向，技术突破速度前所未有，偏好需求变幻莫测，同时资本主义似乎也走到了十字路口。因此，企业家和管理者迫切需要一个更加包容且不变的框架视角来理解商业实践。这不是一件容易的事情。本书则试图回应这个诉求。

在当前的市场环境中，有前瞻性布局的公司需要主动拆解客户价值链，审视价值创造点，找到自己薄弱的环节，增加专业的力量，积极满足不断变化的市场需求。本书通过丰富的案例告诉我们：公司应该避免陷入"以产品为中心"的观念怪圈，因为这样的观念往往导致功能至上的创新竞赛，在给生产商带来巨大成本压力的同时"过度服务"大多数客户，而忽略了他们真正的需求。相反，公司应该首先专注于深入了解客户的"待办工作"（客户需要什么）。这种理论在关注客户"是否购买产品／服务"之外，更加着重于"在特定情况下将产品带入他们的生活"这一概念。本书指出公司应该将战略聚焦点从行业与直接竞争对手身上移开，集中在分解客户价值的构成上。品牌的力量承受着社交属性的冲击，固定资产带来的边际产出也会越来越低。不论是品牌，还是固定资产，都已无法成为一家企业基业长青的护城河。从客户价值链出发，重新思考价值分布，挖掘价值主张，有助于我们重新理解整个商业体系。

中国数字经济的繁荣赋予了经济社会发展的"新领域、新赛道"和"新动能、新优势"。数字经济正在成为引领中国经济增长和社会发展的重要力量。而数字经济的微观载体与行动者也意识到，任何时候，供给和需求一旦交汇，就可能促使新的竞争者入局，瓜分现有玩家的市场，甚至完全取代现有玩家。数字科技的进步不仅改变了产品和服务的形态，也让行业和企业的边界越来越模糊。短信怎么也不会想到打败它的是微信，而微信进入市场的时候可能也没有想要瓜分短信的市场。但是，客户的需求其实一直在那里，需求与供给的再匹配正在不断改变市场格局。本书指出新兴产业可能进入客户价值链中的每一个部分、每一个环节，并对原有价值链中环节内部与环节间的联系进行重构。这些新进入的企业往往专注于提供价值链服务，它们正在将原有客户价值链的一部分剥离出传统企业，为客户在新的情境下创造新的价值。因此，这样的框架视角能够帮助数字化转型中的企业找到转型的路径。市场现有的玩家往往会囿于当年进入市场的优势，从产业的角度去分解价值链。本书告诉我们，颠覆我们的其实不是技术，而是客户。因此在位企业无须惧怕技术本身，而应该真正关注客户。数字化带来的颠覆对于很多公司是巨大的挑战，但是从客户价值链出发进行思考有可能帮助我们快速迭代自己的思维方式，开创新的业务模式，从而帮助我们从容应对挑战。

不论是对带来颠覆性变革的技术先行者，还是对多数默默无闻的技术应用者来说，《解锁客户价值链》将督促管理者更深一步地思考：客户究竟因为什么而做了花钱的决定？从客户角度出发梳理价值链，企业应从哪里开始主动发起价值创新？本书通过全球市场中的多样化案例，给出了答案，也展示了实施的步骤，帮助企业完成价值解耦。

营销中的创新，是至关重要的。富有想象力的战略构想就存在于客户价值链中。

褚荣伟
复旦大学管理学院市场营销学系副教授、副系主任
复旦大学中国市场营销研究中心秘书长

引言 ————————————

博德斯（Borders）曾经是美国最大的书店之一。但在 2011 年，亚马逊破坏了其商业模式，博德斯破产了。它的首席执行官麦克·爱德华兹说，博德斯的关闭"令人惭愧"。爱德华兹在整个职业生涯中学到的所有原则，突然因为他所说的"数字化海啸"而失效了。[1]

诺基亚曾经是全球移动电话的领导者。为了避免破产，它在 2013 年不得不卖掉自己。它也是数字化颠覆的受害者。它的首席执行官史蒂芬·埃洛普承认，自己不知道自己不了解什么。埃洛普在一次采访中伤心落泪，声称："我们没有做错什么，但不知何故我们输了。"[2]

2017 年，J.Crew，这个世界上曾经最时尚的服装公司之一，在同店销售额下降了几个季度后，不得不关闭许多店面。该公司创始人、被赶下台的首席执行官米基·德雷克斯勒承认，他不知道如何跟上数字化颠覆的步伐。"如果我能回到 10 年前，"他说，"有些事我可能会早点儿做。"[3]

但究竟该做些什么？爱德华兹、埃洛普和德雷克斯勒从未为他们失败的策略提供过任何替代方案。许多其他公司的高管也没有预料到他们的业务会爆发危机。

如今，数字化颠覆影响到了每个行业、地区和市场，它不会消失。颠覆不再是一个单独发生的关键事件，它已成为现代市场的永久性事件。新公司。新技术。新投资者。新商业模式。那么，大型、知名的公司应该如何应对数字化颠覆呢？

单靠创新不是解决之道

许多领导者的观点是要创新。他们认为，如果新的和更具创新性的公司正在颠覆他们的业务，那么老牌公司的领导者就需要在创新方面超越这些竞争对手。这个观点似乎是合理的，而且得到了有力的支持。1997 年，克莱顿·克里斯坦森出版了《创新者的窘境：领先企业如何被新兴企业颠覆？》的英文版。在书中，他把颠覆大致等同于创新。当一种特定类型的创新存在时（在《创新者的窘境》中，克里斯坦森用它指代"颠覆性技术"，他在随后写的其他书中用它指代"颠覆性的公司、战略和产品"），那么市场被颠覆的风险也会随之存在。在这种创新不存在的地方，颠覆也不存在。受克里斯坦森的启发和其他大量的有关创新的书籍的影响，商业领袖们投入了大量的时间和资源来使他们的公司变得更有创新性。如果竞争对手采用的某些"新技术"会"导致大公司倒闭"，那么领导者通过投资新的颠覆性创新来应对变化是有道理的。[4] 但是，如果创新和颠覆之间并没有那么紧密的联系呢？

技术并不是颠覆大多数市场的因素

特别值得一提的是，我在本书中认为，新技术并不是当今最具颠覆性的驱动力，消费者才是。这反过来意味着老牌企业需要一种不同的创新来帮助其生存发展，这种创新不是技术创新，而是商业模式的转变。商业模式展现了一个公司如何工作，如何创造价值，为谁创造价值，如何获取价值，从谁那里获取价值。要创新你的商业模式，你需要深入了解客户。你必须了解你的客户想要什么，尤其是他们为了满足自己的需求而采取的主要行动或进行的主要活动。你需要了解他们的价值链。

一旦你学会从客户的角度看待市场，一个全新的数字化颠覆浪潮就会呈现在你眼前，它涉及的行业包括零售、电信、娱乐、消费品、工业、服务、运输等。这些行业中的传统企业使客户能够在购买商品和服务时，与它们合作完成大多数（如果不是所有）的消费活动。这些企业将客户为获得产品和服务而进行的所有活动捆绑在一起，组成一个"链条"。在今天新一轮的颠覆浪潮中，新兴企业正在打破这些链条，它们只为客户提供完成一项或几项特定活动的机会，并让客户在老牌企业那里完成其余的活动。我将这种打破消费链条的过程称为"解耦"。新兴企业通过解耦在市场上立足，通过为客户提供特定活动（我称为"耦合"）来成长。最初的解耦和随后的耦合都让新兴企业超越老牌企业，迅速抢走大量的市场份额。简言之，新兴企业会成为颠覆者。*

---

* 有关本书中关键术语的准确定义，请参阅书末的"术语说明"。

解耦（耦合）者正在改变游戏规则

本书将探讨许多具体的解耦案例。例如，亚马逊最初将客户购买耐用品所需要完成的一系列活动分开。客户可以从亚马逊购买商品，同时通过传统的零售商发现和认识商品。网飞（Netflix）打破了客户观看视频、进行娱乐消费时的活动链，只提供内容，让电信运营商为客户提供密集投资型设备，将家庭与互联网耦合起来。脸书（Facebook）可以传播新闻，但它本身并不能生产新闻，传统的新闻机构和用户才会生产新闻。这些颠覆性的公司，以及我们将要分析的许多鲜为人知的公司，都有效利用了创新技术，它们使用技术来支持其商业模式。商业模式本身则代表了真正的创新。

目前，客户导向型的商业模式创新浪潮是全新的。因此，寻求掌握这一模式的老牌企业应该接受一个新的战略框架。虽然在 20 世纪 80 年代、90 年代，以及 21 世纪初，SWOT 分析[*]、博弈论甚至迈克尔·波特的五种竞争力量都被证明对公司非常有用，但竞争的性质已经发生变化。大多数行业过去只有两个或最多几个主要的全球参与者。如今，行业内会存在许多竞争对手，大多是全球范围内的小企业。当一个更大、更可预测的玩家必须与数百个（在某些情况下是数千个）小型的、不可预测的玩家进行战略上的"象棋比赛"时，博弈论就失去了它的大部分价值。其他传统的战略方法同样无法应对当前的现实。本书旨在补充这些既定框架。

---

* SWOT 是指优势（strengths）、劣势（weaknesses）、机会（opportunities）和威胁（threats）。

客户正在颠覆市场

通常，传统的战略框架倾向于以公司为中心，偏向相对于竞争对手来说最适合自己公司的领域。但是，新一轮的数字化颠覆是由客户驱动的，因此公司需要以客户为中心的新框架和新工具。在本书中，对应以公司为中心的策略，我概述了以客户为中心的、应对数字化颠覆的有力策略。我建议老牌公司设计一个体系，以应对由不断变化的客户需求造成的整体颠覆模式，而不是针对每一个可能造成威胁的新公司做出不同的反应。这些问题本质上是一个问题，老牌公司应该采取普遍适用的方案。

本书的目标读者是企业的经理和高管，我相信它对那些希望学习如何以更规范、更有序、风险更低的方式颠覆市场的企业家来说，将是很有价值的。本书还能够帮助那些希望了解电子商务的普通读者。客户确实在改变商业格局。我们正在改变它。在我们日常生活中，小的、频繁的、自发的行为——住在租来的房子和旅馆里、约私人轿车和出租车、比较商品在网上和在实体店里的价格——最终会使整个行业陷入困境。起初，这些行为似乎无害，但随着越来越多的客户采取这种行为，初创公司开始利用这种行为，客户蜂拥到这些公司。这导致百年老牌公司衰落，也促使新的十亿美元公司诞生。

我将本书分为三个部分。在第一部分中，我解释了当下市场中的新情况，什么改变了，为什么变了。我用一个章节详细阐释了颠覆的具体步骤和过程。第二部分主要是写给老牌企业的，我提供了应对颠覆的通用框架，以及帮你决定在面对新的颠覆时应采取哪种应对方式的分析工具。这个框架可以帮你决定要做什么，而这些工具可以帮你理解如何去做。在第三部分中，我将解耦理论与公司的生命周期结合起来，对以客户为中心的颠覆性企业如何起步、如何发展，以及如何避免衰落提出了新的见解。

解耦无处不在

我通过对数字化颠覆进行扩展研究形成了我的解耦理论。在八年的时间里，我访问了大型科技公司，如爱彼迎（Airbnb）、谷歌、脸书、网飞和 Wayfair 等，以及一些小型初创公司，包括 Houzz、Enjoy、Zulily、Tower、Rebag 和 Birchbox。我还参观了可口可乐、迪士尼、华纳、沃尔玛（Walmart）、派拉蒙影业（Paramount Pictures）、艺电（Electronic Arts）和丝芙兰（Sephora）等，以及 Globo、日产（Nissan）、西门子和 Zalora 等非美国公司。在研究每一个案例时，我都与公司创始人或高层管理人员进行了交谈，并对公司的客户进行了深入研究，这些客户包括老牌企业失去的客户、颠覆者获得的客户以及两者共同拥有的客户。

我看得越多，就越能分辨出同样的、常见的颠覆模式。它无处不在，影响着不同行业的多种业务。基于案例和跨行业的优势使我能够发现这种颠覆的共性，将整体的概念、经验教训和框架一起建构起来。在你阅读后面的章节时，我鼓励你抛开只关注自己行业的想法，以开放的心态思考，想想其他行业发生的颠覆与你自己行业最近的发展可能会有怎样的关联。基于案例的研究有助于决策者制定指导原则，这正是我们在哈佛商学院使用该方法的原因。但是这样的研究并没有经过严格的检验（如果发生 X，你就应该做 Y 吗？这一点无法确定）。如果你在寻找能够明确描述像数字化颠覆这样复杂事物的方程式，那么本书将无法帮助你。但是，如果你在寻找能够解释这种新现象的通用模式，并且想从别人的成功和失败中学到东西，那么本书将是一个有价值的起点。

考虑到高管们繁忙的日程安排以及他们对新颖、可行想法的需求，我会避免使用学术书籍中的高度专业化的术语。尽管如此，我还是想简单介绍一下书中的术语。当我使用"颠覆"一词时，我指的是一个行业的参与者之间市场份额的分配情况发生突然而巨大的变化。我使用"解耦"来指代客户价值链（customer value chain）上相邻活动之间的连接被断开。与其他形式的商业模式创新不同，解耦发生在客户价值链层面，而不是产品层面。我将"客户价值链"定义为客户为了满足他们的需要而进行的一系列活动。这些活动包括搜索、评估、购买、使用和处理产品等。客户价值链类似于迈克尔·波特所说的价值链（公司为创造自身价值而开展的一系列活动，如运营、物流和营销），但它是从客户的角度展开的，而不是从公司的角度。更多与术语相关的信息请参见本书末尾的"术语说明"。

了解客户，你就会了解颠覆

作为一名学者，我有责任说明自己对市场营销学科的知识偏见。在过去的八年里，我在哈佛大学教授传统营销和数字营销战略、营销分析以及电子商务课程。这些课程侧重于研究客户行为，教学生如何运用营销手段来解决常见的商业问题。本书从客户的角度分析了数字化颠覆，间接地论证了了解营销原则可以帮助我们理解商业模式创新。据我所知，很少有营销主管对大公司的创新负有直接责任。这个现实需要改变。我希望你可以了解到，精通客户行为的高管是最有能力进行客户驱动创新的人。

本书的目的不仅是提供一个令人兴奋的数字化颠覆的新视角，还在于提供理论和工具，帮助企业采取有意义的行动。不要成为另一个像博德斯、诺基亚和 J.Crew 那样的警世故事。这些公司的领导者曾不遗余力地试图应对数字化颠覆浪潮。博德斯试图成为一家"创新型公司"，推出自己的电子商务网站、电子阅读器和电子书商店。[5] 诺基亚多年来在智能手机、触摸屏和其他技术上进行了大量投资，并获得了很多创新大奖。J.Crew 团队开展数字化营销，投资数字化平台，并采用了各种创新面料。然而，技术创新并没有拯救它们。这可能也不会挽救你的生意。你的命运掌握在客户手中。所以让我们了解客户需求的逻辑。了解了这些信息，我们就可以设计出可靠的策略和工具，从客户的利益，也从自己公司的利益出发，有效地应对颠覆。

第 一 章

探索之旅

　　如果你是一个大型零售商，那么你肯定会希望你的商店挤满顾客。商店里面越忙碌，销售额就越多。很明显，对吧？事实证明，并非总是如此。在 2012 年假日购物季，百思买（Best Buy），全球最大的电子消费品零售商，在美国拥有近 1 500 家分店的商家，它的商店里挤满了人。顾客对 42 英寸①的夏普平板电视感到惊奇。他们蜂拥而至，试用新出的装有英特尔奔腾处理器的三星笔记本电脑。他们还观看了蓝光版的《广告狂人》（Mad Men）。然而，有一件事顾客没有像过去那么做：拿出钱包。该季度百思买的销售额下降了近 4%。[1]

　　许多顾客在逛商店时不购买产品，而是玩自己的智能手机。他们轻敲屏幕，扫描电视机和笔记本电脑上的条形码，或者拍摄 DVD（数字化视频光盘）封面的照片。几秒钟之内，他们手机上的价格比较应用程序就搜索到了亚马逊和其他线上竞争对手的库存，价格通常会比线下商店低 5% 到 10%。只需点击几下，他们就可以在网上购物，

---

① 1 英寸 = 2.54 厘米。——编者注

并安排商家将商品直接送到他们家门口的台阶上。[2]百思买员工一次又一次地看着顾客空手而归。

这种现象被称为"展厅现象"(showrooming)。2012年,百思买绝不是唯一的受害者。对许多购物者来说,像亚马逊的比价程序(Price Check)一样的应用程序将连锁超市沃尔玛、家居用品零售商 Bed Bath & Beyond 以及玩具反斗城(Toys "R" Us)等的实体店变成了商品的展示厅。据谷歌报道,超过3/5的智能手机用户在实体店里使用手机来帮助自己购物。[3]在调查中,购物者说展厅现象的出现主要有3个原因:更便宜的价格、他们在网上订购之前想亲自看看产品的愿望,以及实体零售店商品的短缺。[4]技术第一次向我们证实了百思买前首席营销官巴里·盖奇所说的"当有人在忙着做决定时,(对竞争对手而言)这正是抢走客户的好机会"。[5]

展厅现象虽然表面上看起来是一个关于实体零售商的问题,但实际上却是一个数字化颠覆的典型例子。数字化颠覆使从媒体到电信、金融、交通运输的许多行业都发生了翻天覆地的变化。在百思买的案例中,颠覆造成了巨大的损失。2012年假日购物季过后,该公司公布,季度亏损17亿美元。在接下来的一年半里,销量继续下滑,百思买的股价跌至12年来的最低点。"我们是不是正在目睹大卖场的死亡",一家报纸的头条新闻这样写道。[6]在公司内部,管理层举步维艰。该公司的资深首席执行官辞职[7],其继任者们在如何应对数字化颠覆上存在分歧。尽管临时首席执行官希望正面解决展厅现象带来的问题,终止这种现象,但董事会最终任命的首席执行官最初却怀疑这种现象是否构成问题。[8]学者、分析师和记者们也提出了相互矛盾的观点。一些人认为,百思买应该追随亚马逊的脚步，加强差异化的服务，在网上销售更便宜的产品。[9]另一些人则认为，百思买应该仿效苹果，减少产品库存，专注于高端商店。[10]百思买的前景看起来如此可怕，以至该公司已退休的创始人为了收购公司而复出。[11]

百思买最终部署了一系列策略以抑制展厅现象，吸引顾客在商店购买产品。它避免在商店内的某些产品上放置条形码，并在商店内的其他产品上放置独家条形码，以防止顾客通过手机上的价格比较应用程序发现更低的价格。[12]它翻新了商店，重新培训了员工，重新启动了在线商店，并提供独家产品。一些商品只有在百思买才有售，比如某些电影的蓝光版本。[13]该公司还进行了商业反击，创建了自己的购物应用程序。但这些策略似乎都没有抑制住展厅现象。

2013年春天，在又一个假期购物季结束后，百思买终于做出了大胆的举动：承诺将与亚马逊和其他在线零售商的价格保持一致。销售额的下降趋势逐渐平缓。到2018年底，首席执行官休伯特·乔利宣布："百思买已经斩断了'展厅现象'。"[14]但它做到了吗？该战略长期可持续吗？与在线竞争对手不同的是，百思买仍在招聘零售店员工，维护店铺，并在多个地点放置存货。因此，其成本从根本上高于那些拥有集中仓库且没有零售员工的在线零售商。价格匹配抑止了客户的流失，但在没有找到行业颠覆的根本原因的情况下，百思买的利润空间也有所下降。[15]

你可能认为百思买别无选择，只能大胆地尝试一次性策略。毕竟，它面临的威胁是前所未有的。百思买的高管们几乎找不到什么科学依据，也没有通用框架或理论可供他们利用。其他行业中也没有可供他们学习的案例，他们无法寻求指导、发现灵感或学习优秀的实践方式。其他行业的颠覆性现象与他们所面临的问题有什么关系？他们感到被一种不知从何而来的威胁所包围，所能做的就是撤退到他们的行业中，在黑暗中不断试探。当然，百思买的高管们并非孤军奋战，他们在其他大公司的同行，包括康卡斯特（Comcast）（面临网飞的颠覆）或 AT&T（受到 Skype 的威胁），也都畏缩不前。他们只专注于他们知道的事情，并针对他们数字化时代的挑战者开展了一系列随心所欲的活动。

如今，老牌企业高管们的境况几乎没有好转。他们仍然被颠覆困扰，不知道该怎么做。然而，如果不同行业面临的颠覆实际上是相同的呢？如果亚马逊对百思买的威胁在结构上与其他行业所遭受的颠覆性威胁相似呢？如果近几年来只有一个动态因素让市场不安，而这种因素就是竞争对手进攻时采用的隐藏模式，会怎样呢？这将改变现有企业领导者的一切。如果你能理解这个隐藏模式，你就不会再盲目地摸索自己的方式了。即使颠覆第一次在你的行业中出现，你也可以通过套用通用的框架，以系统的方式应对。那些看起来似乎独一无二的威胁，会变得更易于理解、预测，从而更易于管理。颠覆者就不再那么具有颠覆性了。

被颠覆困扰

事实证明，个别的颠覆事件并不像大多数高管所预想的那样独特。我在偶然中发现，确实存在某个模式。2010 年，在哈佛商学院教书一年后，我坐下来写我的第一个案例研究。我专注于分析在线流媒体服务，如网飞如何挑战巴西最大的媒体公司 Globo。作为一家由电视台、广播电台、报纸、网站和其他媒体资产组成的综合企业，Globo 在当时占据了所有电视广告收入的 70%。它最成功的产品——电视剧，虽然自 20 世纪 60 年代以来在拉丁美洲广受欢迎，但在当时并没有做得很好。

我访问了 Globo 的总部，采访了包括董事长在内的十几位高管。在撰写案例研究时，我提出年轻观众不再花太多时间看电视，尤其是遵照传统在黄金时间（18:00 至 22:00）播放的电视剧。年轻观众会上网观看他们最喜欢的 YouTube 或网飞的节目。我自信满满地将完成的案例研究提交给 Globo 公司审批（我们案例研究的标准流程）。令我震惊的是，我的审批请求被拒绝了。不仅如此，我接触过的公司协调人员告诉我，我永远不能公开发表这一案例。

我简直不敢相信。这是我的第一个案例，我花了很多时间研究和撰写它。但我认为我理解公司的决定。Globo 对其电视剧业务面临的威胁感到恐惧，高管们不想当众"讨论这件难堪、尴尬的事情"。所以我放手了。

我接着写了一系列其他关于数字化营销主题的案例，研究了百事（PepsiCo）、Groupon、Dropbox、猫途鹰（TripAdvisor）和 YouTube 等公司。2013 年，我再次尝试发表一篇关于一家陷入困境的公司的案例研究。这一次，研究对象是西班牙最大的电信公司 Telefonica。几十年来，Telefonica 在国际电话业务上赚了大钱。然后，在 2003 年，Skype 出现了。在不到 10 年的时间里，Telefonica 和其他欧洲运营商的国际电话业务收入暴跌超过 2/3。[16] 当人们可以在任何地方和另一个人通过 skype 通话，并且不管打到全世界哪里都免费时，他们为什么会选从马德里打到纽约还需支付每分钟 40 欧分话费的 Telefonica 呢？电信主管们眼睁睁地损失了大量欧元。再一次，在我采访了 Telefonica 的十几位高管并写下了这个案例之后，某个高层人士拒绝签字批准它发表。后来我发现是当时的首席执行官没有批准，原因可能与 Globo 公司类似。面对颠覆，疼痛是真实的，而且当时没有治愈方法，人们也无法很好地理解它。*

这两次挫折让我开始思考：为什么高管们对颠覆的反应那么强烈？是不是他们知道如何应对但需要更多的时间？或者他们确实感到很困惑，认为颠覆是完全新颖和未知的？我决定接触一些面临颠覆的大公司，与其高管进行非正式交谈。我的目标不是发表案例研究成果，而是简单地了解他们所面临的情况以及他们的应对措施。2013 年至 2017 年，我与三家公司的高管进行了交谈：丝芙兰，一家美容用品零售商，当时正在应对来自新兴美妆电商 Birchbox 的挑战；百思买，该公司正在与亚马逊展开竞争；艺电，一家视频游戏出版商，面临着星佳（Zynga）、娱乐媒体公司 Rovio 和 SuperCell 等游戏开发公司的威胁。在每一家公司，我发现高管们都敏锐地意识到了新兴企业带来的威胁，但不知道怎样的应对措施才是最佳的。注意，他们确实做出了应对，但主要用的是逐点的策略，类似于百思买最初试图消除展厅现象所采用的策略。

在谈话过程中，我开始注意到一个反复出现的主题。颠覆者对老牌公司的威胁是，它们并没有取代或颠覆老牌公司的全部业务，而只是取代或颠覆了其中的一小部分。正如我们所看到的，亚马逊并没有

---

* 与 Globo 不同的是，Telefonica 的高管们确实有不少方式来对付颠覆者。

劝阻客户浏览百思买的货架，以发现、试用和比较产品。只有在客户完成了比较并打算购买之后，亚马逊的应用程序才会发挥作用。在某种意义上，亚马逊和百思买共享客户。这是一种不同类型的竞争，大公司的高管们还不习惯应对这种竞争。

你也可以想想丝芙兰和Birchbox的区别。客户来到丝芙兰的实体店，试用和评估了圣罗兰唇膏或香奈儿香水，他们可以当场购买，也可以稍后在丝芙兰公司网站或线上商店购买。2010年，当Birchbox出现时，它使用的"订阅盒"（subscription box）模式颠覆了丝芙兰。在客户付费后，Birchbox每月都会给客户寄去一盒美容产品的样品。然而，决定盒子里有哪些样品的并不是客户，而是Birchbox。有了Birchbox，客户无须去丝芙兰实体店试用口红、香水和护肤品等，他们现在在自己家里就可以做这件事。客户很高兴。一位Birchbox的客户说："我住在一个小镇上，很少接触高端品牌。"[17] 对这样的客户来说，Birchbox简直太方便了。

起初，Birchbox只有推销小样的业务，它通过订阅盒向客户提供小样。如果客户喜欢某个产品的小样，那么他们可以在丝芙兰实体店或其他地方购买该产品的正装。[18] 随着时间的推移，随着越来越多的人通过订阅盒来试用和了解新产品，进入丝芙兰商店了解货架上的新产品的人越来越少。Birchbox已经成了一个主要威胁，虽然它只颠覆了客户活动的一部分：试用。正如一位行业高管所说，"你将拥有越来越多的年轻客户，他们都将不再在实体店购买产品"。[19]

同样，在视频游戏行业中，星佳、Rovio和SuperCell等开发商并没有专注于复制传统视频游戏开发商的整个业务。他们在替代老牌企业艺电的过程中所做的只是改变用户的支付方式。在联网游戏机出现之前，消费者必须支付 40~80 美元的一次性预付款才能购买到一款实体游戏。后来，包括社交媒体和应用商店在内的新渠道出现了，新的游戏开发商开始免费向人们提供游戏。他们通过向玩家出售廉价的附加组件（有些售价还不到 1 美元）来赚钱，这些附加组件使玩家能够在游戏中取得优势。大约 98% 的手机玩家，都是休闲玩家，他们乐于免费玩游戏。另外 2% 的忠实玩家很愿意付费。[20] 这种策略非常有效，到 2019 年，大多数手机游戏开发商已经放弃了付费游戏模式，转而选择"免费增值"（freemium）模式。

解耦的概念

我想知道颠覆者究竟是如何颠覆老牌企业的一小部分业务的，于是，我转向了同事和我教给学生的一个基本框架：客户价值链*。客户价值链是由典型客户为了选择、购买和消费产品或服务而遵循的分立步骤组成的。客户价值链根据行业、企业或产品的具体情况而有所不同。例如，购买平板电视的客户价值链的关键步骤包括：到零售商那里，评估可用的选项，选择电视，购买电视，然后在家里使用电视。护肤霜等美容产品或视频游戏的价值链基本相同。对于视频游戏，玩家会先评估游戏名称，选择一个或多个游戏，购买游戏，然后玩游戏。

图1.1 典型客户价值链

---

* 也被称为决策过程。

按照传统，客户会以联合或耦合的方式在同一家公司完成所有这些活动。客户发现，去实体店（如百思买经营的实体店）购买电视最方便，在对所有实体店进行评估后，选择其中一个选项，然后在那里购买电视。虽然人们可以在一家商店浏览，在另一家商店购买，但百思买知道，大多数时候如果价格合理，到店的顾客就会在商店购买电视。同样，美容产品的购买者也会去一家丝芙兰线下商店，试用香水，选择一种香水，购买它，然后使用它。对于艺电制作和销售的游戏，玩家也会这么做。

当思考这些例子时，我意识到，颠覆者破坏了客户价值链的某些步骤之间的联系，然后"窃取"了他们自己要完成的一个或几个步骤，从而构成了威胁。为了便于比较购物，亚马逊创建了一个移动应用程序，允许实体店的顾客搜索、扫描条形码或拍摄产品的照片，通过应用程序轻松发现该产品在亚马逊的价格。这使得亚马逊的客户很轻易地打破了选择产品和购买产品之间的联系。百思买帮客户完成了前者，亚马逊帮客户实现了后者。同样，Birchbox 使其客户能够轻松地将试用美容产品（由 Birchbox 完成）与选择、购买产品的步骤（由其他零售商完成）分开。新兴的游戏开发商允许客户将购买游戏与玩游戏分开。

实际上，新兴企业只选择了传统上由老牌公司提供的客户价值链活动的一部分，围绕它建立了整个企业。颠覆者正在将客户遵循的分立步骤解耦。新兴企业并没有完全取代老牌企业，因为传统的竞争是建立在老牌企业基础之上的。如果只提供一小部分价值就可以获得客户，那么新兴企业为什么要费力取代老牌企业？此外，完全取代老牌企业的成本过高，一家新兴企业为此可能要在商店、销售人员、生产设施和其他资产上投入数十亿美元。新兴企业需要百思买、丝芙兰和艺电继续提供客户价值链的某些部分，因为要复制这些部分往往成本高昂。当然，对老牌企业来说，这并不是安慰。即使只损失了客户价值链的一个核心阶段，老牌企业的业务也会因此而遭受重创，尤其是当这一部分是老牌企业主要的收入来源时。

解耦，解耦，无处不在

当我开始关注解耦的概念时，我发现自己被它吓了一跳。百思买、丝芙兰和艺电属于不同的零售与消费品行业，而那些挑战它们的新兴企业似乎也在使用不同的武器（亚马逊使用了移动应用程序，Birchbox 使用了订阅盒，而 SuperCell 等游戏开发商则使用了不同的定价策略）。我能理解为什么这些老牌公司的高管在制定应对措施时只考虑他们自己行业的颠覆者。然而，这些行业的每一种颠覆最终都引发了相同的结果：解耦。新兴企业正在将客户价值链中的一部分剥离出来，这部分曾经只属于老牌企业。在这一点上，新兴企业是危险的。因此，颠覆并不都是独特的、彼此互不相关的事件。相反，它们可能是一种普遍现象。

2014 年，我想告诉其他人我所看到的共性，想知道我的发现是否有价值。我受到邀请，在纽约的全国零售联合会周上分享了我做的关于解耦的一些早期工作。听众中的高管们和我一样，对零售行业中的颠覆者之间可能存在的共性感到好奇。那年晚些时候，我在旧金山一家著名的风险投资公司提出了解耦模式。除了零售行业，这家公司还投资了许多其他行业的颠覆性公司。正如那里的投资者所说，这种解耦模式可以扩展到商业软件、媒体和电子商务等领域，成为一种真正普遍的现象。他们建议我通过研究一系列公司来验证这是否属实。

在过去的几年里，我采纳了这一建议，调查食品、服装、美容、保健康复、酒店、交通、教育、媒体和娱乐等行业的颠覆性事件。我发现解耦的证据无处不在，例如，看电视。一般情况下，广播公司会在观众喜爱的节目中间穿插广告。人们当然可以换频道，但他们也可能会碰到其他广告。而且如果换台，他们就有可能错过一部分节目内容。在 21 世纪初，科技公司 TiVo 推出了 DVR（数字录像机），观众可以用它录制节目，然后在观看时让广告快进，这颠覆了市场。实际上，TiVo 使看电视节目与看广告解耦了。15 年后，一家名为 Aereo 的初创公司承诺，无需 DVR，它也可以使电视节目与广告解耦。订阅其服务，你就可以随时随地顺畅地观看没有广告的节目。[21]

解耦也带动了汽车行业的变革。一般情况下，人们会去经销商那儿，购买通用汽车等汽车制造商的汽车。像 Zipcar 这样的汽车共享公司引领了这一行业的第一代解耦。它们为驾驶者提供汽车使用权，驾驶者不需要购买和保养汽车，也不需要频繁地签订租赁协议。Zipcar 提供了一种会员服务，会员可以在城市周围的多个地点使用公司自有的汽车，根据其使用汽车的时间支付费用。在燃料、保养或保险方面，他们不承担任何责任。Zipcar 打破了购买和驾驶汽车，以及驾驶和保养汽车之间的联系。对那些喜欢开车的人来说，优步（Uber）、来福车（Lyft）和滴滴出行等按需叫车服务允许乘客将拥有和驾驶汽车的行为与乘坐汽车的行为解耦。无论你喜欢驾车还是乘车，如果你不想买车，也不想保养车，那么总有一个解耦者会满足你的需求。

这种服务将汽车的使用权与所有权解耦，使用这些叫车服务的人，往往是人口稠密的城市中心的年轻居民。越来越多的用户使用这些服务，这颠覆了出租车行业，使叫车和乘坐出租车的行为解耦。在世界各地的许多城市，在街上叫出租车或呼叫调度服务几乎不能保证汽车会在你需要的地点和时间出现。通过在线应用程序，优步及其他类似的公司消除了这种不确定性。通过让客户乘坐私家车，它们使交通更方便、更可靠，压力更小。

在金融服务业，我发现解耦现象更加普遍。投资股市的行为实际上可以分为四个阶段。首先，你要有一个投资策略（例如，你相信在线销售会呈上升趋势）。其次，你会发现个别股票（如电子商务公司的股票）与该策略相匹配。再次，你将这些信息传达给股票经纪人，他买卖亚马逊、易贝（eBay）和电子商务公司 WayFair 等公司的股票。最后，你要付给这些经纪人一笔管理费。

Motif，一家金融技术初创企业，已经将这一过程的前两个阶段解耦。它允许投资者在没有顾问的情况下自行制定投资策略，这些投资组合被称为"motifs"。然后，投资者会选用与他们的策略、股票组合相匹配的 motifs。投资者可能会预判，生物技术将会发展，或者在未来几十年里世界将经历严重的水资源短缺。通过使用匹配算法，Motif 允许投资者对自己的愿景下注，识别出一旦投资者的预言成真，受益最大的将会是哪些公司。Motif 负责建立和管理投资者的 motifs，通过收取订阅费来赚钱。它本身没有制定策略，因此不会像老牌经纪公司那样收取股票增值的表现费。[22]

我们还能看到外汇解耦。近年来，网上点对点（P2P）平台的发展浪潮席卷了金融市场。像国际汇款转账服务平台 TransferWise 这样的颠覆者使跨币种转账变得更便宜。一般情况下，提供国际转账服务的银行需要三个步骤。假设你想把钱寄给你在英国的表弟，首先，银行接受你的美元存款，进行货币兑换；然后，银行将英镑存入你表弟的账户；最后，银行针对存款收取服务费，针对货币兑换收取销售佣金（差价）。然而，TransferWise 将这些步骤解耦，不再收取销售佣金。当你存入美元时，它会持有这些资金，直到在相反的方向产生了另一笔交易（例如，当一个人将英镑转入美国某个人的账户时）。TransferWise 用你的钱支付第二笔交易的收钱人，用汇款人的英镑支付你的表弟。因为 TransferWise 从不（准确地说，很少）需要兑换货币，所以它不向任何人收取货币交易的销售佣金。这就是它为客户提供更便宜服务的方法。这种方法唯一的问题是，可能会出现一种货币存得太多而另一种货币短缺的情况，这也是 TransferWise 的终极风险。公司的解决办法是用服务费调节。如果 TransferWise 拥有的美元有盈余，那么用这种货币存款的服务费就会上升，这会使存美元的人变少。相反，如果该公司有英镑的赤字，它就会降低向其存款的服务费，甚至可能完全放弃收取该费用。总之，在外汇转账业务上，TransferWise 想出了聪明，或者说明智的方法，即将货币 X 的收款和货币 Y 的存款解耦。

让我们进入一个完全不同的行业——家庭餐饮，在这里我们也看到了解耦现象。20 世纪 50 年代，美国中产阶级家庭在家里吃饭最多，妻子、母亲、家仆通常都做饭。自 20 世纪 60 年代以来，许多女性都在外工作，这样一来她们做饭的时间就变少了。与此同时，事实证明，大多数男人都坚决不愿意做家务。到 2015 年，43% 的男性在家会做家务，如准备食物或打扫卫生，相比之下，70% 的女性会去做家务。[23] 由于餐厅提供廉价、方便且优质的饭菜，更多的人开始外出就餐。如今，美国人在外吃饭的次数超过了在家吃饭的次数。2015 年，美国餐馆和酒吧的销售额首次超过了食品杂货店的销售额。[24] 事实上，有些家庭早已放弃了做饭，以至他们现在开始有点儿想念做饭的时光了。许多人面临的挑战是不知道如何做出更精致的菜肴，因为父母没有教他们。他们也没有时间用一整个上午或下午做饭。

我们来看看有餐饮配送业务的新兴企业，如 Blue Apron、Chef'd、HelloFresh 和数百家类似企业。假设你喜欢中国菜，并且在杂志上看到了宫保鸡丁的食谱。你想自己为这个星期六的家庭晚餐做准备，也许你还想邀请一些朋友。在过去，你会找到菜谱，开车去亚洲食品杂货店，花一个小时买食材。然后你回到家，自己洗食材、切食材，接着开始烹饪。像 Chef'd 这样的公司会使寻找食谱和购买原料这两个步骤与烹饪的行为解耦，让业余厨师也可以轻松做饭。注册 Chef'd 的订阅服务，他们会给你寄送原料盒子，盒子里装有一份简单的食谱，以及所有洗好、切好、量好的原料，有了它，你马上就可以开始烹饪。每周三顿两人餐的价格低至 60 美元，成为烹饪大师也因此变得简单起来，而且健康意识强的顾客会由此知道他们吃的是什么样的食材。

如果你对做饭不感兴趣，只想吃一顿家常饭菜怎么办？像 Hire-A-Chef 这样的企业使人们可以在家里按需预订厨师，并且以 48 美元的合理价格购买一顿四人餐。有钱人已经雇用厨师在家里做饭很久了。Hire-A-Chef 让中产阶级的客户可以以低廉的价格按需雇用厨师。此外，客户可以从公司提供的一长串可以在特定时间提供服务的厨师名单中进行选择。例如，一位旧金山的厨师，曾在欧洲的几家米其林星级餐厅工作，擅长的菜品是加了焦糖菊苣、腌柠檬和耶路撒冷洋蓟的印尼风味的牛肉。[25] 像 Hire-A-Chef 这样的企业使客户价值链的前三个阶段——菜谱的创建、原料的购买和烹饪与第四阶段——实际消费（即在家里做好一顿饭）解耦。最后，厨师们会将厨房打扫好，这一点也很重要！

解耦并非严格意义上的面向客户的现象。企业对企业也可以解耦。以销售和客户关系管理（CRM）的领先软件公司 Salesforce.com 为例，它的主要产品是一种销售自动化工具，为中型和大型企业的销售人员提供数据、分析方法和生产力工具，使他们能够接触潜在客户并达成交易。该软件在云端运行，是一种 SaaS（软件即服务）产品。这意味着它可以在 Salesforce.com 的服务器上远程运行，有一套所谓的后端解决方案。Salesforce.com 的客户看到的是客户机接口或前端。RocketVisor 是由我以前的一个学生创立的初创公司，允许用户将 Salesforce.com 数据仪表盘的信息与领英（LinkedIn）、谷歌和有潜在客户信息的网站连接在一起。RocketVisor 通过一个浏览器插件来实现这一点，该插件将所有信息连接到一个易于使用的界面中，并将其呈现在 Salesforce.com 的仪表盘上。实际上，RocketVisor 巧妙地让其客户机将前端用户界面与后端软件解耦，让后者处理用户屏幕上显示的所有内容。根据 RocketVisor 的创始人迈克尔·亚罗舍夫斯基的说法，主要的软件供应商不一定在设计优秀的软件和设计用户体验两方面都擅长。当他们在设计用户体验方面有所欠缺时，一家更好的公司（比如 RocketVisor）就可以为用户提供只做前端部分的服务。企业对企业（B2B）软件也可以解耦。

看到这些例子之后，你可能想知道为什么会发生解耦。解耦为什么有意义？它为什么有效？答案与价值紧密相连，价值是所有客户都想获得的。老牌企业在客户价值链的多个阶段提供价值。然而，价值永远不会在整个客户价值链中平均分配。不管电视广告有多棒，它从来都没有我们选择看的节目那么好看。在某些情况下，人们对不同阶段价值的看法是不同的。在吃家常菜的时候，有些人看重选择菜谱的机会，另一些人则不然。有些人看重选择原料或准备食物的机会，而另一些人只看重吃它。客户蜂拥到新兴企业去解耦，因为他们看到了"消费"创造价值的机会，比如看电视、玩视频游戏、测试电子产品、打电话或驾驶汽车去某个地方。但最关键的是：通过解耦，他们可以摆脱那些不创造价值的环节，比如剥洋葱、看广告、购买游戏或保养汽车。如果有选择，客户会很乐意将创造价值的部分与不创造价值的部分分开（参见图1.2）。他们有什么损失呢？

		创造价值的部分		不创造价值的部分		**颠覆者**
看电视	≈	看节目	+	看广告		Tivo
玩电子游戏	≈	玩游戏	+	购买游戏		**星佳**
吃家里做的饭	≈	做饭	+	准备原料		Chef'd
购物	≈	试用	+	购买		**亚马逊**
通信	≈	通话 / 发短信	+	连接		Skype
开车	≈	用车	+	保养车		Zipcar

图1.2 解耦活动及其颠覆者的示例

资料来源：Adapted from Thales S. Teixeira and Peter Jamieson, "The Decoupling Effect of Digital Disruptors," *European Business Review*, July – August 2016, 17 – 24.

最后，真的是全解耦了

当我发现解耦是跨行业的普遍现象时，我收到了宝马、耐克、谷歌、微软和联合利华等公司的邀请，向它们讲解解耦。它们主要关注自己的行业，渴望更好地了解困扰它们的竞争挑战。实际上，我想建议这些公司别把颠覆相关的其他概念看得太重要（例如，"共享经济""反展厅现象""免费增值"），只从解耦这一个角度来看待一切。我认为，仅仅关注解耦将使事情变得简单，使忙碌的高管了解他们面临的颠覆性威胁的本质，并制定应对策略。为什么用一个术语就能说明白的颠覆要用十个术语来解释呢？但"解耦"是这个（可以解释清颠覆的）术语吗？

我越研究解耦，就越欣赏这个概念的解释力。解耦确实涵盖了人们曾经用来谈论数字化颠覆的许多术语。看看 Yelp 和猫途鹰等点评网站吧。这些曾经的初创企业已经彻底改变了它们的行业。它们集中了数百万条世界各地的餐馆和酒店的评论，收集了有影响力的就餐者和旅行者的饮食和住宿选择。然而，从另一个角度来看，这些网站只是使评估和选择这两个部分解耦。它们允许用户通过它们搜索和评估餐馆及旅行服务，而在另一个网站上预订餐馆、车票、酒店等。*为什么人们情愿麻烦点儿也会在不同的平台进行比较和评估呢？因为他们认为发布评论的人更值得信赖、更公正。评论者通常不会通过发布评论获得佣金，他们倾向于对所有企业一视同仁。在这些网站

---

* 在这些网站生命周期的后期，一些解耦者最终重新开展这两个活动，以产生新的收入来源（如猫途鹰）。

上，把餐馆、酒店区分开的是它们各自的特点以及志趣相投的客户的评论。

解耦也导致了另一种形式的颠覆，即展厅现象。前文提到，展厅现象将选择产品与购买产品两个阶段分开。解耦也有助于我们理解另一种相反的现象，即客户在网上搜索，然后在实体店购买，这种现象被称为"反展厅现象"。一些零售商会通过快闪店销售产品，如 Warby Parker（销售眼镜）和 Bonobos（销售服装）。客户可以在快闪店中查看和购买商品，却不能立即将其带回家，因为这些商店几乎没有现场库存。这使得购买商品与收到商品解耦。为什么客户会这样做？答案是，对购物者来说，在家里收到她想要的物品更为方便，尤其是当她购买的是家具或床垫那样的笨重物品，或者是像眼镜这样的需要被调试的商品时。对在线零售商来说，不必在多家实体店中储存所有颜色、形状和尺寸的商品，这是一个巨大的好处，不仅可以降低库存成本，也有可能降低向客户提供的商品价格。

这些天，我们也听到了很多关于"共享经济"的消息，比如爱彼迎和共享租车 Turo 等，它们让客户获得了特殊体验，比如住在长岛附近岩石上的 19 世纪的花岗岩灯塔里（爱彼迎上的价格是每晚 350 美元），或者乘坐 2017 年的镀金玛莎拉蒂 Ghibli 款轿车（Turo 上的价格是每天 699 美元）。[26] 在这些地方，我们也看到了解耦现象，即断开购买和消费之间的连接。同样，服装租赁网站 Rent the Runway 也颠覆了高级时装业，它允许女性在特殊场合穿戴昂贵的珠宝和服装，而无须购买。每月仅需 139 美元，你每年就可以拿到价值 4 万美元的品牌服装。这是解耦的另一个例子，将使用（创造价值的部分）与拥有（不创造价值的部分）分开。人们选择租赁他们过去无法租到的产品，尤其是价格高的产品，如汽车（Turo）和自行车（Hubway），或购买成本高的产品，如笨重的运动器材（Comoodle），甚至狗（Borrow My Doggy）。基于租赁和共享经济的商业模式为客户提供了无数新机会，减轻了他们的负担。这一切都多亏了解耦。

我们还可以在其他两种日益突出的线上商业模式中发现解耦现象，即 SaaS 模式和免费增值。在 SaaS 模式下，公司通过订阅，而不是需要大量前期成本的永久许可证，向客户提供软件，如微软 Office365。家用计算机用户不需要支付149.99美元的使用费，每月只支付 6.99 美元即可。我们可以将 SaaS 视为将使用权与所有权解耦的特别案例。在线存储服务 Dropbox 使用的免费增值模式更进一步，将使用与（预）支付分离开来。使用软件的基本功能或在线服务的用户不需要预先支付任何费用。只有对高级版本感兴趣的重度用户才会付费。解耦确实是一个灵活而多面的概念。

在未来的几年里，更多新兴的解耦型企业可能会扰乱现有企业。消费和丢弃阶段的解耦仍然是一个潜在的尚未被开发的重大机会（参见图 1.3）。例如，Spoiler Alert 是一款针对美国食品企业的应用程序。美国食品企业每年扔掉 1 650 亿美元的临期食品或变质食品。这家初创公司将商店、餐馆、食品生产商与附近接受捐赠的非营利组织或生产化肥和动物饲料的公司联系起来。[27] 有了这项服务，餐馆在制作和售卖食品时就不用担心处理未使用的原料或剩菜的问题了。

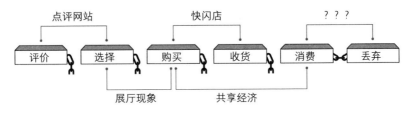

图1.3 从解耦的角度看其他形式的颠覆

由共同的问题得出的通用解决方案

正如我提到的，各个行业的颠覆并不像乍一看那么特别。当今商业世界中，许多显著的颠覆已经显现出一种潜在的模式。客户价值链与老牌企业紧密相连，而这种潜在模式则使客户价值链各部分解耦。如果仔细观察，我们就能在汽车、银行、消费品等行业中发现这种现象。我们还可以在共享经济初创企业、SaaS 提供商和点评网站中找到它。解耦现象一直在不断出现，但许多高管并未意识到这一点。

很幸运，作为一名商学院教授，我曾为许多大公司和小公司提供咨询，因此有了较为宽广的视野。当只在一个行业中工作，并将99%的时间和精力投入这个行业时，你很难看到一般模式。我们总会认为我们所面临的问题是独特的。在高度专业化的领域中，我们倾向于使用筒仓式思维，局限于特定的领域、学科、功能或专业。这种高度集中的关注有其好处，但也会阻碍我们发现一般模式，而这种一般模式可以帮我们更好地应对所面临的问题。

我采访的高管主要关注自身的业务和面临的挑战。他们最多只能接触两种结构上不同的颠覆形式：影响他们业务的和竞争对手的颠覆形式。他们可能已经意识到其他行业的颠覆，但并没有仔细观察解耦的基本模式。我们通常需要一段时间才能认识到其他人也有类似的问题，认识到我们可以通过分析这些问题来学习。从更广泛的角度出发，发现一般模式，这值得我们花些时间。如果你的公司被颠覆了，那么你可以看看那些在完全不同的行业中处于相似境地的公司。在寻求解决方案之前，试着寻找你们共同的问题。你们的公司在经历什么？你能从中学到什么？

如果你不尝试从更广泛的角度看问题，那么你注定会面临窘境。因为你要找的解决方案，别人很可能已经为你做好了。看看百思买。正如我们所看到的，由新任命的首席执行官休伯特·乔利领导的公司高管，尝试了许多不同的方法避开亚马逊。首先，高管们试图阻止展厅现象。百思买试图提供在线零售商没有的独家产品。它还试图修改条形码，甚至考虑在商店内使用射频干扰，以防止消费者使用移动设备与亚马逊上的商品进行价格比较。仅这一点就显示出高管们有多么抓狂，想出了各种解决方法。

最终，乔利决定提供与亚马逊相抗衡的低价。根据乔利的说法，"价格是赌桌上的赌注"，这种做法将有助于避免百思买把客户输给亚马逊。当然，价格匹配并不能帮助百思买增加收入，更不用说利润了。最终，乔利和他的美国零售主管意识到，无论是通过与日益加剧的展厅现象做斗争，还是与亚马逊竞争，公司都无法取得胜利。唯一的解决办法就是设法找到一种能与展厅现象和亚马逊共存的方式。百思买需要"重新学习"如何赚钱。

在与三星的一次会议中，百思买建议制造商将三星品牌的店面放在其商店内。但是，三星必须支付一笔费用。[28] 是的，零售商要因为这个机会向制造商收费。通过这个机会，制造商可以将其商品摆在显眼的地方。正如百思买所看到的，如果展示新产品对三星来说是一项有价值的服务，那么百思买应该得到这笔补偿款。走进百思买商店试用三星电子产品的顾客，无论最终是在百思买、亚马逊购买，还是在其他地方购买，三星都会从中受益。三星最初不愿支付这笔费用，但了解了百思买收费服务背后令人信服的数据后，它最终同意了。2013年，百思买与其他制造商（包括 LG、索尼、微软和 AT&T）达成了类似的协议。[29] 据我所知，这是电子产品类零售商第一次向制造商收取大量的店内展示空间（而非销售）费用。正如我们将在下一章看到的，其他行业曾有一些类似的先例。

在与三星达成协议后，百思买开始彻底改变其业务模式，从一家标准零售商转型为一家基本上为主要制造商提供展示空间的企业。在这种新模式中，百思买公司只需投入少量的资金，而且不需要引进昂贵的新技术。该模式极大地提高了百思买公司的盈利能力。截至2019年，百思买利润的很大一部分来自制造商支付的所谓的进场费，这笔费用使其有机会在百思买商店的最佳区域展示产品，远离竞争对手，并展示明显的品牌标志。根据《财富》杂志的一篇文章，该解决方案是由乔利（资深酒店经营者）和其他三名高管设计的，其中两名高管曾在其他行业工作。[30]

虽然百思买最终解决了它的解耦问题，但它花费了多年时间不断尝试，走了不少弯路。正如我们将在本书后面看到的，解耦模式为系统地理解和应对这种类型的颠覆提供了一个强大的框架。有了更广阔的关于颠覆的视角，你就能更快地针对颠覆者采取有效的应对措施，避免走弯路，避开随之而来的压力、混乱和不确定性。我的框架的一个关键原则就是，找到与解耦和解耦者和平共处的方法，就像百思买最终所做的那样，而不是试图摧毁或收购它们。你可以扼杀一家初创企业，但另一家颠覆性企业的出现只是时间问题。同样，你也可以绑住客户的手，这样他们就不能到初创企业去消费，但客户要想从束缚中解放出来，转移阵地也只是时间问题。为了抵御破坏，共存是关键！在本书后面的章节中，我将向你展示如何实现共存，以及如何定位自己、开创更繁荣的未来。

在了解如何与解耦和解耦者建立更稳定的关系之前，我们必须先开阔眼界，增强对潜在现象的认识。高管们难以应对颠覆，部分原因是他们在噪声中迷失了方向。眼前有那么多威胁、那么多挑战，当然，还有那么多顾问和媒体专家在谈论技术趋势时声称"这可能意味着大公司的死亡"。然而，令人惊讶的是，解耦现象并不只与技术有关，与其首要相关的甚至并不是技术。企业高管如此关注技术，以至他们常常忽略了大多数解耦者所做的事情的本质：在行业中占主导地位的商业模式之上进行创新。正如我们将在第二章看到的，商业模式创新无处不在。忽视这一点是危险的。如果我们可以像百思买一样，学会驾驭它，那么，当心！

| # 什么真正颠覆了你的业务？

现在是 1958 年 10 月 26 日，一架崭新的泛美世界航空公司的波音707 离开了登机口，开始从纽约飞往巴黎，这是它的首航。对乘客来说，波音 707 是一个技术奇迹。作为世界上第一架商用喷气式飞机，它可以比当时的螺旋桨驱动飞机飞得更高、更快、更远。在机舱里，气氛十分愉快。男士们都穿上了外套、系上了领带，女士们则戴上了珍珠项链、穿上了高跟鞋。女演员葛丽亚·嘉逊乘坐一辆银色劳斯莱斯轿车抵达机场登机。[1]空姐在过道里来回走动，满足乘客的需要。这些人不吃花生，也不喝姜汁汽水。他们品尝着"由巴黎马克西姆餐厅提供的鹅肝酱、热月龙虾和木桐酒庄的酒"。用一位历史学家的话说，这就是"天空派对"。[2]

今天的大多数乘客都很难想象把飞行当作奢侈的"天空派对"的时代。20 世纪下半叶，乘坐喷气式飞机旅行成了美国中产阶级生活中的一部分，部分原因是宽体巨型喷气式飞机等技术的发展。起初，航空公司设法保留了第一批商业喷气式飞机的一些奢侈服务，但为此花费的成本却相当大。食物很新鲜，鸡尾酒是定做的，一些航空公司甚至为更长的航班提供双层床。[3] 到了 20 世纪 80 年代，许多航空公司都遭遇了金融危机，原因不仅在于为客户提供了特别服务。长期以来，航空公司一直是糟糕的企业，它们是获得大量国家补贴的垄断企业，发展受到政府监管条例的制约，强调应用新技术和扩大地理足迹而非提升利润。20 世纪 70 年代、80 年代和 90 年代初，美国和欧洲对航空公司放松管制，这加剧了竞争，引发了价格战。免费的酒水和美味的饭菜是第一个被砍掉的服务。[4]

在这种混乱的形势下，一家航空公司很快找到了盈利之路。1988 年，一位叫迈克尔·奥利里的会计师加入了正在苦苦挣扎的爱尔兰瑞安航空公司，帮助公司扭转了局面。受美国一家专注于短途和点对点航班的低成本航空公司西南航空的启发，奥利里提出了一项新的战略。根据奥利里的战略，瑞安航空公司提供欧洲境内的廉价航班，这又一次让人们看到了 20 世纪中叶航空旅行的魅力。在他看来，"航空运输只是一个被美化了的公共汽车业务。你之所以上车，是因为你想尽快到达目的地，最好没有延误，价格低廉"。[5] 为了使机票价格与公共汽车票或火车票保持在同一个水平，瑞安航空削减了所有不必要的成本，并对和老牌航空公司捆绑在一起的许多服务收取额外费用，在此之前，这些服务的费用都包含在机票价格里面。

在 20 世纪 90 年代和 21 世纪初，瑞安航空以其低廉的价格和质量很差的服务在乘客中声名狼藉。和西南航空一样，瑞安航空通常飞到更小、更便宜的机场，其中许多机场都远离主要目的地。瑞安航空的"巴黎—迪士尼"目的地机场实际上是在兰斯市，到巴黎还要坐两个小时以上的公交车。瑞安航空的飞机上没有窗帘、躺椅、（椅后）置物袋，甚至没有晕机袋。在旅途中晕机的乘客必须像公共汽车乘客一样自己处理。瑞安航空也没有提供指定的座位。第一批到登机口的乘客选了靠过道和靠窗户的座位，其他人就不得不挤到那些不舒服的中间座位上。不再提供免费饮料或优待餐。如果想要普通的航空食品，那么你必须另外花钱购买。[6]另一方面，机票价格在很多情况下都非常低，国际航班只需几欧元。

如果公司收费这么少，那么它是怎么赚钱的？这就是瑞安航空的故事有趣的地方。瑞安航空并没有通过卖机票和保持低成本盈利，而是通过收取杂费来赚钱。从乘客订票的那一刻起，公司就为他们有偿提供额外的服务，而这些服务他们经常难以避免或抗拒。瑞安航空收取购票的借记卡和信用卡费用、办理登机手续的机场费用、托运行李的费用，以及"奢侈"服务费用，如优先登机费。[7]瑞安航空还有旅行社、机场停车场、机场休息厅、公共汽车和火车换乘服务、汽车租赁、酒店预订、主题公园门票、旅游和活动等业务。它提供金融服务，为乘客兑换外币，还出售旅游保险、家庭保险，甚至人寿保险。在飞机上，它提供流媒体电影和电视节目，在线宾果游戏，以及剧院、音乐会和体育活动的门票。乘客还可以购买手表、蓝牙耳机、袖珍灯等。

这些附带的收入流似乎微不足道，但它们加起来可不少。2016年，瑞安航空在运输业务上亏损，同时期的许多航空公司也在亏损。然而，由于其高利润的交叉销售业务，瑞安航空的营业利润为15.6亿美元。[8]几十年来，美国几十家航空公司和欧洲数百家航空公司要么破产，要么被其他公司收购，瑞安航空却逆势而上。乘客抱怨他们在瑞安航空的体验，但还是蜂拥到瑞安航空寻求便宜机票。他们的忠诚使瑞安航空成为欧洲最受欢迎和盈利颇丰的航空公司。[9]

瑞安航空非凡的成就提醒我们，消费者市场存在一个重要但违反直觉的真相。许多商业人士认为，创新的产品和服务及其背后的先进技术决定了市场份额。他们认为，如果你想颠覆数字化时代的市场，你就要了解其他人没有的最新技术，并利用它开发新产品。基于这些信念，不少公司在研发上投入了数十亿美元，以确保拥有专有技术的专利。

然而，与高管们想的不同，技术可能不是数字化时代的大解决方案。我对1995年及之后创立的数字化技术公司的专利和收入进行了统计分析。这些公司包括谷歌、亚马逊、脸书、雅虎、Salesforce. com、易贝、领英、星佳、贝宝（PayPal）以及其他11家公司。我想知道，专利的累积是否使这些新兴企业像我们通常假设的那样收入大增，或者科技公司用从收入中积累到的资金做专利投资，以保护自己的收入，这种做法是否有效。我发现，平均而言，授权专利的数量是由收入决定的，而不是反过来。[10]在我分析的20家公司中，有18家公司是这样的。

虽然我的定量分析不包括瑞安航空，但值得注意的是，该航空公司并没有独特的技术或产品创新，却成了具有颠覆性的强者。它的飞机和订票系统与其他航空公司的飞机和订票系统相当，而它的产品和客户体验与其他公司相比，可以说要差得多。那么，瑞安航空如何能在竞争激烈的市场上凭借较差的产品占据优势呢？该公司拥有竞争对手所缺乏的其他东西：创新的商业模式。尽管瑞安航空最初的盈利方式与其他航空公司相似，但它放弃了销售高价机票、在扣除成本后获得利润的标准模式。它的新商业模式在当时几乎是无与伦比的：先让飞机坐满，然后充当天空中的垄断零售商。[11]

在 20 世纪的大部分时间里，商业模式创新在许多行业缓慢发展，数十年来它们重塑了整个行业。然而，在数字化经济中，这种类型的创新发生得更加迅速，成了一种颠覆性极强的力量，常常在短短几年内就能让我们看到赢家与输家、幸存者与死者。此外，在过去的几十年里，出现了三次截然不同的商业模式创新浪潮，这一现象对公司产生了巨大影响。新兴企业通常会让老牌企业措手不及，后者通常会忽视商业模式创新。但是，如果你能早点儿发现数字化商业模式创新的浪潮，你就可以领先一步。你可以预测新兴企业加入这股浪潮的可能性有多大，也可以提前采取适当的应对措施。"浪潮观测"是高管们了解和掌握其行业数字化颠覆信息的一项重要技能。

令人难以置信的正在变化的商业模式

在研究商业模式创新在数字化颠覆市场中所起的作用之前，我们先来定义一下我们要使用的术语。尽管选择商业模式是任何一个商业人士做出的最重要的决定之一，但高管们对商业模式的实际情况并没有太多反思。像我这样的学者使反思的任务变得更加困难，因为学者们常常会提出多个相互矛盾的定义。[12] 这里有一个可以帮我们实现目标的简单定义，它既适用于具有既定模式的大型企业，也适用于正在试验和发展自身模式的小型初创企业。

商业模式规定了公司如何创造价值（以及为谁创造价值）、如何获取价值（以及从谁那里获取价值）。*

如上所述，商业模式表明了业务在理论上应该如何运作。尽管各企业的具体情况（名称、地点、员工人数、财务状况等）各不相同，但商业模式允许我们超越具体情况，识别企业之间理论上的相似性和差异，无论它们是否属于同样的行业。**同样，商业模式可以帮我们理解经营理念是如何随着时间的推移而演变的。[13] 以超市为例，传统上，这些企业通过一站式购物为顾客创造价值（并将其与较小的食品市场和商店区分开来），使顾客能够在一个地方购买多种产品。与此同时，超市从种植者和食品制造商处购买农产品和包装商品，将这些商品加价出售给顾客，从而获取价值。就单个商品而言，超市的加价往往比在同一地区销售类似商品的小商店要低。然而，由于大多数到访超市的人都会购买多种商品，这些加价为超市老板带来了可观的利润。

到 2019 年，从沃尔玛到世界各地大多数小型超市，零售商们仍然按照这种模式赚钱。但并非所有大型零售商都这样做。一些超市——大多是全国连锁店，已经制定了降低加价幅度和在价格上展开更激烈的竞争的战略。由于利润较低，它们开发了一种新的获取收入的方式：向供应商收取货架空间费用。如果你来自雀巢公司，并且想

---

* 这个定义不是我自己提出的。它与大多数作者就这一主题所提出的概念一致。关于该定义，请参阅艾伦·阿富亚的《商业模式创新选择》(*Business Model Inovation*) 一书。关于学者提出的各种定义的详细信息，以及我为什么选择这个定义，请参阅尾注。

** 据商业战略学者称，商业模式使管理者能够完成三项任务：根据相似性对企业进行分类，通过改变投入、观察结果开展实验，以及复制成功的模式。在本章中，我们讨论了前两项任务。我们把最后一项任务留给第四章。

要在过道的角落里引人注目的地方放置正在推广的新品牌饼干，你就必须向超市支付更多的费用来获取这些空间。像雀巢这样的制造商也同意支付更多的费用，因为这样做可以让其在不占用现有产品空间的情况下推广新产品。这种向制造商出售货架空间的做法代表了一种全新的商业模式。创新型超市以两种不同的方式创造价值。像老牌连锁超市一样，它们通过一站式购物和低价为顾客创造价值。但它们也为制造商创造价值，使制造商可以在不影响传统畅销产品售卖的情况下推出新产品。与之前的超市不同的是，创新型超市既从供应商那里获得了价值，也从零售商那里获得了价值。正如我们在第一章看到的，百思买也采取了类似的措施来解决展厅现象带来的问题。截至本书撰写之时，进场费是除沃尔玛外的美国全国连锁超市的最大收入来源。售出商品的利润仅是它们的第四大收入来源。*所以下次当你走进超市时，花点儿时间思考一下你所看到的东西。超市不再像过去那样，通过加价获利，仅供人们购买杂货、采购食物。就其对品牌的吸引力和受到的关注度而言，它更像一家媒体公司，而不是零售商。

新型超市并不是唯一一个驶离传统商业模式的零售商。几十年前，包括开市客（Costco）、山姆会员店（Sam's Club）和欧洲的万客隆（Makro）等在内的折扣商店开始通过提供低价的大包装商品批发来赚钱。随着购物者纷纷涌入它们的商店，这些商店每年向到店的购物者收取会员费，购物者也愿意支付这笔费用。开市客是这种新商业模式的一个范例。它通过提供一站式购物和极低的价格创造价值，通

---

* 第二大收入来源是现金流。第三大收入来源是店内和店外的房地产投机。更多信息请参阅赫布·索伦森的《新零售的用户思维》。

过会员费（每年 60 美元以上）以及加价销售产品来获取价值。[14] 最初，开市客的大部分利润都是从加价中获得的，但这一点已逐渐改变。2016 年开市客的总利润为 23.5 亿美元，猜猜会员费的占比是多少。50%？80%？100%？答案是 112%。[15] 开市客在其传统超市零售业务中亏损，会员费不仅弥补了亏损，还有大量盈余。在杂货零售业的商业模式创新方面，开市客是一个令人难以置信的例子。

这两种商业模式的创新形式说明，我们即使对商业模式的价值创造和价值获取模式进行相对较小的更改，也能显著改变企业的面貌。它们还说明了我们对商业模式的简单定义如何帮助我们在企业创新和发展时发现不同企业之间的概念上的差异。然而，我们只讨论了一个行业的商业模式创新。随着时间的推移，在不同行业，尤其是在互联网上，商业模式会发生怎样的演变？

表2.1 商业模式组成

商业模式	创造的价值	为谁创造？	获取的价值	从谁那里获取？
老牌超市	一站式购物	购物者	商品的利润	购物者
新型超市	一站式购物＋注意力	购物者＋供应商	利润＋入场费	购物者＋供应商
折扣商店	一站式购物＋超低价	购物者	利润＋会员费	会员

商业模式创新火了

正如我所指出的，在互联网出现之前，新商业模式的创建往往是缓慢进行的。在超市行业，入场费和会员费花了半个世纪甚至更长的时间才首次成为一种获取价值的手段。即使在它们出现之后，行业内的其他公司也花了几十年的时间接受它们。在航空行业，西南航空在美国航空公司首次提供长途汽车服务大约 30 年后才出现，瑞安航空又花了 20 年的时间来完善这一模式。[16] 其他行业也有类似的情况。

这种缓慢的变化速度使管理者的生活变得相对容易。无论你进入哪个市场或行业，你都可以轻松地选择一种现成的商业模式。一般情况下，你可以套用一个标准的模式或方法来创造价值和赚钱。在最佳情况下，行业中还有第二种商业模式可以供你选择。例如，在媒体领域，有一种简单的模型在 20 世纪的大部分时间里占据了主导地位。公司通过向客户提供免费内容（如广播电视节目、新闻文章或电台歌曲）为客户创造价值。它们通过向广告商售卖观众的注意力来获取价值，这种模式被称为"广告支持"模式。随着时间的推移，HBO（美国家庭影院频道）和 SiriusXM（天狼星卫星广播公司）等高端有线电视频道开启了另一种赚钱模式。它们通过和之前一样的方式——提供内容，为客户创造价值。但它们通过收取订阅费来获取价值，这就是所谓的"付费媒体"模式。几十年来，基本上只有这两种模式。如果想参与竞争，那么你可以选择其中的一个并发展好它。很少有人会选择转换模式。

随着 90 年代中期商业互联网的出现，这种情况发生了巨大的变化。在此之前，互联网主要被学术界和军方使用。自那时起，数以百万计的普通人开始对万维网感兴趣，人们争先恐后地将在线空间当作一种商业工具，对其加以利用。起初，企业利用网络为产品做广告，展示其品牌。它们把网络视为与电视、印刷品和收音机类似的另一种传播渠道。然后，企业开始在网上销售商品，保留了它们行业中长期使用的基本商业模式。近年来，电子商务迅速发展，除了在线销售产品，企业开始在新商业模式中提供日益复杂的服务，如按需叫车服务或订阅型的杂货供应服务。最初的传播渠道已经转变为成熟的销售渠道。

著名的创新专家大卫·蒂斯观察到："互联网时代激发了理解和设计创新商业模式的需求。这导致许多公司重新思考其商业模式。"[17]重新思考自身的变化吧。2015 年，一项针对 80 家英国创意产业公司的研究发现，数字化技术使商业模式发生了"普遍的变化"。[18]但许多商业高管没有跟上时代的步伐。在 2016 年毕马威对 1 300 名首席执行官进行的一项全球研究中，65% 的受访者认为新兴企业颠覆了他们的商业模式，超过一半的受访者承认他们的公司不足以颠覆他们行业的商业模式。[19]在第九章，我会尝试分析老牌公司在颠覆它们自己的商业模式方面通常会滞后的原因。

在数字化时代，许多因素推动了商业模式创新，但有三个因素值得进一步阐述。第一，全球科技界紧密联系在一起，科技企业聚集在旧金山、纽约、波士顿、特拉维夫、班加罗尔、伦敦和柏林等地。这种集群效应使新兴企业可以共享服务、人才、想法和其他有价值的资源。第二，在初创企业尝试新的商业模式时，有充足的资本支持它们。第三，对商业模式的认可存在很大的流动性。当一种新的商业模式看起来前途光明时，人们不仅会在一个行业或部门内复制它，而且会跨行业复制它。人们不断地交流，员工们不断地换工作，把他们的知识带给新的雇主。商业模式的创新很难通过专利或其他手段得到法律保护，这也是原因之一。[20]

集群效应、资本、人员和思想的流动为传播新的商业模式创造了理想条件。在许多情况下，传播速度是惊人的。以网约车行业为例，当优步出现时，它因为向客户提供在线按需约车服务而引起人们的关注。客户通过移动应用程序发出请求，即可预约私家车服务。当这种模式在早期显示出成功的迹象时，模仿者就出现了。除了美国的来福车、中国的滴滴出行和印度的欧拉出行（Ola）等直接竞争对手，其他初创公司也针对各种按需服务开发出多种应用程序。有"优步"快餐（Valk Fleet），"优步"洗衣（Lavanda），"优步"酒业（Drizly），"优步"按摩（Southe），还有我最喜欢的一个荒诞的例子——"优步"汽油（Wefuel）。正如《华尔街日报》所说的那样："现在一切都成了'优步'。"[21]

行业内和跨行业的商业模式创新出现得太过突然，以至高管和企业家常常难以理解。颠覆者倾向于用冲浪的比喻，认为有前途的商业模式是强大的海浪。为了发现和驾驭这些海浪，颠覆者会将目光投向可能出现海浪的方向，以此来预测海浪的到来。当感觉到海浪即将来临时，他们会直接在海浪前冲浪。当然，找到合适的海浪需要专注和运气。一旦海浪出现，就保持在其顶部，这需要学习和耐心。对老牌企业来说，新商业模式的传播并不那么有趣，而是更具威胁性。老牌企业往往有意识或无意识地将其视为不可预测的野火，认为它们会迅速蔓延，并在其道路上造成破坏。老牌企业的本能反应是通过攻击或购买初创企业来抑制野火。如果商业模式创新的野火在你的行业燃起，你就要赶快提高警惕了！

海浪和野火的类比哪一个更准确？答案是两者都很准确，但又都不准确。在狭义相对论中，爱因斯坦观察到，光既是粒子又是波。爱因斯坦说："我们似乎有时必须使用一种理论，有时必须使用另一种理论，而有时也可以使用任意一种理论……我们有两种相互矛盾的画面，它们中任何一个都不能完全解释光的现象，但它们合起来就可以解释。"[22] 同样，我们可能会认为数字化颠覆就像肆意的森林大火和可预测的海浪一样。你赞同哪种类比取决于你所站的角度，即站在老牌企业还是颠覆者的角度。在下一节中，我将从颠覆者的视角来解释颠覆的可预测性。

分拆、去中介化、解耦

尽管许多有前途的专业数字化商业模式出现在了一个或几个相邻的行业中，但也有一些模式已经扩展到了大多数行业，导致了更广泛、可识别的数字化颠覆浪潮。* 迄今为止，互联网已经经历了三次浪潮**。第一次所谓的"分拆"始于20世纪90年代中期，学者们对此进行了充分的讨论。[23] 由于互联网是一种数字媒体，第一批加入它的商业企业总体上销售的都是易于数字化的内容，如文本、图像、音乐、广告等。媒体公司将内容结合在一起，组成内容包。如果客户分开购买这些内容，他们就要花费比购买内容包更多的钱。因此，媒体公司为客户创造了价值。这些媒体公司通过捆绑内容获得了价值，因为总的来说，捆绑促使买家购买更多的内容，即使他们没有最终消费整个内容包。像《纽约时报》这样的实体报纸过去提供的就是打包好的内容，包括新闻报道、分类广告和餐馆评论。互联网使谷歌、克雷格列

---

* 例如，众包、反向拍卖、用户社群和部分所有权。
** 像海浪一样，这些数字化颠覆浪潮也相继出现。与海浪不同的是，在一股新的颠覆浪潮袭来时，前一股浪潮也不会消失。

表网站（Craigslist）和 Yelp 等企业分别专门提供这些类型的内容，从而对报纸的内容进行了分拆。[24] 有线电视提供的也是打包好的频道。在第一次浪潮中，葫芦网（Hulu）、索尼和 HBO 分拆了有线电视频道套餐，开辟出了专门的电视剧频道。而 iTunes（苹果媒体播放器）将电视剧拆分为单集，人们可以一次购买和观看一集。

互联网引发的分拆并不局限于报纸和有线电视领域。在音乐领域，百代唱片（EMI）等公司长期以来通过 CD（光盘）来销售打包好的歌曲，这控制着人们接触歌曲内容的机会。[25] 数字化服务（如 iTunes）通过允许用户单独购买歌曲来分拆 CD。[26] 在图书出版领域，麦格劳－希尔（McGraw Hill）等公司出售整本教科书，即使学生只想阅读个别章节。而亚马逊分拆了教科书，允许用户在其 Kindle 电子阅读器上单独购买一个章节。

在每一个例子中，数字化颠覆者都抓住机会在网上发布内容，并且只提供人们想要消费的内容，即使它只是完整内容的一小部分。总的来说，客户购买更少的内容，不是因为他们消费得更少，而是因为最后他们可以只购买他们想要的东西。这种体验对他们来说是第一次。这一发展令客户高兴，但它颠覆了捆绑内容的公司，削减了包括《纽约时报》、百代唱片和麦格劳－希尔的教科书出版部门在内的知名公司的收入。[27] 一些老牌公司从这一波创新中恢复过来，但其他公司没有。《泰晤士报》的广告收入在 1999 年至 2016 年下降了 50%，尽管该报通过建立数字订阅业务成功地挽回了部分损失。[28] 百代唱片的收入在从 1996 年开始的 15 年中下降了 1/3。随后，该公司被一家银行收购、拆分、出售。[29] 麦格劳－希尔的教育部门在 2005 年至 2016 年损失了 2/3 的收入。2013 年，该部门从该公司的金融信息和媒体业务中分离出来。[30]

　　到 20 世纪 90 年代末，大多数可以分拆盈利的在线内容已经出现。第一波商业模式创新开始让位给新一波：商品和服务的去中介化。因为分拆促进了更多个性化内容的出现，分拆更有利于内容创建者和发行商直接向终端客户销售内容。更广泛行业的服务提供商，不仅是内容提供商，注意到互联网作为一个低成本、高覆盖率的销售渠道的潜力，开始进一步将中介从其交易中移除。[31] 例如，在互联网出现之前，许多客户通过旅行社预订机票、酒店和旅行活动。旅行社并没有提供它们出售的服务。它们只是中介机构，帮助其他服务提供商（如酒店、航空公司、租车公司）获取客户。客户认为当地的中介是获得他们想要的一系列旅行服务的唯一途径。

　　随着互联网的出现，在客户选择旅行服务时，旅行社不再处于垄断地位。客户可以轻松地与服务提供商沟通，并自行预订各种旅行服务，不必再通过旅行社。他们可以通过当地的导游网站预订旅行活动，直接在联合航空公司预订航班，在希尔顿酒店预订房间。[32] 金融服务业也经历了类似的去中介化，例如，出现了一些可以让投资者直接购买和出售股票的网站，不需要通过股票经纪人和顾问。[33] 与分拆不同，去中介化影响了数字化服务和实体服务提供商。因此，它的影响可以说更大，从家庭视频（被网飞颠覆）、家装（被 BuildDirect 颠覆）到约会（被 eHarmony 颠覆），它颠覆了更多的行业。

　　这股浪潮在 21 世纪初席卷了市场，到 2010 年开始衰退。作为一家去中介化的老牌企业，除了坚持下去并尽量调整自己，你几乎无能为力。但更多的颠覆正在发生。到 2012 年，我开始研究第三波商业模式创新。最具创新性的公司不再通过分拆产品或去中介化来应对消费者行为的变化。它们通过将客户在购物过程中进行的具体活动解耦来获取客户。正如我们在第一章看到的，Birchbox 将产品的试用与购买解耦。亚马逊将购买产品与浏览产品解耦。Turo 将汽车的使用与购买解耦。最近这一波浪潮困扰着那些除了出售内容和服务，还出售诸如美容用品、电子产品和汽车等实物产品的公司，因此这一波的破坏力可能更大。

第三次数字化浪潮也不同于其他两次浪潮，因为现在整个客户价值链都被颠覆了。第一次浪潮，即分拆，主要发生在产品层面和消费阶段（例如，一些客户只看报纸文章，一些客户只看分类广告）。第二次浪潮，即去中介化，发生在供应链中（例如，纤维素公司绕过了造纸厂，直接向报纸公司出售纸浆）。解耦也打破了重要的联系，但这次是在客户活动之间，而不是在产品或供应链阶段（见图 2.1）。

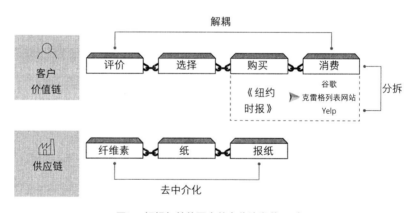

图2.1 解耦与其他两次数字化浪潮的区别

在深入研究创新型企业之后，我意识到初创企业造成的解耦正困扰着各个行业的多个老牌企业。这不是孤立的现象。正如我在第一章提到的，我与之交谈的企业家并不知道他们正在实施的行为是"解耦"。[34]

他们发现了一个未被满足的客户需求，并简单直观地尽最大努力满足它。在这个过程中，他们很快就从其他公司那里赢得了客户。同样，我采访过的大型知名公司［如四季酒店、西田（Westfield）、迪士尼、派拉蒙影业和微软］的高管也没有将"解耦"视作一种普遍现象。他们看到周围出现了颠覆，担心已有的业务会陷入困境。由于不知道根本原因，他们匆忙做出的反应往往是徒劳的。

解耦的涟漪效应

在一些解耦日益凸显的行业中，潜在市场的规模巨大，许多初创企业都试图将相同的客户活动解耦。随着市场日益拥挤，这些初创企业解耦的方式也略有不同。这就产生了我们所说的行业或部门内的涟漪效应。以汽车业为例，在过去，人们从代表主要汽车制造商的当地经销商那里购买汽车。除了购买汽车的费用，车主还承担了保养维修、燃料和保险的费用。与此同时，汽车经销商通过加价销售闪亮的新车赚取巨额利润。1999 年，美国汽车经销商平均 40% 的利润来自新车销售。[35]

那段日子结束了。汽车经销商现在从汽车销售中赚取的利润几乎不足净利润总额的 10%。他们的利润来自融资、保险、额外担保和保养维修服务，这些现在占其净收入的 67%。[36] 汽车经销商如今已经发展壮大，与销售金融服务的银行类似，他们销售汽车服务，而不是汽车本身。难怪著名投资者沃伦·巴菲特从 2014 年开始，就决定收购美国大型私人汽车经销商。在那时，他的决定让投资界大吃一惊。[37]

这些都不是高利润的业务，但对巴菲特来说，这不是重点。在对多家地方和国家汽车金融银行［如伯克希尔－哈撒韦汽车公司（Berkshire Hathaway Automotive）］、保险公司［如政府雇员保险公司（GEICO）］和汽车保修服务提供商［如应用承保公司（Applied Underwriters）］进行投资时，巴菲特发现了为他的其他公司获取另一个销售渠道的机会。巴菲特足够精明，他能够预料到，如果他不能直接控制这些公司，那么这些汽车经销商的创新对他的投资意味着什么。

所有这些商业模式创新对客户的影响都是巨大的，使汽车购买者的经济负担越来越大。除了支付购买汽车的费用，他们现在还需要支付更多的费用来拥有和操作这台 1.5 吨重的机器。幸运的是，对这些客户来说，其他公司提供了许多不同的解决方案，这些解决方案都是基于解耦构建起来的。如前所述，ZipCar 和其他按需租车公司（如 Enterprise 的 Carshare 和 Gig）为驾驶员提供了无须签订合同、无须预订即可使用汽车的服务。如果你只想使用几个小时的汽车，那么 Zipcar 的价格是合理的。但是如果你想要较长时间地使用一辆车怎么办？幸运的是，像 Turo（以前叫 RelayRides）这样的汽车共享公司允许客户（非车主）通过点对点的模式直接从个人车主那里租用汽车。[38]如果客户想要在更长的时间内（比如一个周末）使用汽车，那么 Turo 的价格比 Zipcar 的价格更合理，但客户必须为了更低的价格而放弃便利。这组颠覆者打破了购买和驾驶汽车之间的联系，也打破了驾驶和保养汽车之间的联系。

随后一代的颠覆者针对网约车业务做了进一步的创新，包括优步、来福车和 Curb（波士顿出租车的网约车服务）在内的颠覆者使解耦进一步发展，切断了驾驶汽车和乘坐汽车之间的联系。车主可以通过它们提供的平台获得乘客，并驾车将他们带到目的地，从而换取一定的费用。在过去，客户只能通过有限数量的出租车和豪华轿车来获得这种服务。优步和来福车等公司的解耦方案对寻求短途旅行的客户来说较为划算。对于长途旅行，法国初创公司 BlaBlaCar 为乘客提供了一个平台，通过它乘客可以与车主预先安排更划算的长途旅行。[39]与在公共汽车上一样，客户购买车上的座位，而旅行的日程则是固定的。由于乘客和司机必须就出行的具体时间相互协调，客户将再次需要为了低成本而放弃便利。考虑到美国用车市场的规模，以及 2015年售出价值 5 700 亿美元新车的情况，我们可以预计，未来几年，解耦模式会持续细分，并在其他市场产生涟漪效应（见图 2.2）。[40]

	驾驶	乘坐		
短途	Zipcar	优步	来福车	curb
长途	Turo	BlaBlaCar		

图2.2 汽车行业解耦细分

商业模式创新，而非技术创新

在许多解耦的案例中，我研究的创新型公司似乎由于使用创新技术而颠覆了其所在行业。毕竟，优步、亚马逊和Birchbox都被视为技术公司，对吧？我决定和这些公司谈谈，了解它们开发和利用的新技术。我很快就明白，这些公司最初的成功并不取决于创新技术，而是取决于其商业模式创新的力量。同样，其他人也认为，即使是谷歌这样知名的"技术"公司，早期也没有发明全新的技术，而是发明或完善了新的商业模式。[41] 这些创新代表了真正的颠覆力量。为了说明这一点，我们来看几个不太知名的例子。

Trov 成立于 2012 年，其移动应用程序允许用户在一段时间内为单个产品投保，Trov 试图凭此颠覆传统保险业。*用户不再需要像老牌保险公司要求的那样，每年签订一份涵盖其所有财产的合同。[42] 为什么客户会觉得这种服务有吸引力？假设你计划去巴西的里约热内卢10 天，并且想为你最近买的佳能相机投保，使用 Trov，你就可以通过应用程序直接为你的相机投保，保险期为 10 天。此外，一旦你想修改你投保的任意一笔财产的信息，你只需点击一下就可以开启和关闭保险。该应用程序根据一系列风险因素提供即时价格。如果你的相机坏了、被偷了，或者放错了地方，你就可以在没有人为帮助的情况下通过应用程序索赔。

在传统的投保过程中，一个典型的保险客户需要经历价值链上的7 个步骤：你购买了一件贵重物品，感觉有必要为其投保，了解各种保险公司，向一个或多个保险公司询问价格，等待保险公司撰写和发送保险单，每年购买保险，以及最终取消保险。Trov 允许客户将询价与保险单的撰写解耦。它还允许客户将购买年度保单与取消保单解耦。

客户已经发现，这种解耦非常有吸引力，截至本书撰写之日，Trov 已经吸引了 5 轮投资，总计 4 630 万美元。[43] 千禧一代正在寻找更

---

* Trov 是一个独特的例子，它将保险的各个环节解耦，通过售卖产品专用保险来分拆传统保险。

简单、更方便的解决方案，而 Trov 的模式就是为他们创造价值的一种方案。Trov 从保险公司而不是客户手中收回部分价值，这些保险公司将客户支付给向他们售卖保险单的承保人的一部分保费交给 Trov。Trov 本质上是未来的保险代理人，不需要"交一年，保一年"的承诺，它可以每天 24 小时为你提供保险服务。

Trov 似乎完完全全是一家技术公司。但是，技术尽管在 Trov 的成功中起着一定的作用，却并没有发挥主导作用。尽管 Trov 依赖于它的移动应用程序，但许多老牌企业和新兴企业都可以使用这项技术。事实上，Trov 进入市场时使用的所有技术，包括商业或定制的软件和基本算法，都是相当标准的，并且是现成的。除了运用精算模型评估单一产品的风险，Trov 的真正优势来自其高度创新的商业模式。标准技术使 Trov 能够向客户提供服务。围绕解耦构建的新商业模式则真正让 Trov 在饱和市场中脱颖而出。

Trov 并不是一个孤立的案例。看看在线支付行业吧。网上购物看似简单，但在某些方面却并非如此。一个典型的网上购物价值链实际上包括至少 8 个步骤：访问在线零售商的网站，浏览产品，选择产品，将产品放在虚拟购物篮中，登录网站账号或注册一个账号，输入信用卡信息，选择送货地址和其他发货选项，确认购买。尽管前几个步骤非常方便，但填写付款信息的步骤往往会阻碍许多人完成在线购物。据说，平均 69% 到 80% 的网购者在完成购买前会放弃自己购物篮中的商品。[44]

Klarna 是一家成立于 2005 年的瑞典在线支付初创公司。[45]该公司为电子商务零售商提供在线支付便利，购买者手头不需要有信用卡，也不需要为每笔在线交易输入支付信息，就可以通过 Klarna 完成交易。如果一个电子商务网站允许购物者使用Klarna付款，购物者只需输入他们的电子邮箱和邮政编码，其余的工作则由Klarna来完成。它会立即向零售商付款，然后在两周内或在客户收到商品并决定保留后向客户收费。实际上，Klarna向购物者提供了短期的金融服务，它不是从客户那里获取价值，而是从商家那里收取费用（Klarna认为这一费用是合理的，因为它减少了网上购物过程中的风险和摩擦，通过防止人们在网上购物的最后阶段选择放弃，来增加商家的销售额）。因此，Klarna使购买行为与支付行为解耦，尤其是输入信用卡信息这一支付行为。

在瑞典，Klarna已经颠覆了由大银行、全球信用卡公司和根基深厚的电信运营商主导的支付行业。截至2016年，Klarna的销售额在全国电子商务销售额中占了近40%，在风险投资中获得3.32亿美元，公司的估值为23亿美元。[46]然而，与Trov一样，Klarna之所以取得成功并不是因为它有突破性技术。它没有无与伦比的新算法或高科技的客户界面，所有的技术都是现成的。Klarna的决定性优势也在于它的商业模式，这一模式在其行业中从未有人想到过，其核心就是解耦。

本章和前一章描述的大多数其他数字化颠覆者都不依赖突破性技术。是的，像优步和BlaBlaCar这样的初创企业需要为其客户提供移动应用程序，该程序可以连接GPS（全球定位系统），连接地图，还可以连接调度工具。是的，Birchbox和Trov开发了自己的应用程序。是的，Klarna需要一个信用评分算法来决定哪些购物者信用达标。但到这些公司成立之时，它们使用的数字化技术已经被广泛传播，已为老牌企业和其他初创企业提供了便利，大多数甚至被认为是标准技术。

在许多企业中，数字化技术在创造价值和获取价值方面发挥着重要作用，但它们实际上不是技术公司，因为它们没有开发出其商业模式核心的新技术（比如我为做研究而访问过的迪士尼）。一般来说，我把数字化企业称为以互联网（网络、移动应用等）为渠道获取客户和 / 或提供产品和服务的营利组织。这些公司本质上是技术创新的"使用者"，而不是"建设者"——这是一个关键的区别。苹果、特斯拉以及亚马逊和 Alphabet 的一些部门都是技术创新者，但这些公司代表着数字化经济中的例外，而不是主流。总的来说，如果数字化企业是所有企业的一个子集，那么我们可以将技术企业视为数字化企业的一个子集（见图 2.3 ）。[*]

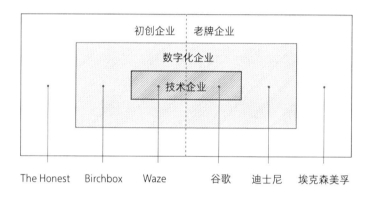

图2.3 公司类型图解

显然，一些技术创新者并没有在数字化领域开展业务。但这些公司并不是本书的重点。

在区分数字化技术和"纯"技术方面，我绝不是说前者比后者更

---

[*] 我承认，实际上，这些企业类别之间的界限比我在图 2.3 中描述的要模糊一些。不过，这种企业分类有助于我们以相对简单的方式传达我们要表达的概念。

有价值或更有创新性。我想说的是，它们的创新来源完全不同。对Trov、Klarna 和我迄今为止介绍的大多数其他解耦案例来说，颠覆力来自商业模式创新。这些初创企业竞争优势的本质是一种创造和获取价值的新方法，这种新方法使其能够获得资本和客户。

同样，撇开解耦不谈，我们发现，技术创新并不是瑞安航空、开市客或汽车经销商等公司颠覆市场的主要驱动力。所有这些公司的成功都建立在对其所在行业盛行的商业模式做出重大改变的基础上。商业模式创新是市场水平突变的强大力量，在某些情况下它比技术更强大。正如吉姆·柯林斯十多年前在其畅销书《从优秀到卓越》中所说，科技"是加速器，它从来不是动力，也不是增长的创造者"。[47] 在研究了 28 家非常成功的公司之后，他得出结论：技术"本身并不是卓越或衰落的主要源头"。与之类似，蒂斯举了许多杰出技术的例子，这些技术未能为其发明人带来市场上的成功，包括施乐（Xerox）发明的个人计算机、百代唱片公司发明的 CT 扫描仪、柯达发明的数码相机。这些案例失败的部分原因在于缺乏适当的商业模式来推动这些老牌企业的业务发展。正如蒂斯所指出的，"技术本身一般很少会颠覆市场"。[48]

别怪你的柠檬水

正如我们在本章看到的，随着时间的推移，商业模式变得更加多样化、更加复杂。这似乎是一种普遍现象：随着市场的发展和壮大，在互为竞争对手的企业之间独特的商业模式的数量明显增加，而这些模式本身也变得越来越精细、具体和不同。打个比方，想想孩子们在自家门前草坪上摆的简陋的柠檬水摊。这种模式很简单，而且由来已久，简单来说，就是以补贴价格（即爸爸妈妈的赞助）获得原料，制作柠檬水，然后以高价出售。美国各社区的孩子都是这样竞争的。今天，在许多行业，你已经不能靠单卖柠檬水脱颖而出了。你看到的是柠檬水企业家，他们以低于成本的价格提供柠檬水，这样他们就可以像开市客那样，让排长队的"被捕获的客户"在自家院子里徘徊。然后，这些企业家可能会在客户等待的时候招待他们，像瑞安航空一样，向他们出售零食或浴室用品等"附加产品"。这才是真正的利润所在。或者柠檬水企业家可能会聘请一个乐队来招待他们的客户，并要求乐队付钱给他们，因为柠檬水企业家像新媒体公司那样，让他们有机会向"被捕获的客户"推销自己。或者柠檬水企业家可以通过向"被捕获的客户"售卖他们的专属客户保险和保险合同来赚钱，这些合同提供了"解渴保证"，就像汽车经销商保证的那样。这听起来很奇怪，但环顾一下你的行业，你就会发现这就是正在发生的事情。

尽管如此，快速和极端的商业模式创新也可能会让老牌企业望而生畏，但对老牌企业来说，它们并非走投无路。理解商业模式创新如何推动市场，可以赋予老牌企业前所未有的能量。如果你认为技术推动了创新，那么你会感激硅谷的一些社会精英，他们声称比任何人都更了解尖端技术，并最终向你推销本月最受欢迎的科技产品。你会认为你必须在某种程度上利用这些技术幻想家和他们的智慧，把精力集中在技术上。通过商业模式创新（包括被称为"解耦"的特定形式的商业模式创新）而产生的颠覆对任何地方的商人来说都触手可及。作为一名高管，你已经知道不少商业模式了。你在商学院或职业生涯中学会了剖析它们。事实证明，在数字化时代竞争，你不必获得比你现在拥有的更深入的专业知识。但是你必须回到基础，思考企业是如何赚钱的，以及你的企业如何才能赚到新的钱。

暂时忘掉可穿戴设备、无人机、聊天机器人、物联网、机器学习、增强现实或虚拟现实这些新技术吧。它们都可能在你未来的业务中占有一席之地，但作为一名高级业务主管，你的职责是找出业务方面的问题。正如北欧国家最大的银行北欧联合银行（Nordea）的高级执行官埃里克·辛马克所说，"你永远不应该忘记你为什么要从事银行业务，那就是为客户服务……我们太关注技术如何走在最前沿，可能会忘记我们所做的事情的客户价值"。[49]埃里克应该了解这一点，他的雇主是被 Klarna 颠覆的瑞典老牌企业。

同样，不要让对产品的过度关注妨碍你对业务的关注。老牌企业的许多高管固守自己的商业模式，面对颠覆，只会一味指责自己的产品。正如他们所看到的，所有的新式柠檬水摊位都会抢走不少客户。他们认为这是因为制作者做出了更好喝的柠檬水。别怪你的柠檬水！[50]事实是，这个暴发户的柠檬水和你的一样，甚至更糟。是新的商业模式抢走了你的客户，而不是产品。当然，在少数情况下，小的、没经验的、资金短缺的、未经证实的或不知名的初创企业确实生产出了比市场上大型老牌企业更优秀的产品，但这是罕见的例外。正如密歇根大学研究员艾伦·阿富亚所说，最赚钱的商业模式创新与基础产品几乎没有关系。企业要从技术或产品创新中获利仍然需要有创新性的商业模式。[51]

在沉迷于技术多年之后，我们似乎开始集体注意到真正重要的东西。从 2004 年到 2016 年，谷歌上对"技术创新"的搜索量在全球范围内有所下降。相反，对"商业模式创新"的搜索在同一时期有所增加。不过，我们还有很长的路要走。2016 年，人们搜索"技术创新"的频率仍是搜索"商业模式创新"的 10 倍（见图 2.4）。

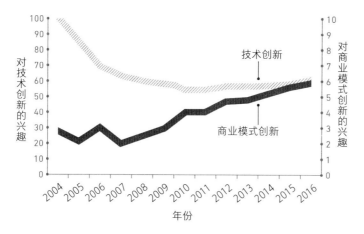

图2.4 2004年至2016年的谷歌上对两种创新的搜索量

如果你仍然热衷于为你的公司不断寻找新技术，那么是时候做出改变了。你应该花更多时间评估和改进公司的商业模式，就像你对待新技术那样。毕竟，就算你不关注新一波商业模式创新，尤其是解耦，其他人也会关注的。你的第一个任务应该是了解业务模型中失效的部分。事实证明，老牌企业很少需要更换其整个商业模式。在第三章，我们将了解如何评估你的业务模型、如何做出适当的调整。我们还将研究解耦的内部逻辑和底层驱动力。正如我所说，你不应该仅仅分析那些使你的客户解耦的创业公司。在评估你的商业模式时，你必须了解这一现象的核心：客户不断变化的需求和愿望。

第三章 | **被客户断开**

　　在所谓的共享经济中，爱彼迎是最著名的参与者之一，它是一个了不起的成功案例。2018年，190个国家的300万人使用该平台"分享"或出租他们拥有的房屋，甚至每天只出租一间客房。[1]全球最大的连锁酒店管理公司万豪集团（Marriott）拥有遍布120个国家的6 000家酒店。爱彼迎上列出的客房数量，几乎是万豪集团管理的客房数量的3倍。[2]爱彼迎魅力的核心就是解耦。从客户的角度来看，爱彼迎将使用房地产与拥有房地产分开。到巴塞罗那旅行的人不必在当地购买公寓就可以拥有几天或一周的公寓居住体验。他们可以享受别人的公寓，支付一笔费用即可。在爱彼迎上租房通常比住在质量相当的当地酒店便宜。在大多数当地市场，爱彼迎都提供了丰富的住宿选择。例如，在巴塞罗那，你可以以每晚11美元的价格在圣家堂附近的共享房间里租一张双层床，每晚花100美元在哥特区附近的兰布拉大道上租一间阳光充足的单间公寓，或者每晚花1万美元租一栋可以俯瞰整个城市和地中海的摩登豪宅。只需点击几下鼠标，用户不仅可以到某个城市或城镇去，还可以获得和当地人一样的体验。难怪爱彼迎成立不到十年，市值就高达 310 亿美元。[3]

我想知道酒店业的老牌企业对爱彼迎的迅速崛起有何反应，于是我和时任四季酒店市场部高级副总裁的苏珊·海尔斯塔坐下来谈了谈。正如苏珊和她的同事所看到的，爱彼迎的崛起是建立在爱彼迎成立前至少 15 年的消费趋势之上的。她说，这一切都始于 21 世纪初的巴黎，尽管第一次来巴黎的游客往往喜欢住在酒店里，但有些人为了商务，或者既为了商务也为了娱乐，一年多次来巴黎。这些旅行者发现了巴黎几十个街区的独特特征，开始要求旅行社在他们想居住的理想街区为他们寻找私人住所。大家庭在一起旅游时也会寻找住处，而有些地方通常有相邻的客厅和餐厅，家人可以在那里共度时光，因此对他们来说很合适。这在传统的酒店中几乎很难找到。

四季酒店并不是唯一一家发现这一趋势的老牌连锁酒店。由于担心失去最有价值的客户（和家人一起旅行的富有的环球旅行者），连锁酒店开始满足客户在一个地方找多个房间的需求。它们的第一次创新就是保证客户可以预订到相邻房间。一些连锁酒店通过在标准客房之间安装连接门来增加更多的相邻客房。这样一来，父母可以待在一个房间里，孩子或祖父母可以住在相邻的另一个房间里。

在 21 世纪头十年末期，酒店开始在居住感更强的社区（如伦敦的骑士桥或海德公园、上海浦东新区）开发新的房产。[4]对于高端客户，四季酒店模仿公寓建造了两居室、三居室和四居室的顶层套房。巴黎乔治五世四季酒店的帝国套房设有一间主卧室、两间浴室、开放式客厅和餐厅、一间书房、一间厨房和一个可以眺望埃菲尔铁塔的露台。然而，四季酒店和其他大型连锁酒店并不一定能找出客户在巴黎等城市的住宅区想要包含多个房间的套房的真正原因。这不仅是因为客户想在和家人一起旅行时感到舒适，还有一个原因是他们不想在第10次到光明之城旅行时还感觉自己像普通游客。这种愿望在旅行社的客户调查中得到了证实。正如美国旅行社协会主席曾经指出的那样，"旅行者希望与他们所游览的地方的人民、传统和习俗建立更深入的联系，这些经历为假期增添了意义，也使其更加难忘"。[5]

爱彼迎明白这一点。正如其创始人意识到的，酒店、航空公司、餐厅和景点都想让游客沉浸在当地生活中。但入住酒店的游客却没有得到这样的待遇。当到达一个地方后，他们吃的是标准化的膳食、住的是标准化的酒店房间，旅程也是标准化的，游客无法接触到真正的当地生活。爱彼迎有所不同。这个平台之所以叫这个名字（最初叫"气垫床和早餐"）是因为它为第一批客户——没有钱的大学生，提供了一个躺在别人公寓床垫上的机会以及一顿热气腾腾的早餐。随着时间的推移，这家公司渐渐允许人们租用私人房间、公寓和整个房屋。今天，你可以在巴塞罗那租一艘停靠在格兰赌场附近的88英尺[①]长的游艇，或者在冰岛租一个可以俯瞰熔岩海岸线的谷仓，甚至在爱尔兰的戈尔韦附近租一座中世纪城堡。是的，一些当地人确实住在这种类型的房子里。正如爱彼迎意识到的那样，旅行者想要适应当地的生活条件，而不是反过来。在巴黎，他们想逛当地市场，买一块当地奶酪作为晚餐。在罗马，他们早上想在附近僻静的咖啡馆喝杯浓咖啡。这种真实性和对当地生活的亲身体验正是酒店未能提供的。

正如四季酒店的苏珊透露的那样，即使是她在度假时偶尔也会住在私人住宅里。她喜欢这样的经历：第一次看到她租的房子时，她发

[①] 1英尺＝0.304 8米。——编者注

现了一扇常春藤覆盖的旧大门，拿起一把长长的金属钥匙，把它插进锁里，打开大门，然后穿过一个风景如画的庭院来到房子的前门。打开那扇门，里面独特的装潢同样令人激动。几天来，这个舒适的家只属于她。在旅游业中，拥有与使用的解耦使人们有了一种虚幻的体验，有机会尽情幻想另一种生活方式。

大多数老牌公司的高管都认为初创公司颠覆了他们的市场。他们认为某些企业家是粗暴的破坏者，他们单枪匹马地改变了现状。这些高管主要关注那些威胁到他们生意的大小竞争对手。这种想法往好了说是不完整的，往坏了说是不准确的。爱彼迎没有颠覆四季酒店。客户通过改变行为来满足自己不断变化的欲望。旅行者想要卧室以外的家庭居住空间。他们想要真正的旅行体验。爱彼迎和它的许多模仿者只是设法比世界各地的几十家全球连锁酒店更全面、更迅速地满足了这些要求。*如果研究其他解耦的实例，你就会发现它们也起源于客户，而不是初创公司或其创始人。为了抢占先机，我们需要比平时更加关注客户，而要相对更少地关注竞争对手。我们需要约束自己，从客户而不仅仅是公司的视角来看待市场，理解客户不断变化的欲望和行为。

获取客户，而不是当"赢家"

乍一看，高管们可能会抵制将战略重心从竞争对手转移到客户身

---

* 与爱彼迎类似的房屋共享服务包括 VRBO、Home Away、House Swap、Guest to Guest 等。在豪华房地产领域，爱彼迎也与专业服务竞争，如 OneFine Stay 和 Luxury Retreats。

上的做法。以我的经验，大多数高管关心客户，但他们对竞争对手也很着迷，这是可以理解的。现代商业战略的重点在于公司、在于评估竞争环境和应对竞争对手。学者、顾问和老牌首席执行官们使用"商业即竞争"或"商业即战争"这样的字眼，从博弈论和古代军事论著（如写于公元前5世纪的《孙子兵法》）中寻找如何在竞争中获胜的办法。同时，传统的竞争战略框架也淡化了客户的关键作用。例如，在迈克尔·波特的五力模型中，只有一种力量与客户有关，即购买者的议价能力。其中三种力量——行业内竞争者现在的竞争能力、潜在竞争者进入的能力和替代品的替代能力——可以说重点都在不同类型的竞争对手上。*同时，博弈论模型也重点关注竞争对手。客户被认为是次要的，是竞争对手争夺的"奖品"。这种传统上强调竞争对手而不是客户的原因无疑与统计数据的可用性和可解释性有关。在一个市场中，我们很容易发现竞争对手在做什么，而很难辨别客户的动机和行为。因此，在现有的战略框架中，针对竞争对手，我们可以采取清晰、明确的应对措施。

专注于竞争对手在过去效果很好，而且现在在某些情况下可能仍然有效，但对那些在市场竞争中面临颠覆威胁的公司来说，这已经不那么适用了。传统的企业战略假设企业只面对一个或几个竞争对手，而竞争对手的行动在某种程度上是可以预测的。在这样的条件下，竞争确实更像象棋比赛或战争。在今天的市场中，许多行业的老牌公司往往不是与一个或两个大型的可预测的竞争者对峙，而是与几十个小型的、灵活的、不太容易预测的挑战者对峙。这些新兴企业是不可预

---

*　最后一种力量是供应商的议价能力。

测的，因为它们经常采用创新的商业模式，并且会为了适应不断变化的环境而做出大幅调整。在酒店领域，截至 2016 年底，至少有 62 家由美国风险投资支持的初创企业颠覆了万豪酒店和四季酒店，颠覆的方式就是将传统上由它们提供的活动（如预订、礼宾、会议服务或婚礼策划）解耦。[6] 在旅游业，有超过 90 家由风险投资支持的初创公司；在餐饮业，这个数字是 100；在实体零售业，这个数字超过 130；在银行业，这个数字超过 400；等等。为战争做好准备，或者像棋手那样有意识地思考未来的许多步骤，是博弈论的要求，而这在这些行业已经不现实了——这也是高管们经常感到不知所措和困惑的一个重要原因。

单凭这些原因，高管们最好回到业务的基本面，关键不是"赢得"、"击败"或"打败"竞争对手，而是获取和留住客户。颠覆性初创公司的创业者正是这样看待世界的，他们注意到彼得·德鲁克的名言，"企业的目的是创造客户"。[7] 事实上，企业家将关注客户视为初创公司的一个决定性品质，这与老牌企业的关注点正好相反。正如亚马逊首席执行官杰夫·贝佐斯所言："当（其他公司的高管）早上洗澡时，他们会考虑如何超越自己的顶级竞争对手。在我们洗澡时，我们会考虑如何为客户发明一些东西。"[8]

重新思考商业模式和客户价值链

更认真地对待客户，并不只是要求市场营销部门多组织几个专题小组或多进行一些调查。它意味着修改一些最基本的定义，这要从我们如何看待商业模式开始。在第二章中，我观察到，企业的存在是为了创造价值。一旦做到了这一点，它们就有可能通过对自己的产品和服务收费来获取部分收入。在将我们的注意力转移到客户身上时，我们应该重新审视这个定义。当一个旅行者在两个连锁酒店中进行选择时，她是在同一个基本商业模式中进行选择。但当她将爱彼迎视为酒店的替代品时，她是在不同的商业模式之间进行选择。如果客户在租赁一套套房时必须从爱彼迎或四季酒店中做出选择，他们实际上是在比较每个产品为他们创造的价值和他们必须为每个产品支付的价值。此外，被比较的企业在试图交付和收取价值时，也常常给客户带来效率低下或浪费的情况。这样，企业有时会侵蚀客户价值。因此，为了重新把客户作为关注点，我们对商业模式的定义修改如下：

从客户的角度看商业模式："商业模式包括企业为我创造的价值，要获得该价值我要付出什么，以及它侵蚀了我哪方面的价值。"

对于任何行业的任何业务，我们都可以使用这个更新后的商业模式的定义，并用它来分析客户价值链。这样做可以让我们清楚地确定每一种行为是否创造了价值、是否为该价值收取了费用，或是否侵蚀了价值。每个客户在与公司打交道的过程中都会从事这 3 种类型的活动。下面是几个例子。

	价值创造	价值收费	价值侵蚀
定义	为客户创造价值的活动	为所创造的价值收取费用的活动	既不为客户创造价值，也不为所创造的价值收费的活动

	价值创造	价值收费	价值侵蚀
实例	一顿做好的饭	付 20 美元买一顿做好的饭	去餐馆打包一顿做好的饭回家吃
	卖二手车	按汽车销售价格的 2% 支付佣金	在分类列表中拍摄和描述二手车
	住在酒店房间里	每晚付 200 美元	每次预订酒店时提供个人信息和支付信息

举例来说，想想你使用无线电台的过程。你可能会选择听一个特定的电台，因为它播放恐惧之泪乐队以及你最喜欢的 80 年代节奏和蓝调艺术家的音乐（即它为你创造价值）。但每隔一个小时左右，电台还会播放你讨厌的贾斯汀·比伯的歌。要想持续经营，你收听的当地电台必须赚钱。除了播放广告，它赚钱的另一个方法是推广新歌和向有新歌要推广的唱片公司收费。*当广告或贾斯汀·比伯的歌出现时，你可以调低音量或换台，一两分钟后再调回来，但这样做很费劲儿。站在听众的立场上，电台传递价值，为其创造的价值收费，但在一定程度上会侵蚀价值。

截至 2016 年底，iHeartMedia 拥有并运营着 855 家美国广播电台，每月吸引约 2.45 亿听众。[9]该公司为其广播听众提供了 4 项不同的连在一起的活动。图 3.1 显示了听众在这 4 项活动中获得和放弃的价值类型。

---

* 在美国，只要电台公开某段时间是"赞助播出时间"，这么做就是合法的。在某些国家，这种做法更普遍。

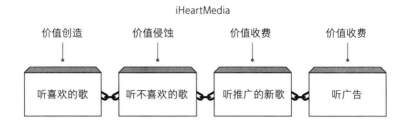

图3.1 电台听众的客户价值链活动的价值分类

现在，一个颠覆者要如何将价值创造、价值侵蚀和价值收费的特定组合解耦？不用猜了，这里有一个现成的例子。潘多拉电台（Pandora Radio）成立于2000年，通过将我所说的客户价值链的所有四个阶段解耦，打破了传统的电台模式。[10] 借助一项名为"音乐基因组计划"的创新，潘多拉电台对比了一系列歌曲之间的相似性及不同之处。潘多拉电台使用这个算法，结合用户的音乐偏好，确保为用户提供他们最喜欢的歌曲，保证它播放的任何新歌都具有类似的品质（例如，相同的节奏、风格或韵律），从而减少了用户不喜欢的歌曲出现的频率。如果你喜欢恐惧之泪和其他20世纪80年代风格的摇滚乐队，如U2，你很幸运——不用再听贾斯汀·比伯了。潘多拉电台不会向用户推荐付费宣传的歌曲，而付费订阅的用户也不会收到任何广告。[*]将所有阶段解耦使潘多拉的月活跃用户增长到8 100万。2016年，其收入超过13.8亿美元。[11] 对这个几年前刚刚宣布濒临死亡的媒体来说，这样的业绩并不差。

---

[*] 潘多拉电台为听众提供两种选择：免广告的付费订阅服务或偶尔播放广告的免费版本。潘多拉电台通过这种方式完成价值收费。

060

花点儿时间关注一下房间里你周围的一个物件。它是谁买的呢？是你、你的家人、你的熟人，还是你所住旅馆或所坐飞机的工作人员？花点儿时间和这个人感同身受，你会感激他或她为购买该物件所做的一切：确定需求、评估供应商、比较选项、决定、购买、付款、接收、安装（如有必要），最终丢弃。无论产品是实体产品、服务、消耗品，还是耐用品，所有这些活动都可以被划分进价值创造、价值收费或价值侵蚀这三个类别中。购买物品的人不论是下意识还是无意识，都会试图把这三步结合起来，即增加价值创造，减少价值收费，避免价值侵蚀。这就是客户所做的一切。永远如此！

在了解了客户价值链上的所有活动后，选择提供这些活动中的一项（或几项），在你的印象中，有这样做的初创企业吗？可能有几十个甚至数百个企业家正是依照直觉、以非结构化的方式这样做的。它们这样做也是为了公司的产品和服务。如果你的客户发现有机会与另外的老牌企业或新兴企业合作，更好地完成客户价值链中的任意项活动，那么请注意，他们很可能会抓住这个机会。从客户的角度关注价值，有助于你理解客户真正关心的是什么，以及他们为了获得价值不得不放弃什么。这也有助于你了解市场上的创新者颠覆现有业务的各种方式。

三种解耦方式

如果你是一个铁杆游戏爱好者，那么你可能听说过一家叫作Twitch 的公司。Twitch 有一个网站 Twitch.tv，专门提供有经验的玩家玩视频游戏的直播。事实证明，很多人非常喜欢视频游戏，以至愿意花无数时间看别人在网上玩。到 2018 年，Twitch 拥有超过 1.4 亿用户，其中一些用户平均每天花 95 分钟观看游戏直播。[12]

为什么有人会花时间看别人玩视频游戏，还有人会为此付费？对一些玩家来说，玩游戏和看别人玩游戏是独立的创造价值的活动。看别人玩视频游戏可以增加自身的价值，因为它给了游戏爱好者一个向其他专业玩家学习的机会，也为他们提供了类似于观看专业体育比赛的娱乐形式。

正如获得产品或服务的客户只参与三种不同类型的活动，只有三种类型的解耦（如图 3.2 所示）。Twitch 是颠覆性企业的一个例子，它将价值创造活动解耦。其他颠覆性企业将价值收费活动或价值侵蚀活动解耦。[*]

价值创造解耦指的是打破两个或多个价值创造活动之间的联系。解耦者提供了这些价值创造活动中的一个，而被解耦的老牌企业则保留了另一个价值创造活动。Twitch 为自己赢得了视频游戏的观众，但它并没有开发出可以玩的游戏。它把这项活动留给了艺电这样的老牌企业。这是个很棒的主意。

在价值侵蚀解耦中，颠覆者打破了价值侵蚀与价值创造活动之间的联系。在视频游戏中，Steam 允许客户通过互联网玩视频游戏，就像网飞允许客户通过互联网看电影和电视节目一样。[13]有了 Steam，玩家不再需要离开沙发去实体零售店（价值侵蚀活动）玩游戏（价值创造活动）。对游戏玩家来说，这是一件大事，Steam 的成功证明了这一

---

[*] 我将使用术语"价值收费"而不是"价值获取"来强调这样一个事实：客户认为这项活动是在向他们收取成本或"索要费用"。

点。截至 2017 年，该公司拥有 2 亿多用户，年收入 10 亿美元，价值高达 100 亿美元。[14]

价值收费解耦指的是将价值创造活动和价值收费活动解耦。手机游戏开发商 SuperCell 允许玩家免费玩大部分游戏，通过向公司最忠诚的玩家出售数字化产品（玩家可在应用程序内购买）来收取费用。实际上，SuperCell 打断了购买游戏（价值收费活动）和玩游戏（价值创造活动）之间的联系。SuperCell 以开发诸如《部落冲突》（*Clash of Clans*）这样的游戏而闻名，《部落冲突》是世界上收入最高的移动游戏之一，拥有 1 亿用户。2016 年，该公司以 102 亿美元的价格被出售。[15]

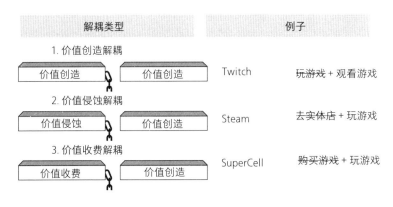

图3.2 三种类型的解耦

当涉及解耦的分类时，关键因素并不是颠覆者通过解耦为自己获取和保留的活动。关键是解耦者留给老牌企业或其他企业继续提供的活动。* 在视频游戏行业，Twitch 选择留下价值创造活动——创造视频游戏。Steam 留下的是价值侵蚀活动——去实体店。而 SuperCell 留

* 从某种意义上说，这是对颠覆本身进行分类，而不是对颠覆者进行分类。

下的则是价值收费活动——向客户收取使用该产品的费用。这就是使这些解耦形式不同的原因。在每种情况下，解耦者都会为自己保留一项为客户创造价值的活动。这项活动必须很有意义，否则解耦者就不能吸引任何客户。解耦者也可以通过适当的活动，向客户收取服务费用，但正如我们稍后看到的，这并不是必须的。在发展的初期，初创企业有时没有产生收入的机制，或者通常所说的盈利机制。最终初创企业必须开发这样一种机制，否则就有倒闭的风险。在 2008 年早期，导航应用 Waze 提供了价值，但不收取服务费。四年后，该公司开始销售基于地理位置的移动广告，并将其实时数据授权给媒体公司和地方政府。如今，Waze 在 185 个国家拥有 6 500 万活跃用户。[16] 2013 年，该公司以 9.66 亿美元的价格被谷歌收购。[17]

什么真正推动了解耦？

关注客户有助于我们更深入地了解初创企业能否成功地从现有市场的老牌企业那里抢走客户。一个颠覆者可以使客户价值链的各个阶段解耦，并不意味着客户会急于用颠覆者取代被解耦的老牌企业。我们可以把客户活动想象成火车车厢。在客户头脑中运作的整合力量使火车车厢相互连接。专业化的力量导致它们之间的连接断开。要实现解耦，专业化的力量必须大于整合的力量。换言之，客户必须意识到，他们可以从专业化中获得更多的好处，即如果他们能在不同供应商那里完成不同的活动，而不是在单个供应商那里完成整个购买过程，他们就可以获得更多的好处。

以零售业为例，大多数大型零售商采用两种定价策略中的一种。一些连锁店如美国的 J.C.Penney 或 Sears，在高价和超低价之间交替。其他连锁店如沃尔玛，以较低的价格为产品定价，提供"每日低价"，很少打折或没有定期的打折。美国的购物者喜欢每日低价，沃尔玛近几十年的迅猛增长就是明证，因为在一个地方购物可以节省他们的时间。巴西的购物者对此有不同的看法。他们的收入只有普通美国人收入的 18%，对价格更为敏感，因此不太可能在一个地方购买所有的日用品。如果能在其他地方找到特价商品，他们很乐意前往多家零售店，放弃一站式购物的便利。这就解释了为什么沃尔玛是美国市场的领导者，但在巴西却只排第三。换言之，一些购物者为了方便会整合他们所有的购物需求（整合力量），而另一些购物者为了省钱会去往专门的零售店（专业化力量）。

在解耦时也会产生同样的情况。在美容行业，丝芙兰通过将客户购买阶段的各个活动维系在一起，向客户提供好处。到丝芙兰实体店的客户可以了解、试用不同的产品，并直接购买。初次购买后，他们可以再到店里轻松回购唇膏和睫毛膏等，根据需要购买其他产品。

颠覆者试图通过在美容客户价值链的每个阶段增加专业化力量从丝芙兰挖走客户。Birchbox 向客户寄送包含美容产品小样的订阅盒，客户可以在自己家中舒适地试用在丝芙兰销售的相同的美容产品。这对客户来说十分方便。亚马逊以低价、正装产品吸引客户，鼓励人们在丝芙兰实体店或 Birchbox 里试用产品，但最终通过亚马逊购买。行业巨头巴黎欧莱雅旗下的科颜氏（Kiehl's）允许超级忠实的客户"订阅"某一特定的美容霜或其他产品，按订阅付费而不是按瓶子数量付费。这项服务定期通过快递补充客户的美容产品，确保它们永远不会被用完。尽管顽固的客户最初可能会在丝芙兰购买产品，但后来他们会改为从科颜氏订购，以保证补给。换句话说，科颜氏使美容产品的补给环节解耦，从丝芙兰中吸走了回头客。

我们可以将美容行业整合和专业化力量之间的关系在客户价值链上表示出来（见图3.3）。老牌企业丝芙兰有简单和专业等优点，这两个优点将整个客户价值链上的活动结合在一起。Birchbox、亚马逊和科颜氏或巴黎欧莱雅这三个颠覆者（最后一个既是制造业的老牌企业，又是零售业的新成员）都提供便利、优良的价格和品质保证等好处，这些好处抵消了整合的力量。重视便利性、价格优良和品质保证的客户比重视简单和专业性的客户更倾向于将这三种消费活动分离开来。

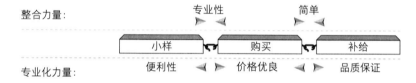

图3.3 老牌企业的整合力量和解耦者的专业化力量

请注意，在评估竞争对手如何使用专业化力量和整合力量时，非常重要的一点是要做好同类比较。在标准竞争中，A公司将通过提供比B公司更好（或不同）的产品来争取市场份额。特斯拉从大型汽车公司获得市场份额的成功并不涉及解耦。特斯拉试图通过提供一种从品质上看完全不同的产品，即高端电动汽车，来与对手竞争。相比之下，我认为到目前为止，解耦者和老牌企业提供的活动质量基本相同。* 例

---

* 这并不是说产品或服务的总体客户体验完全相同。每一种相同类型的活动（例如，试用口红或乘车）的体验都类似。

如，如果我们假设客户的最终目标是从A点到达B点，而且所能乘坐的车的实际乘坐体验大致相似，那么通过Turo或优步乘坐丰田普锐斯（Prius），就涉及解耦。同样，如果从老牌企业或颠覆者处购买的游戏玩起来没有差别，或购买的美容产品的质量没有实质性差异，那就是解耦的情况。如果产品或服务的质量差异大到足以影响客户的选择，那么解耦可能不是唯一的解释。

客户的成本

考虑到特定行业中整合力量或专业化力量所带来的各种客户利益，我们可能会想，是什么决定了客户的最终决策。答案是成本。消费者在客户价值链的每个阶段都要承担成本（如图3.4所示）。成本不仅包括物品的价格，还包括非金钱成本，如辨认和选择物品所需的精力（搜索成本）、订购和接收物品所需的精力（购买成本）*以及使用和处置物品需要的精力（使用成本）。亚马逊降低了搜索成本。它围绕着方便搜索的概念建立了自己的网站，提供搜索框、算法推荐以及基于语音、图像和条形码的搜索功能。一美元剃须刀俱乐部（Dollar Shave Club）提供订阅服务，降低了购买成本，并告诉客户："没有比这更方便的了。我们为您提供美容产品，让您看起来、感觉上和刮胡子时都美呆了。这样的产品您每个月都会获得一盒。"[18] Turo降低了使用成本。客户通过它可以按需租用他人的汽车，并在用完后归还汽

---

* 不要与"购买价格"混淆，购买价格是为获得产品或服务而支付的实际货币金额。

车。他们节省了购买和保养自己汽车的费用，也避免了它们带来的不便。车主如果将汽车出租或分别为 Turo 或优步开车，就可以在自己没有用车需求时赚钱，从而降低自己的使用成本。

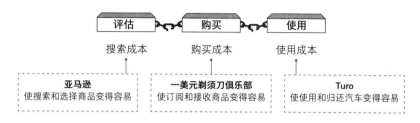

图3.4 客户价值链中各阶段的成本

资料来源：Adapted from Thales S. Teixeira and Peter Jamieson, "The Decoupling Effect of Digital Disruptors," Harvard Business School Working Paper no. 15-031, October 28, 2014, 6.

　　在将成本与客户价值链的各个阶段进行对比之后，我们需要衡量这些成本。我们可以计算以美元为单位的金钱成本（价格、贷款费用、运费等）、以小时或天为单位的时间成本（例如，交货时间、采购时间）、完成 EIP（基本信息流程）的精力成本。我们可以用 EIP 来解释客户如何评估他们的选项、决定支付等。[19] 例如，在网上购物时，你在搜索栏中输入产品名就是一个 EIP。在虚拟购物篮中添加产品名是另一个 EIP，输入信用卡信息或输入送货地址也是一个 EIP。（请注意，简单、方便和一站式购物都属于降低精力成本的范畴。）

　　要了解各种成本如何在特定的客户价值链中发挥作用，你可以想想银行业。客户可以在允许他们存款、支付费用、投资多余现金以及在需要资金时借款的银行账户之间进行选择。客户必须能够查看和转移其支票账户、投资账户和信用账户之间的余额。在过去，大型零售银行，如美国银行（BofA），向客户提供了所有这些服务。几十年前，贝宝进入了这个领域，允许客户通过其在线平台支付费用。为什么不用美国银行的账户付账呢？因为用贝宝在网上操作起来更容易。

最近，像贷款树（Lending Tree）和 Zopa 这样的点对点贷款公司为客户提供了更便宜的借贷服务。Yodlee 和 Mint.com 等初创公司允许客户在一个网站上查看其所有金融账户，即使这些账户由不同的银行持有（见图 3.5）。这种所谓的金融科技类颠覆使得客户管理资金变得更容易、更便宜、更快捷。与此同时，客户仍在使用美国银行等老牌银行，将资金"存入"银行的存款账户。美国银行和其他银行面临的问题是，在客户价值链中，单独提供现金存款是一个高度受监管且日益无利可图的部分。迄今为止，其他活动基本上不受管制，因为它们不需要长期的现金存款。如果客户继续与金融科技类初创公司合作，让银行服务继续解耦，那么美国银行的问题可能会加剧。创业公司为客户降低成本的能力实在是太强了，以至客户无法放弃这个送上门的机会。记住，无论你从事什么行业，你的客户总是用三种"货币"来支付：他们的钱、他们的时间和他们为之付出的精力。

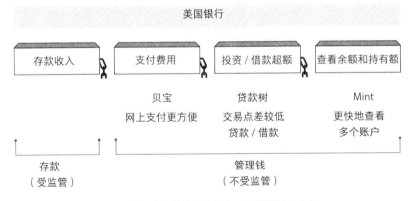

图3.5 银行客户价值链的精力、金钱和时间成本

计算成本差异

我们已经研究了客户在购买产品和服务过程中所开展的活动（如评估、购买和使用）以及所产生的成本类型（金钱、时间或精力）。如果能够准确地了解客户的成本都花在了哪里，我们就能找到客户可能希望解耦的位置。成本越高，解耦的动力就越大。当然，要做到这一点，客户需要有另一个选项：一家为降低客户成本提供独特机会的初创企业。通过比较客户在耦合的活动中花费的成本与在解耦后活动中花费的成本之间的差异，我们可以确定老牌企业是否面临被颠覆者抢走客户活动的风险，以及颠覆者是否看到了真正的机会。

想象一下，你在沃尔玛的一家店里选择了一款冰箱。*你在犹豫是从老牌企业沃尔玛购买，还是从颠覆性企业亚马逊购买。你首先要考虑金钱成本。在沃尔玛，LG 冰箱的售价是 2 188 美元。它在亚马逊的售价只有 2 048 美元。亚马逊显然有优势。但是，等等，沃尔玛可以在一天内免费送货。亚马逊需要三天时间。那还是选沃尔玛吧。但在这两家供应商购买冰箱分别需要你花费多少精力呢？如果你在沃尔玛选冰箱（一个 EIP），你就得经历与销售人员接触的过程。你还需要支付和安排交货（另外两个 EIP）。如果你在沃尔玛挑选冰箱，在亚马逊上购买（即展厅现象），那么你必须在网上进行同样的活动（三个 EIP），还必须在网站的在线库存中搜索相同的品牌和型号（一个额外的 EIP）。在沃尔玛购物，一旦你站在想要的冰箱前，过程就稍

---

* 我们假设亚马逊上的冰箱与沃尔玛的冰箱相同或非常相似。

070

微容易一点儿了——只有三个 EIP，而不是四个。*总之，解耦的成本（在沃尔玛挑选冰箱，但去亚马逊网站购买）是 140 美元 +2 天 +1 个 EIP（如图 3.6 所示）。

成本			
	沃尔玛	亚马逊	差异 （亚马逊 – 沃尔玛）
金钱成本	2 188 美元	2 048 美元	相差 140 美元
时间成本	1 天	3 天	相差 2 天
精力成本	3 个 EIP	4 个 EIP	相差 1 个 EIP

图3.6 购买冰箱时成本差异的计算

那么，你是从沃尔玛还是从亚马逊买冰箱呢？好吧，这取决于你最看重什么，也就是你对价格、时间和精力有多敏感。一个对价格敏感的大学生如果希望尽可能少花钱，可能会选择在亚马逊上购买该产品。但是，一个对价格不太敏感、对时间敏感的全职妈妈可能会决定支付额外费用，让新冰箱尽快送达。该分析阐明了客户在以耦合或解耦的方式购买商品或服务时所做的权衡。客户有意或无意地评估他们在与颠覆者或老牌企业打交道时所产生的金钱、时间和精力成本。当然，他们可能不会有意识地以这种方式评估自己的选择，但如果你经营的是老牌公司，你应该这样做。你应该站在客户的角度，比较她所有的选项。除非你知道所有可能影响这个客户的细小而主观的考虑，否则你最好以一种简单、客观、系统的方式进行比较。你的客户在购

---

* 我们假设这些步骤中的每一步都需要花费同样的精力，不管它们是在哪里完成的。我们也假设颠覆者和老牌公司提供的是实质上相似的产品或服务。

买你的产品或服务时必须花费多少金钱、时间和精力？她在购买颠覆者的产品或服务时要花费多少金钱、时间和精力？这对你有利还是不利？

考虑到许多客户不会像我在这里描述的那样，如此仔细和系统地比较选项和成本，你最初可能会拒绝进行这样的分析。虽然大型企业的采购办公室会综合比较成本，但个人客户更可能只做到对比价格这一步。不过，这项分析的重点并不是要确定任何特定的客户会做什么，而是了解你在客户价值链的任何阶段所提供的服务比你所在市场的初创企业所提供的服务对客户的成本更高或更低。比方说，如果你在分析之后了解到，对客户来说，你的冰箱或多或少是贵的，那么你就可以对颠覆市场的新兴企业采取不同的应对方式。短期内，尽管对客户来说，购买你的冰箱的总成本比新兴企业高，你可能也会赢得客户；或者，尽管购买你的冰箱的总成本较低，你可能也会失去客户。但最终，客户的决策会与购买成本相匹配。这项分析就是为了阐明，如果你计算了客户要花费的成本，你就会尽早知道，对于在你的地盘上的颠覆者来说，你是多么容易被颠覆。

在三项成本之外

我提到的金钱、时间和精力这三项成本不一定是客户唯一要花费的成本。另一个常见的成本是与风险相关的成本（例如，可信度、可靠性、透明度和不确定性）。客户可能知道并信任四季酒店和美国银行，但他们是否相信爱彼迎上的房主会因为他们的预订而为他们保留房源，或者贷款树上的借款人是否会偿还贷款？如果他们不相信，那么这种不确定性可能会极大地影响他们的决定。衡量可信度、可靠性和不确定性的一个公认方法是看公司的品牌资产。与初创企业相比，老牌企业可能会享有更高的品牌认可度。但另一方面，小品牌有时比大品牌更有优势。当美国都市的千禧一代在食品杂货店购买包装食品时，他们开始青睐相对不知名的新品牌，而不是主要的老品牌。[20]

当然，品牌和品牌资产的影响只能到此地步。正如我在为大公司提供咨询时所说的，高级营销主管往往躲在他们管理的品牌及其被高估的价值背后。正如全球知名品牌所看到的，客户永远不会因为一些闻所未闻的初创企业而抛弃它们，因为这些老牌企业已经花了数亿美元打造自己的品牌。此外，在许多情况下，对客户来说，一个知名品牌确实反映了较低的金钱、时间或精力成本。如果不是为了更便宜、更快、更省力的交易，你可能就不会在沃尔玛购物，也不会用联邦快递发快递，或者在摩根大通开户。

当有疑问时，问问客户最看重什么。了解他们在做购买决策时关心的成本——不仅仅是其中一些成本，而是所有重要的成本。除了金钱、时间和精力，豪华汽车购买者可能会告诉你，声誉对他们很重要。另一方面，低端汽车购买者可能会说，汽车的可靠性至关重要。低端金融服务的客户可能会说，他们关心的是准入，而高端银行客户则在寻找排他性。在计算金钱、时间和精力之外的成本前，你要准确评估它们。确保这些成本真的会影响客户的决定，确保你可以测算出你提供的和颠覆者提供的产品或服务的额外成本。最后，你要确保没有重复计算。额外成本没有与此处讨论的三项成本中的任何一项重叠。

从客户的角度看市场

正如我们所看到的，客户确实推动了我们所看到的在我们周围出现的大量的颠覆。在制定应对潜在颠覆者的战略时，我们必须考虑这些因素。比如在酒店业，最重要的是颠覆者爱彼迎还是客户改变的习惯？如果爱彼迎不复存在，难道不会有另一家初创公司取代它吗？换句话说，潜在的客户趋势将保持不变。类似的观点也适用于已经发生颠覆的其他行业。在实体零售商的案例中，甚至在亚马逊进入这一领域之前，购物者就开始在商店里试用和挑选电子产品，然后回家或到其他地方比较价格了。在美容行业，早在 Birchbox 成立之前，女性就在收集和使用美容小样。在视频游戏行业，玩家们在开始订阅 Twitch 之前，就已经去别人家看朋友玩视频游戏了。只有当企业家意识到这一愿望，并推出一个试图满足它的产品时，颠覆者才成功颠覆了市场。为了在颠覆中领先，老牌公司的高管需要更多地关注客户，而不是被他们视为竞争对手的初创企业（参见图 3.7）。

通过进行我所阐述的以客户为中心的分析，公司可以获得很多益处。通过绘制客户价值链的阶段图，你可以发现你在何处创造价值、在何处收取费用，以及在何处侵蚀价值。你需要问自己三个问题：（1）我能在创造价值的活动中提供更多价值而不是收取更多费用吗？（2）在其他条件相同的情况下，我是否能够接受在价值收费活动中获得较少的收益？（3）我能在不减少提供的价值或获取的价值的前提下减少客户被侵蚀的价值吗？

改变客户行为		颠覆者
利用度假租赁模式，无须购买房源	►	爱彼迎
观看游戏，无须打游戏	►	Twitch
店内试用 + 线上购买	►	亚马逊
试用美容产品 + 在其他地方购买	►	Birchbox

图3.7 改变客户行为的例子

在分析时要有耐心。你可能很想同时考虑你提供的所有活动，但你会发现在面对各种商业模式的调整方案时，你会感到不知所措。你可能会说："如果我想改变这个，那么我也需要改变那个，还有那个，以及那个。"做颠覆者做的事，一次只考虑一项活动。例如，如果你是丝芙兰的经营者，你可能就会问自己是否可以提供订阅盒来消除试用阶段的价值侵蚀。或者你可以考虑是否可以通过提供与亚马逊匹配的价格来降低在第一个购买阶段的价值收费。或者你也可以考虑通过自动补充客户经常使用的产品，增加在补货阶段创造的价值，就像科颜氏那样。

在考虑自己公司的选择时，你要做好退让的准备。监管实体店的高管保罗可能会抱怨，订阅盒会夺走客流量。会计部门的安可能会辩称，价格匹配将侵蚀收益率。物流部的吉姆也会抱怨自动补货成本的增加。你应该如何回应他们？他们的每一个分析都是正确的，但他们的分析的前提是，无论你是否接受上述变化，你的客户群都将保持不变。当你的客户可以选择从你的一部分业务中解耦时，这种假设就不再成立了。我们将在随后的章节中对此进行更详细的分析。

现在，想一想：为什么我这么专注于少数几个行业？你的生意很可能和他们中的任何一个都没有直接关系。从这些例子中得到的教训是否适用于你自己的行业？我领导的研讨会的参与者提出了这样的问题。我给出的答案是：科颜氏的客户和被解耦了的丝芙兰的客户，实际上也是你的客户。客户购买汽车、娱乐、金融服务等。尽管她可以在不同选项中做出选择，但她做选择的思维过程是相同的。她并不是在买香水时用这种思维，在买车时用另一种思维。

解耦看似是一种特定行业的现象，但正如我们在第一章看到的，它并非如此。解耦的基本过程及其在商业模式创新中的应用在任何地方都是相同的，而且推动它的主要力量——客户成本也是无处不在的。想想看：2016 年，72% 的美国成年人使用了至少 11 种不同的共享或按需服务中的一种，如爱彼迎或优步。皮尤研究中心发现，大约 1/5 的美国人习惯性地将其中 4 种或更多的服务融入他们的日常生活。同一组消费者正在跨行业解耦。[21] 要深入了解这种颠覆的动态，我们必须先从行业外部寻找有帮助的例证，然后向内看。

花时间了解客户在进行主要的购买选择时的购买和使用行为是值得的。现在你可能想知道，是否有人真的能看到客户在其有生之年做出的成千上万的购买选择。好消息是你不必这么做。在随后的章节中，我将提供一条捷径。现在，你只要记住：一切都始于客户。所以你也应该从客户开始。

当然，这种更广泛的跨行业的理解只能在一定程度上帮助我们。当涉及某一特定业务的颠覆时，我们不知道具体的单个客户会决定做什么。我们知道或能够发现的是，作为一个群体的客户会如何看待一个企业的产品，并将其与其他购买选项进行比较。正如我所讲的，他们会考虑专业化成本，并有意或无意地将其与整合成本进行比较。为了避免令人不快的意外，你也应该确定客户在客户价值链的每个阶段所要花费的成本，无论这些成本是金钱成本、时间成本还是精力成本。然后对新兴企业和你的其他竞争对手做同样的考量，从而判断哪家公司的产品在客户眼中表现最好。最终，大多数客户都会倾向于他们认为不仅在价格上而且在总体上成本更低的选择。是你的公司吗？还是你的竞争对手？

这一章和前两章试图帮助你理解颠覆是什么，它是如何运作的，以及是什么导致了它。最新一波的数字化颠覆有一个共同的模式。它的驱动力不是技术，而是客户降低购买商品和服务的成本的愿望。这并不是说技术不重要，而是说它常常是颠覆的推动者，而不是主要创造者。在第四章，我将提供一个解耦指南，企业经营者可以在几乎任何行业中通过它来实现颠覆。

| # 如何设计解耦

贾斯汀·坎恩正站在托斯卡纳一座中世纪城堡里，参加他公司一位同事的婚礼，这时他在手机上查看了美国银行的应用程序。他所看到的一切使他跪下大笑起来。亚马逊收购他公司的交易已经完成了。亚马逊刚刚将收购资金电汇到他的公司账户上——将近 10 亿美元。[1] 10 亿美元！贾斯汀回忆说："我甚至不知道有人能把这么多钱汇到美国银行，所有的联合创始人都说'见鬼啦'！"

贾斯汀和他的搭档究竟是如何取得如此辉煌的成就的？这个故事开始于 2004 年，当时贾斯汀和他儿时的朋友埃米特·谢尔从耶鲁大学毕业。与一些同龄人不同的是，两人并不清楚自己该干什么。有一个选择似乎可行：他们可以创办一家公司。硅谷很火，创业公司遍地开花，在宿舍创办脸书的哈佛本科生赚了几百万美元。为什么不试试创业呢？

埃米特和贾斯汀的第一个商业想法——创造一个可以像桌面软件一样运行但可以通过浏览器访问的网络日历应用程序，并没有让他们成功。这两个人花了几个月的时间编写代码，但是，正如他们后来承认的那样，这个产品不是很好。他们不太使用日历应用程序，也不知道自己在做什么。他们甚至不知道如何向日历用户征求反馈意见。[2]

到 2006 年，他们不知道下一步该怎么办。两个月来，他们坐在沙发上，玩视频游戏，聊着他们失败的生意和他们可以开发的新应用。然后贾斯汀有了一个疯狂的想法：他们在玩游戏时的对话很有趣。把他们的对话录下来，或者在网上直播，不是很棒吗？为什么停在那里？也许他们可以直播他们的一生。以前没人试过。

他们和别人聊了聊这个想法。一些人认为，把他们每一分钟的经历变成一个没完没了、未剪辑的真人秀是个愚蠢的想法。为什么人们想看贾斯汀无聊的日常生活？但令所有人惊讶的是，一些科技投资者对此很感兴趣。有人喜欢这个项目的古怪和破坏传统电视娱乐的野心。

2007 年，埃米特和贾斯汀从投资者口袋里掏出了数万美元的资金，他们搬到了旧金山，创办了一个名叫 Justin.TV 的新网站。[3] 有另外两个朋友加入了他们：耶鲁的迈克尔·赛贝尔，以及埃米特和贾斯汀雇来的麻省理工学院的研究硬件的本科生凯尔·沃格特。事实证明，技术是他们面临的最大挑战——当时谷歌眼镜还没面世，而且 Snap 眼镜、智能手机上的摄像头或廉价的带宽都还没出现。但这四位有抱负的媒体大亨解决了这一问题。为了保证流媒体的带宽，避免延迟或中断，贾斯汀和他的朋友们同时使用三部手机连接互联网。贾斯汀头上戴着一个摄像头，通过电缆和笔记本电脑相连。在一个背包里，他携带了 24 小时供电的电池。贾斯汀用相机记录他吃饭、玩视频游戏、和朋友出去玩、偶尔喝醉的场面。当贾斯汀想睡觉的时候，他把相机放在三脚架上，然后把相机转向他的床。节目的口号是"浪费时间看别人浪费时间"。[4]

媒体喜欢这种新奇的东西，《旧金山纪事报》宣布"一颗新星诞生了"，很快埃米特和贾斯汀就向观众和广告商吹嘘了一番。[5]几周后，观众们开始厌烦观看贾斯汀浪费时间。创始人也厌倦了贾斯汀的网站。他们注意到，用户不断给他们发电子邮件询问如何创建自己的直播。为什么不考虑修改他们的商业计划，让用户在Justin.TV上播放他们自己的视频呢？

2007年秋，埃米特、贾斯汀和他们的团队在投资者的支持下重新推出了Justin.TV。他们很快就吸引到不少用户，用户们在网站上直播各种内容，从家庭烹饪、唱歌表演到好玩的宠物和视频游戏等。他们的成功又是短暂的。体育迷想出了如何将有线电视信号传输到计算机上的方法，他们用Justin.TV直播NFL（美国国家橄榄球联盟）比赛，并让大家免费观看UFC（终极格斗冠军赛）的付费电视节目。Justin.TV流量激增，用户增加到数百万，但遭到电视节目公司和其他权利人的起诉，并因所谓的盗版内容引发公众争议。尽管法院裁定Justin.TV"盗播"罪名不成立，但由于其不可预测性，广告商和投资者对用户的直播越来越警惕。[6]

随着资金枯竭，创始人们不得不想新的办法。[7]他们问自己：如果Justin.TV不在了，谁会想念它？网站上有什么值得看的吗？埃米特认为有。他喜欢看其他人玩视频游戏，比如《魔兽世界》、《星际争霸2》或者《我的世界》。虽然游戏玩家只占2%的流量，但他们的忠诚度和参与度让他们和其他观众区别开来。埃米特采访了40位超级玩家，了解到最优秀的玩家就像体育明星一样——其他的粉丝都想看他们玩。正如埃米特所说："如果你不喜欢视频游戏，想象一下你喜欢的东西。你不喜欢看世界上最顶尖的人在这里玩游戏和讲解吗？"[8]这就是 Twitch 为视频游戏迷提供的那种乐趣。

埃米特相信自己在市场上偶然发现了这个机会，于是说服坎恩和其他人重新启动这家初创公司，为这个小众群体服务。[9] 2011 年，这家公司就这样建立了，并有了一个新名字：Twitch。该公司致力于建立一个充满活力的全球游戏玩家和观众社区，并致力于提高流媒体的质量。在开始创业生活五年后，埃米特和贾斯汀终于挖到了第一桶金。很快，每月都有数以千万计的人在他们的网站上观看视频游戏直播。令人惊讶的是，Twitch 在美国互联网的流量峰值排名仅次于网飞、苹果和谷歌。[10] 包括拳头（Riot Games）、派拉蒙影业、惠普、网飞和家乐氏（Kellogg's）在内的广告商发现游戏直播品牌安全友好，观众们也愿意花 4.99 美元订阅观看他们最喜欢的玩家的直播。到 2014 年，一些精英游戏玩家的年收入达到 30 万美元，Twitch 在 38 亿美元的游戏产业中获得了 43% 的收入。[11] 最终，他们有了一个可行的商业模式。那年晚些时候，埃米特、贾斯汀和他们的朋友把这个网站卖给了亚马逊。埃米特在检查他的银行存款余额时发现，他收到了 9.7 亿美元。[12]

这些企业家是怎么做到的？答案并不特别清楚，甚至贾斯汀也不清楚。几年后，他仍然难以解释他和他的联合创始人所取得的成功。"任何人都可以做到，"他说，"我们不像莫扎特什么的。"[13]

很多时候，创业者走的是漫长而迂回的成功之路，一路上有很多失误。成功不是简单的或公式化的。但这并不意味着没有一个更可预测的、更精简的方法来解决问题。在我对几十个潜在的解耦者进行研究的过程中，我发现了成功的创业者在创业过程中的几个步骤，以及其他导致创业者失败的步骤。事实证明，成功解耦的关键步骤和要素很少，而且不论什么行业都有着一致的因素，也就是我在第三章提出的解耦的关键驱动因素。

这种潜在模式的存在对初创企业和老牌企业都带来了巨大的影响。无论你想通过解耦先发制人地颠覆你的企业或行业，还是想建立一个成功的创业公司，你都不必走 Twitch 创始人走过的曲折之路。你可以有意设计商业模式的创新和解耦。换言之，存在一个可以将风险降到最低的诀窍。许多人通常认为颠覆会带来混乱和不确定，但事实是商业模式创新可以因此变得严谨和有条不紊。让我们来看看怎么做。

创新的三个层面

作为老牌企业和初创企业的顾问，我有机会观察许多企业家的行动，并了解他们思想的发展路径。一些企业家一下子就对他们的新商业模式有概念了，在一个重大的顿悟之后，他们就有了思路。他们凭直觉行事，而不是遵循某个方法行事。Twitch 的创始人就是一个很好的例子。他们从一个"大"点子开始，这个点子就是让人们在互联网上直播他们的日常活动，而这个点子是以技术为中心的。在经历了许多曲折之后，他们最终形成了一种商业模式，即允许玩家将玩游戏与观看顶级玩家玩游戏的活动解耦。其他企业家则更为谨慎，他们首先分析所在行业的现有模式，然后将自己的创新放在首位。但他们仍然主要凭感觉做事，在情况出现时适时地做出反应。

如果创业者能够更有条理地做事呢？那会是什么样子？在我与白

手起家的企业家和重建老牌企业的高管共事的这些年里，我形成了一种更加严谨的思维方式，它可以被复制。我通常建议创业者或高管们从客户的角度出发，从三个层面来组织他们的思维。第一层是介绍当前或标准的商业模式。毕竟，大多数初创企业需要把客户从现有的企业或活动中拉出来。客户在评价初创企业时会将其与老牌企业进行比较。如果想彻底了解一个新的商业理念，那么你必须以当前的现实为基础。

第二层是开发标准业务模型的数字化等效产品。我今天见到的几乎所有年轻企业家都把互联网融入他们的商业理念。当将他们的创新产品与目前可用的最佳选项进行比较时，不太复杂的想法是，只专注于将传统商业模式简单地"移植"到互联网上。举个例子，房主会雇用管家、园丁和其他人来帮忙做一些普通的家务。TaskRabbit 就是一种数字化等效产品，它可以帮你通过网络雇用服务人员。同样，初创公司 Washio 创建了一个移动应用程序，允许你以数字化的方式提出需求，并将需要干洗的衣物送走，省去了你亲自去干洗店的麻烦。[14]

在标准商业模式的基础上建立数字化等效产品之后，企业家和高管思维的第三层也是最后一层，是确定如何在数字化商业模式的基础上进行创新。我碰到的一些企业家明白，仅仅将商业模式移植到网上是不够的，它可能会让用户受益，但也会带来负面影响。TaskRabbit 加速了别人为你做家务的过程，但它也相当危险，因为它让你允许完全陌生的人进入你的家。Washio 提供了便利，但价格不菲。考虑到收益和成本，聪明的企业家试图在他们的数字化商业理念的基础上进行创新，这种创新超越了单纯的数字化，为客户带来了功能性利益。Hello Alfred 的创始人创新了 TaskRabbit 模式，将 TaskRabbit 员工的管理外包给了个人指定的管家，即"Alfreds"。对用户来说，管家出现在现场让服务更可信、更可靠。[15]

与我共事过的许多企业家发现，这种由三个层面组成的结构使他们能够清楚地区分自己商业理念中新颖和非新颖的方面。它还迫使靠直觉思考的人表达、测试和证明他们的假设，而不是仅仅把一个想法摆在桌面上，然后观察其他人的反应。最后，该结构向所有相关方（包括顾问、投资者和员工）说明了他们的商业理念相对于传统方法的增量价值。此外，它揭示了所提出的任何创新技术和商业模式组件的隐藏假设以及增量价值（见图4.1）。

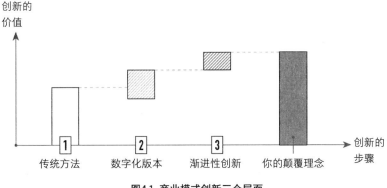

图4.1 商业模式创新三个层面

为了更好地理解这个模型在现实世界中的运作方式，让我们用它来分析 Twitch 的例子。如果你几年前告诉我，世界各地的人会花钱去观看别人在舒适的家里玩游戏，而顶级玩家也会因此得到六位数的薪水，那么我会说你是在妄想。但当你透过这三个层面看 Twitch 时，他们的商业理念似乎并没有那么疯狂。在过去，孩子们发现了一款新的游戏，会学习如何玩得更好，并且去朋友家一起玩。在我的框架（第一层）下，这就是"传统方法"。当许多孩子聚在一起时，他们不得不在轮到他们玩游戏前先等候。在等待的时候，他们会聊他们在屏幕上看到了什么，从最好的玩家那里学到了什么，他们还会听到目前尚未拥有的游戏的消息。这种低技术含量的解决方案非常有效地解决了大多数孩子玩游戏的问题。但如果一个玩家附近没有亲密的朋友，或者玩家在深夜玩，他或她就不能那么做了。传统的方法行不通了。

Twitch 对此有解决办法。它将传统的模式移植到网上（第二层），提供了一个数字化版本，相当于五个孩子在客厅里轮流玩游戏，同时观看其他孩子玩游戏，并谈论各自的经历。现在，任何年龄段、任何地点、任何时间的玩家都可以上网，了解新游戏，发现更好的游戏策略。不过，问题依然存在。观众发现 Twitch 很有用，因为他们看到了各种各样的游戏。但是，Twitch 如何让最有趣、最熟练的玩家玩游戏给别人看呢？

为了别人消遣而雇用技术娴熟的玩家昼夜不停地玩游戏，肯定要花很多钱。幸运的是，Twitch 的创始人提出了一种商业模式创新（第三层），这将让技术熟练的玩家用他们最喜欢的消遣方式赚钱。如果技术娴熟的玩家赚到了钱，他们就会坚持下去。Twitch 创始人为玩家创造了赚钱机会，让他们从网站的广告收入中分一杯羹。那加起来可是一大笔钱。2015 年，14 000 名知名直播者（即高水平的游戏玩家）通过广告和订阅获得了约 6 000 万美元的收入，顶级玩家每年收入 30 万美元。[16] 玩家还可以获得视频游戏制造商的赞助，并在锦标赛中争夺数百万美元的奖金。2016 年，5 名中国职业玩家在西雅图赢得了 Dota 2 游戏的单场比赛，获得了 910 万美元的收入。[17] 你听说过

Dota 2 吗？我之前对它也不了解。这种为玩家创造巨大货币价值的商业模式创新让 Twitch 留住了它最好的玩家，进一步吸引了更多观众、广告商和游戏开发商访问其网站。这是最终但十分关键的因素，使游戏爱好者能够将打游戏（由少数熟练玩家完成）与观看游戏（由数百万用户完成）解耦（见图 4.2）。

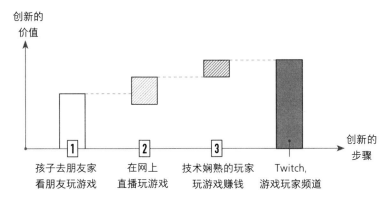

图4.2 Twitch商业模式创新的三个层面

当一个新的商业想法刚产生时，它是如何达成的并不重要。不幸的是，大多数商业创新不会立马成功。我们需要对它们做许多小的甚至大的调整才会使其发挥效果。此时，对商业创新的分层思考就可以帮我们的忙。比解决一个大的、单一的问题要容易得多的是，找出你的商业模式不起作用的原因，然后改正错误的部分。在试图通过解耦进行创新的过程中，最后一层即渐进性创新的部分是你要构建的关键层。没有它，传统商业模式的纯数字化版本往往会包含许多瑕疵。那么，未来的解耦者要如何进行最后一层创新的设计？

解耦的诀窍

大多数成功解耦的案例都源于创业者创建的初创公司（比如Twitch）。但是，也有一些老牌公司进行行业解耦的案例（例如亚马逊）。在研究了所有类型的解耦者后，我发现成功的解耦者不管是有意的还是本能的都会执行五个关键步骤，而不成功的解耦者则不会执行这些步骤。这些步骤在许多行业都适用，包括零售、电信、教育、交通、媒体和金融服务。总而言之，这些步骤解决了关键的客户需求，即通过降低客户获得产品和服务的成本来实现其专业化的愿望。要通过解耦来颠覆市场，成功的解耦者必须做到以下几点。

步骤 1：确定目标细分市场及其客户价值链

在第三章，我指出客户会颠覆市场，在满足他们不断变化的需求和欲望的过程中改变他们的行为。当客户将其消费活动解耦时，他们会偷偷决定不再期待在同一家公司为获得产品或服务而与其合作完成所有活动。客户可能仍希望与老牌公司合作，但他们现在可以选择完成一项或多项客户价值链上的活动。因此，有抱负的解耦者必须在其他竞争对手之前发现使一项或多项客户价值链活动解耦的机会。要做到这一点，首先要了解一组有类似需求的客户——一个目标细分市场，并了解该组客户典型的客户价值链中的所有活动。

在这一步中，解耦者经常会陷入两种误区。首先，他们在提及客户价值链时太过泛泛而谈，不够具体。在总结购车流程时，汽车高管往往会这样描述：感觉有购车需求—了解某个汽车品牌—对该品牌产生兴趣—拜访经销商—购车。这是个开始，但还不够具体。解耦者必须问：人们什么时候真正需要一辆新车？人们究竟是如何认识汽车品牌的？人们如何对一个品牌或型号感兴趣？等等。在这个已列出的流程中，意识、兴趣、欲望和购买的过程不够具体，不足以对解耦产生帮助。

其次，解耦者也会因未能识别价值链中的所有相关阶段而陷入困境。在购车过程中，对客户价值链更好的描述可能是：意识到你的汽车租赁将在一个月内到期—感觉有必要购买新车—开始关注汽车广告—访问汽车制造商的网站—确定感兴趣的两个或三个品牌—访问第三方汽车网站—比较相同汽车的选项类别—选择车型—在线购买以获得最佳价格—访问最近的经销商以查看他们是否有该车型的库存—查看他们提供的价格是否可以击败最佳在线价格—试驾汽车—决定付款方式、保修条款和其他附加项目—协商最终价格—签署合同—提车—使用车—等待租约到期。有了这个更加详细的客户价值链，我们就可以充分认识到购车过程的复杂性，以及存在多少解耦的选择。

正确地迈出第一步是非常重要的。事实上，我经常花 50% 或更多时间在这一步上。客户价值链是数字化颠覆的蓝图，必须加以充实，使其既准确又全面。否则，你的解耦尝试可能就不会成功。

步骤 2：对客户价值链活动进行分类

正如我们所提到的，客户价值链上的活动可以被分为价值创造、价值收费和价值侵蚀三个类别。颠覆者需要抢夺一项能为消费者创造价值的活动，比如议价或试驾汽车。他们还试图接管一项价值收费活动，如提供融资或签订服务合同。如果它接管了一项价值创造活动以及一项价值收费活动，它可能就会创造出有利可图的业务。如果它只接管了一项价值创造活动，它将不得不引入一项全新的价值收费活动，以保证业务正常运作。如果一位企业家有兴趣创建一家企业，让购车者在一个地方试驾不同品牌的汽车，那么这项活动就可以使传统经销商解耦。但这种解耦的方式需要找到赚钱的途径，要么直接向购车者收取额外费用，或者向制造商收费，要么向客户出售其他东西，如提供融资或签订服务合同。这些都是价值收费活动。

步骤 3：确定客户价值链活动之间的薄弱环节

消费者可以在同一家公司完成包括购买、使用和处置新租赁汽车在内的 18 项活动中的一部分。他们很可能希望在确定当地经销商是否有库存车型以及在试驾该车型时，只与一家公司合作。这比去一家完全不同的公司试驾汽车简单得多。相比之下，在比较不同品牌的同类汽车以及在选择所需车型时，客户可能希望与不同的公司合作。福特很了解自己品牌的汽车，但对通用汽车了解甚少。而且客户在对比福特野马和雪佛兰克尔维特时，也不想使用福特的网站，因为他们担心网站信息有失公允。第三方网站，如 Edmunds、TrueCar、Cars.com 和其他汽车信息整合网站已经抢走了比较汽车的活动，现在许多汽车购买者在找汽车经销商之前，都会在网上进行广泛搜索。潜在的解耦者应该考虑客户价值链的所有重要阶段，并确定那些客户目前在一家公司完成，但如果有机会，可能会选择在另一家公司完成的活动。解耦的首要选项是找到薄弱环节。

步骤 4：打破薄弱环节

第四步是真正打破薄弱环节，使客户的活动与老牌企业成功解耦。成功的解耦者通过增加我在第三章讨论的专业化力量来实现解耦。它们减少了客户完成每一项活动所需的金钱、精力或时间成本，从而使综合成本低于客户目前与老牌企业打交道时用的成本。在我们的例子中，汽车经销商通常不会因为客户试驾汽车而向他们收取费用。购物者承担的主要成本是时间和精力。对那些有兴趣试驾不同制造商的多辆车的购物者来说，这些成本可能是巨大的。初创公司可以通过提供不同制造商的多辆汽车的试驾机会来降低这些成本。他们还可以把汽车开到买家家中以方便他们试驾。在日本，经销商正是这样做的。但公司提供这项服务能盈利吗？这是一个重要的问题，不过，在这一阶段，初创企业关注这个为时尚早。目前，他们只是在评估成功解耦的机会。

步骤 5：预测老牌企业的反应

使客户活动与传统竞争对手的业务解耦的颠覆者应该能预见到老牌企业会做出何种反应，然后采取先发制人的行动。正如我们将在第五章看到的，虽然竞争对手可能会以 1 000 种不同的方式做出反应，但我们可以将这些反应大致分为两大类：一是让被颠覆者解耦的活动重新耦合，二是先发制人地解耦，即直接为客户提供解耦的机会。

这五个步骤包括了成功的解耦者在开发和优化其颠覆性业务模型时所做的工作。那些试图颠覆市场的企业已经在使用这个框架来精心设计其商业模式了。对老牌公司的管理者来说，这个框架是一种了解行业中出现解耦者的底层逻辑的方法。更妙的是，这个框架可以帮助老牌公司评估潜在的威胁。稍后我将解释框架作为防御策略的实用性，我们先来看一下这五个步骤。任何一个业余厨师都知道，尝试一个新的食谱从来没有看起来那么简单。你如果不小心，就会烹饪失败。在自己尝试之前观察别人的做法是有帮助的。同样，在商业领域，在将解耦应用于自己的行业之前，你可以先看看初创企业是如何在自己的行业中实现解耦的。

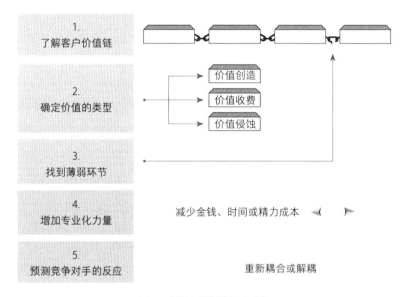

图4.3 颠覆者解耦的五个步骤

两个真实案例

我以前在哈佛大学和麻省理工学院的学生已经将这五个步骤应用到了他们自己的初创公司中，我将他们的故事当作行业研究的案例。我讲的故事只展示了这些初创公司在市场上实践过的商业模式的最初版本，这些模式到现在可能已经发生了变化，而故事中并未展现。我要说明的是，在至少一个案例中，创始人在我向他们指出之前，并没有意识到他们在使用解耦步骤。

我讲述这些故事并不是要验证企业家的想法和决策，也不是要证明他们的成功。一家初创企业能否长期成功还取决于五个解耦步骤之外的许多因素，包括人员、资金、技能、执行力和适应性。在了解了这些注意事项之后，我们来看一下企业家是如何利用解耦步骤在房地产和时尚行业发展自己的颠覆性商业模式的。

房地产

假设你开了一家新的零售面包店，你想向顾客展示你的产品，那么你必须租或买一家零售店。这意味着你要找到合适的房产，甚至可能会买到一个比你需要的更大的店面。按照传统的方法，你会从普洛斯（Prologis）等公司购买商业地产。普洛斯是该行业最大的老牌公司之一，在 18 个国家拥有近 7 亿平方英尺[①]的商业地产面积。[18] 2012年，位于旧金山的一家名为 Storefront 的初创公司试图通过创建一个在线平台解决这个问题，它让店主们把店面里额外的空间租给那些缺少店面的非竞争商品供应商。[19] 利用中介网站，Storefront 使拥有店面和展示产品解耦。[20] 商品供应商现在可以在不需要前者的情况下完成后者。分析 Storefront 解耦的五个步骤，我们得到以下结果。

步骤 1：确定目标细分市场及其客户价值链。在这个例子中，目标客户是寻求出售商品机会的小商家。为了实现这一目标，他们必须执行其客户价值链中的四项活动：获取商品—获取（购买或租赁）商

---

① 1 平方英尺 ≈ 0.093 平方米。——编者注

业零售空间—展示商品—出售商品。

步骤2：对客户价值链活动进行分类。获取零售空间的活动对商家没有实际价值。它是一种价值收费活动，目的在于展示和销售商品。后两项活动是真正的价值创造活动。

步骤3：确定客户价值链活动之间的薄弱环节。正如零售业研究所显示的，客户价值链的薄弱环节就在获取零售空间和展示商品之间。小商家的主要成本都花在前者上，如果可以，他们很乐意取消这项活动。

步骤4：打破薄弱环节。Storefront允许一些店主将其商店中未使用的空间租给其他商家。这些租赁者只需付一点儿费用，就可以利用曾被闲置的空间展示他们的商品。通过降低小商家获得房地产空间的成本，Storefront使拥有店面与展示商品解耦。它从传统的商业房地产开发商（如普洛斯）手中夺走了一项价值收费活动，并为其客户（包括店主和寻求零售空间的商家）减少了这项活动的费用。

步骤5：预测老牌企业的反应。如果Storefront火了，许多店主通过这项服务向外出租其商店里的空间，那么普洛斯会有什么反应？普洛斯可能会强制其零售商承租人签署一份合同，禁止他们"转租"全部或部分空间。公寓业主这样做是为了防止房客在爱彼迎等网站上出租他们的公寓。普洛斯还可能会因为店主通过Storefront获得了新的现金流而提高店面的租金或销售价格，从而获取客户通过出租部分空间而产生的部分增量收入。不管怎样，Storefront必须在这些情况出现之前想办法解决它们。

时装

在服装行业，在线个人造型企业，如纽约的Keaton Row和芝加哥的 Trunk Club，正在将搭配一套服装和购买单件的服装解耦。[21] 在过去，客户需要去百货公司挑选搭配成套的服装。有些人喜欢这个过程，有些人则不太喜欢。Keaton Row 和 Trunk Club 通过向不爱购物的人建议购买哪些商品以及在哪里购买，或者快递给他们由内部设计师搭配好的整套服装，减轻了不爱购物的人的负担。[22] 这些公司增加了专业化的力量，使选择服装和购买服装解耦。要分解其中的底层逻辑，我们来看看它的五个步骤。

步骤 1：确定目标细分市场及其客户价值链。人们不仅需要买衣服，他们还需要搭配好的衣服。为了一套搭配好的服装，他们需要做以下几项活动：去一家出售多种可组合为成套服装的商品的零售店—选择第一件商品（如衬衫）—选择第二件商品（如与衬衫相配的裙子）—选择第三件商品（如鞋）—……—购买所有商品—将这些商品搭配在一起使用。

步骤 2：对客户价值链活动进行分类。对某些人来说，选择商品可能是一种创造价值的活动，但对其他人来说，这会侵蚀价值。在客户购买商品时，梅西百货获取了价值，用成套的服装——客户的最终目标——为客户创造了价值。

步骤 3：确定客户价值链活动之间的薄弱环节。有些人喜欢逛梅西百货等商场，在商场中选择和搭配成套的服装。其他人认为这是浪费时间。调查显示，如果可能，相当一部分购物者会放弃逐件购买服装。因此，我们有了一个薄弱环节。

步骤 4：打破薄弱环节。Keaton Row 和 Trunk Club 将购买和获得成套服装的行为解耦。通过个人造型师（Keaton Row）和算法（Trunk Club），这些解耦者可以识别客户的风格，在网上为客户搜索成套服装中的单品。它们要么向客户发送商品的链接（Keaton Row），要么将商品送到客户家中（Trunk Club），从而减少了客户选择搭配服装所需的时间和精力。

步骤5：预测老牌企业的反应。如果这种趋势进一步发展，那么梅西百货会有什么反应？这一趋势可能会导致顾客光顾商店的次数减少。或者，这可能会导致造型师而不是实际的购物者在网上浏览商品或代表客户前往商店。一方面，因为梅西百货没有失去一项价值收费活动，它可能不会将此视为对其商业模式的巨大威胁。因此，它可能会决定慢慢适应专业造型师成为其新客户和新买家的现状，改变其商店的形式，或为迎合客户在梅西百货的网站上开设专区。另一方面，梅西百货也可能会将此视为对其商业模式的一大威胁，因为该模式让购物者在多个地方购买商品。在这种情况下，梅西百货可能会推出自己的 Keaton Row ——如设计师购物计划，或推出自己的 Trunk Club——如成套服装订阅服务。解耦者需要为最终的竞争做好准备。

初创公司如何运用解耦的诀窍，以更灵活、更系统的方式打造其商业模式，这只是几个例子。企业家和老牌公司可以在几乎任何行业中应用这五个步骤，无论是面向消费者的企业（如 Keaton Row、Trunk Club），还是企业对企业的平台（如 Storefront、Shelfmint）。只要你的客户为了获得产品、服务或想法需要完成一系列活动，你就可以使用这五个步骤。只要一家公司目前向客户提供多项活动，至少在理论上就存在一个给新兴企业的、使这些活动解耦的机会。

三种变化，三种市场价值

假设一家初创企业威胁到你的业务，可能会使其解耦。如果初创企业缺乏足够的资金，它可能就不会造成太大的威胁。我们如何确定企业家是否能获得这笔资金？事实证明，我们可以根据一家初创企业为了颠覆市场而选择使用的市场筹资方式，粗略评估投资者对其感兴趣的可能性。

为了从投资的角度确定最有希望的解耦类型，我选择了325家位于美国的初创公司，获得了其最新的市场估值。[23] 在这些公司中，我将55家公司确定为专注于单一类型解耦的解耦公司，它们专注于价值创造、价值收费或价值侵蚀。* 我发现，投资者市场对这三种解耦方式的评估似乎截然不同。投资者认为创造价值型的解耦公司有较高的市场价值，价值侵蚀型的解耦公司市场价值较低，而价值收费型的解耦公司的市场价值居中（见图4.4）。

市场对价值创造型的解耦者最慷慨，看看网络通信公司Skype（2011年被微软以85亿美元收购）、VoIP（互联网电话）服务商Viber（被乐天收购）以及Twitch（2014年被亚马逊以9.7亿美元收购），这些利润丰厚的交易就是明证。** 尽管它们的市场价值差异很大，但价

---

* 　其他公司要么在多个业务领域采用了各种解耦方式（如亚马逊、谷歌或脸书），要么根本没有采用解耦方式，要么我无法根据他们的业务描述做出判断。在极少数情况下，颠覆者可能被归类为采取了两种解耦方式的企业（如Dropbox、Skype）。在这些情况下，我们选择了对客户来说最突出的一种解耦方式，我们可以在这些公司的网站上看到更详尽的解释。要了解更多细节，请参阅尾注。

** 　请注意，虽然Skype不收取IP通话的费用，但它会收取IP到电话通话的费用。因此，它没有被归类为与电信运营商相对的价值获取型的解耦者。

值创造型解耦活动市场价值的中位数仍在 6 亿美元左右（由于前面提到的差异，平均值为 27 亿美元）。[24]

投资者认为，第二类解耦公司，即价值收费型解耦公司的市场价值第二高，它们的中值为 3.5 亿美元（平均值为 16 亿美元）。这些公司包括云存储公司 Dropbox（2014 年募资时的市值为 100 亿美元）、数字音乐服务 Spotify（2015 年的市值为 85 亿美元，2018 年上市）、星佳（2016 年市值 21 亿美元）和提供全球私人飞机的即时报价和可用情况的 JetSmarter（2016 年市值 15 亿美元）。[25]

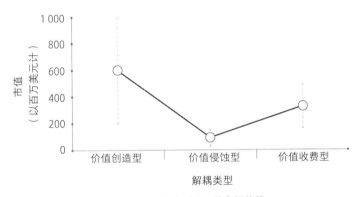

图4.4 不同解耦类型公司的市场价值

注：我发现了 325 家投资者估值在 1 000 万美元及以上的、上一轮融资时间在 2016 年的美国初创公司。其中有 55 家面向消费者的美国初创公司利用解耦来颠覆市场。（要了解更多细节请参阅尾注。）虚线表示其市场价值的分布区间。

在这三种类型中，价值侵蚀型的解耦公司对投资者来说价值最小。Rent the Runway 是一家在线租赁名牌服装的公司，它帮客户省去了访问精品服装店和购买昂贵商品的环节。2016 年末，该公司估值超过 6 亿美元。[26] 在线食品杂货商 Fresh Direct 使消费者不用去超市就可以购物，截至 2016 年年中该公司估值为 4.8 亿美元。[27] 一美元剃须刀俱乐部是一个明显的异类，它 2016 年被联合利华以 10 亿美元的价格收购。[28]
价值侵蚀型解耦公司的市值的中间值为 1 亿美元（平均值接近 5 亿美元）。

是什么导致了不同类型的解耦企业的估值之间的巨大差异？我说不准。数字化解耦是一种非常新的现象，是一种新的浪潮，在这三个类别中没有足够的例子可供我们对估值驱动因素进行严格的统计分析。由于缺乏公开的数据，我甚至无法得知其他估值的来源，如增长率、盈利能力、员工数量等。当我在大型企业高管面前发言时，有人猜测，价值侵蚀型解耦公司的平均估值之所以较低，是因为对投资者来说，它们的上行潜力更为有限。一家公司只有在走投无路或开始失去价值创造活动之后，才会消除如此多的价值侵蚀活动。高管们也指出，事实上，这种解耦很容易被其他初创企业和老牌企业效仿。例如，在 Birchbox 消除了人们去商店拿美容产品样品试用的必要性之后，几十家样品和订阅盒初创公司都复制了它的模式。

高管们在解释价值收费型解耦公司的较高平均估值时指出，这些公司能够快速增长并获得客户，是因为它们为客户提供了明确且令人信服的选择它而不是老牌企业的理由。快速增长受到投资者的高度重视。但与此同时，解耦公司能否找到另一个收入来源来证明其业务的合理性，这一点无法被保证。能否盈利的这种不确定性反映在我们观察到的估值的巨大变化上。

为了解释价值创造型解耦公司的高估值，高管们指出，当一家初创企业从老牌企业手中抢走客户但仍然指望老牌企业为其提供价值时，会出现更大的利好。这种利好似乎具有更强的可持续性，可以带来更大的利润，这种模式也不太可能被复制（原因是初创公司的技术或高昂的转换成本）。因此，投资者看到了巨大的上升潜力，他们更看重这些初创企业。人们经常举 Skype、Twitch 和 WhatsApp 的例子，它们都有着巨大的初始增长率。

需要说明的是，我对市场估值的观察结果仅基于对 55 家美国公司的分析，这些公司在行业、盈利能力、进入市场的时间和规模方面各不相同。另外，我上面的分析只涉及当时正在进行单一且可识别的解耦类型的解耦公司。因此，我排除了亚马逊、Alphabet 和脸书（WhatsApp、Instagram 和 Oculus 的所有者）等大型科技公司。所以，最好将这一分析视为一种早期迹象的探索，对于不同的解耦类型，投资者可能会有不同的偏好。随着越来越多的颠覆者以不同的方式进行颠覆，我们将能够更好地评估市场价值与解耦类型之间的关系。不过，这种解耦似乎对风险资本市场十分重要。如果是这样，老牌企业就有了一个有用的工具。这种解耦类型的初创企业对投资者来说越有价值，该企业可能积聚的资本就越多，在与你的企业竞争时它将拥有的资金也就越多。尤其要重视价值创造和价值收费解耦。价值侵蚀解耦造成的威胁可能相对较少。我们对此可以采取不同的处理方式。

老牌企业如何应对

问问企业家他们是如何颠覆市场的，你会听到初创公司似乎是在不断尝试和犯错的基础上成功的，它们在创新的道路上步履蹒跚。但正如我们所看到的，当一家成功的初创公司是解耦者的时候，它还有更多的事情要做。在近距离观察了许多初创企业之后，我提炼出了一个公式，所有成功的解耦企业都会以某种形式遵循这个公式行动，但它们往往都没有意识到这一点。想要解耦的企业往往会急剧转型，并不是每一个转型都能得到理性的解释（这甚至不是必要的）。但成功者的基本逻辑是确定的，它构成了解耦诀窍的基础。这个公式虽然不能保证成功，但有可能使我们离成功更进一步。

我在这一章的开头提出我们可以从三个层面来设计商业模式创新。[*]第一层是传统的做事方式，标准的商业模式。在第一层里，你的老牌企业比初创企业享有更多优势，因为你比初创企业的经营者更了解这一层。虽然他们肯定知道你的业务是如何运作的，但在许多情况下，他们永远不会像你一样了解你的业务。你应该利用这一点，加强你的优势。在下一个层面中，即开发标准业务模型的数字化等效产品里，如果你在网上复制你的业务，给客户带来更多好处而不是坏处，你可能就会占据优势。否则，执行相同流程的初创企业可能会占据优势。在最后一层中，在前两层基础上提出最具创新性的补充内容的企业会占据更大的优势。在某些情况下，被提出的创新可能非常引人注目，以至完全改变了业务的性质。维基百科在最后一层创新上利用众包来撰写文章和发表评论，与传统的印刷出来的百科全书，如《大英百科全书》，甚至与微软百科全书等数字版本的百科全书都有很大的不同。

当增量创新建立在解耦的基础上时，所有成功的解耦者都会执行前面所述的五个关键步骤：确定目标细分市场及其客户价值链、对客

---

[*] 我们也可以在产品创新或技术创新中使用这种方法，但它在设计商业模式创新方面具有最大的潜力。

户价值链活动进行分类、确定客户价值链活动之间的薄弱环节、打破薄弱环节、预测老牌公司的反应。企业家可以使用这一公式，以更系统和结构化的方式创建新的商业模式，从而降低风险。老牌公司可以用这个方法来颠覆自己或其他老牌公司的业务。

无论是有意识地遵循这个方法，还是只凭直觉理解成功的关键步骤背后的原因，老牌公司都应该做好准备，迎接更多潜在解耦者的到来。有了这个公式，更多的企业家将成为更好的挑战者。与Twitch创始人曲折的成功之路不同，新一代的解耦公司犯的错误可能会更少，成功的速度会更快。

你可能需要一个"雷达系统"来监测你的地盘上是否存在威胁，而不是查看每一个新威胁的轨迹，以便跟踪进入你的市场的解耦公司。你还需要更充分地考虑你的公司应该如何应对威胁。我们可以根据不同类型的解耦公司的筹资能力来确定其不同的风险水平。如果很明显，你的业务有潜在的损失，而价值创造型的解耦公司的筹资能力很强，那么你要拉响警报，并准备好应对措施了。老牌公司在应对时有很多选择。幸运的是，我们可以将可采用的应对方案放在几个不同的类别中进行分析，我将在第五章讲解这些方案。

第 一 部 分

市场的新现实

第 二 部 分

解耦的对策

第 三 部 分

建立颠覆性业务

正如我们所看到的，许多行业都出现了解耦这一新现象，其特点是断开相邻的客户活动间的联系，或使相邻的客户活动解耦。许多人认为，拥有新技术的初创企业会引发颠覆。但解耦通常源自为满足不断变化的客户需求和愿望而设计出的商业模式创新。

许多初创公司利用客户不断变化的需求和行为开展解耦时并没有系统化的方法。但实际上我们可以确定一个系统化的流程或路线，任何企业都可以使用它来设计类似的解耦。解耦有一个秘诀，就像烹饪菜谱一样，它并不能保证成功，但对进入各个行业的新的挑战者以及需要采取应对措施的公司来说，它是无价的。

第五章和第六章涵盖了应对解耦的主要途径。我在第五章提到了几个广泛适用的应对途径，不管一家老牌公司所处的行业或所面对的挑战者是怎样的，它都可以考虑这些途径。在决定选择哪一个途径之前，你需要知道选择它们的好处和风险。第六章说明了如何确定风险所在，以及如何决定采取措施应对解耦的时间点。在老牌企业决定应如何应对行业中不断增多的解耦现象时，对风险（例如，错误行为导致的损失风险与不作为导致的损失风险）进行细致的分析至关重要。

应对途径

那是 1895 年一个夏天的早晨，宾夕法尼亚州 40 岁的瓶盖销售员和发明家金·坎普·吉列遇到了一个问题。为了工作，他需要刮一下胡子，但是剃刀很钝。"刀刃磨得一点儿都不锋利。"他在后来给妻子的信中这样写道。在那时，解决钝刀的方法是去理发师或刀匠那里，请他们用专业的工具磨刀刃。但那很不方便，而且磨完刀刃后剃刀也不一定好用。如果刀片无法使用，那么吉列将不得不花费 1.5 美元购买一个全新的刀片，这价格够买一双鞋了。

这时，吉列正痴迷于寻找一种能让他变得富有和出名的产品创意。他在皇冠瓶盖公司（Crown Cork and Seal）的老板看着他因为没有好创意而痛苦，就提出了一条很重要的建议："你为什么不试着想一个类似（瓶盖）的东西，一旦用完就可以被扔掉，客户还会再来要更多？"[1]吉列坐火车去拜访客户时，经常会考虑一长串人们都要用，且用完就可以扔掉的东西。

在这个特别的早晨，吉列突然灵光一现。为什么不做一把一次性剃须刀呢？如果他能把便宜的刀片推向市场，人们就可以用它刮胡子，当刀片变钝时，用新刀片替换即可。不用磨刀，也不用再去理发师或刀匠那里了。

"我明白了，"吉列写信给他的妻子，"我们发财了。"[2]

其实，还没有。在没有现代风险投资行业的情况下，吉列花了 8 年时间才吸引到投资者、搞清楚技术，并开始生产。但吉列坚持了下来。1903 年，他去市场上卖他的剃须刀，一把剃须刀加上 12 片刀片售价 5 美元，刀片 12 片一包，一包售价 1 美元。在他卖剃须刀的第一年，他卖出了 51 把剃须刀和 14 包刀片。第二年，他卖出了 9.1 万把剃须刀和 1 万包刀片。此后，销量稳步增长，到 1917 年达到了 100 万把剃须刀和 1 000 万包刀片。

吉列面临的挑战则是：有人模仿他。1921 年，随着最初专利的到期，吉列提出了一项"改进版"剃须刀技术的新申请，并以不到一美元的折扣价出售了他的"旧版"剃须刀。这让他的剃须刀销量跃升至 400 多万。令该公司惊讶的是，随着剃须刀用户群的扩大，更换刀片的需求也不断增加，尽管这些刀片仍以最初的价格销售。意识到这一点后，该公司减少了 1 美元一包的刀片数量，有效地提高了每片刀片的价格，因此获得了大量利润。在经过几次价格上涨之后，一把剃须刀的价格开始低于一包替换刀片的价格。[3]

在完全没有意识到这一点的情况下，吉列偶然发现了一个强大的新商业模式。公司可以通过廉价销售甚至赠送其产品的耐用部件（在本例中是剃须刀）来建立用户群，并通过销售一次性部件（在本例中是刀片）来赚取高利润。这种模式后来被称为"剃刀和刀片"模式，对吉列来说，这种模式成为巨大和可持续的利润来源。一个世纪后，吉列成为剃须刀市场无可争议的领头羊，在美国和全世界的份额分别约为 80% 和 66%。[4] 这一模式也已深入人心，并扩展到其他不相关的行业，包括打印机和墨盒、游戏机和电子游戏，以及电子阅读器和电子书。[5]

但一种模式就算有剃刀和刀片模式那样强大的颠覆力，也几乎不可能是无懈可击的。2011 年初，一位 30 多岁的、在剃刀行业毫无经验的创业者迈克尔·杜宾创建了一个网站，通过在线订阅向客户提供剃须刀。该网站可以说火到爆炸。到 2015 年，剃须刀在线销量中令人难以置信的 51% 来自杜宾的一美元剃须刀俱乐部（简称 DSC）。仅占 21% 在线销售量的吉列相形见绌。[6] 一个毫无争议的行业领袖——吉列，其名字几乎就等同于剃须刀行业，怎么会被一个除了一个网站什么都没有，连产品生产也外包给韩国制造商的局外人抢走了市场呢？[7]

DSC 有更好的产品吗？不，像"柠檬水"一样，产品都没有太大差别，DSC 提供的只是一把标准的塑料剃须刀，附带两片、四片或六片一次性刀片。DSC 的产品营销更好吗？有人认为，该公司是在一段迈克尔令人难忘的视频走红之后才起步的——"刀片有什么好的吗？哦，我们的刀片好极了。"[8] 但吉列是世界上最大的广告主宝洁公司的分支。仅 2014 年，宝洁就在广告上花费了 100 亿美元。吉列背靠大树，口袋里有钱，有最好的广告公司以及各种类型的媒体的支持。那么，如果没有营销，DSC 是否为购物者提供了更多便利？并没有。两家公司都可以用类似的快递服务把剃须刀送到你家门口。

然后我向我的学生们提出了这个问题，他们中的大多数已经成为 DSC 的订阅用户。我最好的学生之一，乔纳森回答了我。他告诉我，小时候他经常看到父亲为了工作而刮胡子。他父亲买吉列剃须刀是因为它们是最好的，而且很便宜。但他父亲也花了一大笔钱在更换刀片上。乔纳森长大后也开始刮胡子，他对为不断更换吉列刀片而花费的钱感到沮丧。"吉列一直把我们当作人质，"他回忆说，"强迫我们买昂贵的刀片。这些东西的制造成本不可能那么高。"

随后，一家名为 DSC 的不知名初创公司出现了，它承诺不再采用让你感觉像人质的著名的剃刀和刀片模式。它的价值主张是："没有隐性成本。你可以随时取消。你永远不会被锁定。"[9] 多年来，乔纳森看到他父亲被锁定，忍受着与吉列的虐待关系。现在，乔纳森终于可以挣脱这种关系。DSC 为他提供了标准的现收现付模式，十分清晰透明。他接受了 DSC，这几年他节省了几百美元的剃须费用。

正如乔纳森的故事所暗示的，剃刀和刀片模式在两种不同的情况下都能发挥作用。第一种情况是，当短视的消费者只关注短期利益而忽视长期利益时，它就会起作用。这样的消费者购买了便宜的吉列剃须刀或利盟（Lexmark）打印机，只是后来不知不觉地为更换刀片或墨粉而支付了更高的价格。乔纳森当然不是这些人中的一员。在目睹了父亲的经历之后，他知道吉列的价格从长远来看是多么昂贵。不幸的是，在 DSC 出现之前，剃刀和刀片模式的泛滥已经使用户在市场上的选择变得越来越少，取代了其他可能让乔纳森这样的用户满意的选项（除了电动剃须刀和廉价的可拆卸剃须刀）。乔纳森实际上没有其他选择，这是剃刀和刀片模式起作用的第二种情况。和其他数百万消费者一样，乔纳森不得不忍受类似质量的替代品匮乏的状况。

吉列等采用剃刀和刀片模式的大公司从客户那里获取了太多的超额价值，以至它们几乎没有动力去适应现代的商业模式。坦白说，这是它们最不想做的事。2004 年，在被宝洁收购之前，吉列的毛利率高达 60%。[10] 为了保护如此高的利润率，吉列这样的公司为剃须刀这样简单的产品的专利投资。它们辩护说，它们每年在研发上花费数亿美元，它们的投资需要被保护。截至 2017 年 7 月，吉列拥有近 2 000 项专利，这些专利都是 1975 年以来获得的。仅 2012 年，在 DSC 出现之后，吉列就获得了 125 项新专利。记住，我们说的不是喷气式发动机，也不是一种复杂的新型疫苗接种方式。我们说的是剃刀！相比之下，制药巨头辉瑞公司在 2015 年获得了 57 项美国专利，纽约大学的研究人员总共获得了 63 项专利。在美国，马自达拿下了 63 项专利，布莱克和德克尔（Black & Decker）拿下了 74 项，空客的直升机部门拿下了 75 项。[11]一个一次性剃须刀和剃须膏的制造商怎么能比直升机或药品的制造商需要更多的专利呢？

在 20 世纪初，吉列利用专利保护了它新式的、高度创新的产品，避免被其他商家模仿。但到了 20 世纪末，吉列已经开始使用专利来抵御任何解耦的可能性，专利中甚至包括对其剃须刀或刀片的最细微的调整。吉列用越来越小的渐进式创新来为客户提供过度的服务，为保护其利润丰厚的商业模式而向客户收取过高的费用。这还不够，吉列和其他老牌企业一样转向了另一种策略：收购那些可能会以另一种商业模式上市的公司。例如，2009 年，宝洁斥资 6 000 万美元收购了高端美容品牌"剃须的艺术"（The Art of Shaving）。[12]

用行话来说，这些老牌公司在它们的商业模式周围制造"障碍"、"围墙"或"护城河"。但是在城堡周围建造护城河有个大问题，并不是这个策略不起作用，而是它的效果太好了，但总有一天它会消失。对吉列来说，那一天是 2012 年 3 月 6 日，DSC 推出了它的总裁剃须刀，一款与吉列高端剃须刀一样好的六刀片产品。[13]从那时起，吉列的市场份额下滑。男人们互相讲述了 DSC 的事，结果这个产品走红了。乔纳森和其他千禧一代的男性是第一批使用 DSC 的人。然后，作为该产品的传道者，他们影响了他们的父亲和祖父，使他们也换了品牌。其他美容产品初创公司如 Harry's 于 2013 年加入进来，在网上推出了自己的产品。其余的事大家都知道。[14]

我问我的学生，如果吉列降低更换刀片的价格，使之与 DSC 的价格相匹配，他们是否会重新选择吉列。他们几乎都回答不会。这是可以理解的。就像那些离开虐待性感情关系的人不愿意回来一样，在虐待性商业关系中的客户也是如此。假如违背了客户的意愿，业务可能会维持一段时间，但不会永远维持下去。最终，一家新公司会出现，为客户提供他们真正需要的东西。事实很简单：没有什么比违背客户的需求和要求更能给你的企业带来风险了。

既然你已经了解了解耦是如何工作的，以及如何设计解耦，现在是时候解决这个紧迫的问题了：我们该如何应对这股新的数字化颠覆浪潮？尽管看起来有很多令人眼花缭乱的应对方式可供老牌企业选择，但事实上，主要的应对途径只有两种（不过，我们也会看到，许多可以采取的行动或策略都可能属于两种途径中的一个）。这一现实可能会让人感到些许安慰。你不必筛选出几十种可能的应对方式。但你需要确定采用两种主要途径中的哪一种。事实证明，这并非易事。

两大主要应对途径

正如我们所看到的，解耦在不同的行业以一种模式化的方式展开。它发生在老牌公司向客户提供两项或多项活动，然后对这些耦合在一起活动收费的情况下。与捆绑产品不同，耦合在一起的活动一般可以分成至少两部分，一种是创造价值的活动（例如，看电视节目、和朋友打电话，或者在商店里浏览合适的产品），另一种是公司按价值收费的活动（例如，让观众观看广告、付费订阅、连接移动网络或购买货架上的产品）。*当新兴企业将两项活动分离并试图提供一项没有价值收费的价值创造活动，通过向其他人（如广告商、零售商或重度用户）收费或向普通客户收取少量费用来实现这一目标时，老牌企业将面临严重的威胁。如果想要生存，它们就必须采取应对措施。

大多数老牌企业往往试图通过以下三种方式中的一种来应对：模仿新兴企业，买下新兴企业，或者通过大幅降价来扼杀新兴企业。然而，即使这些做法被证明是成功的，它们也会给企业带来意想不到的后果。模仿新兴企业的老牌企业可能会看到利润大幅下降。小型初创企业或许能够通过显著降低的收入或更低的利润率来赚钱，而这种利润率通常是解耦产生的，但是像NBC（美国国家广播公司）、Telefonica和吉列这样的大型企业却缺乏支持这一点的成本结构。收购颠覆者也不是没有风险的。除了这种收购会消耗其现金储备，老牌企业可能难以将颠覆者顺利整合到现有业务中。许多对科技公司的收购都失败了，最著名的是时代华纳收购美国在线（AOL）（导致990亿美元的勾销）、惠普收购Autonomy（88亿美元被勾销）以及微软收购曾经的科技宠儿诺基亚（76亿美元被勾销）。最后，大幅降价以抑制颠覆者也会影响利润，如果美国司法部认为这是一种反竞争行为，那么它还可能会带来法律后果。

---

* 正如我在第三章解释的，在某些情况下存在第三种类型的活动，即价值侵蚀活动。

考虑到这些问题，老牌公司的经理们应该避免反应过快。在某种程度上，解耦是一个局部问题（换句话说，它只影响一部分客户价值链和某些客户），老牌公司应在局部进行处理。百思买看到，消费者在消费电子产品、电子婴儿设备和电子玩具等类别中出现展厅现象，但在媒体、电器和配件等其他类别中则没有。因此，百思买在制定应对措施时，并没有做出影响整个门店的改变。它只关注电子商品部分。

模仿、并购或发动价格战并不是真正的局部和孤立的干预措施，它们可能会影响老牌公司的整个组织。那么，是否存在只关注核心问题的对策？主要有两种应对途径。为了更直观地理解它们，让我们首先考虑一个假设的场景。假设你经营一家卖糖霜蛋糕的公司，一家初创公司只允许你的年轻客户在它那里购买糖霜，让你在继续烘焙和销售蛋糕时处理堆积如山的剩余糖霜。你能做什么？一种选择是强迫所有蛋糕购买者同时购买蛋糕和糖霜。另一种选择是让顾客只买他们想要的东西。换言之，你可以将蛋糕和糖霜重新组合在一起，或者你可以先发制人地将糖霜和蛋糕解耦，将它们分开出售。*无论行业如何，这两种途径对所有老牌公司都适用。我们来一个一个分析。

重新耦合

根据我的经验，面临解耦的老牌公司最初的反应是试图重新组合

---

* 当我们谈论两种产品，比如将糖霜和蛋糕分开时，准确的术语是"分拆"。但是我用蛋糕的例子来说明解耦背后的逻辑，因为它很容易被理解。

已被解耦的两项（或更多）活动。老牌公司要求客户完成这些活动，即使客户只希望在老牌公司那里完成部分活动，而在初创公司完成其他活动。如果其他人打破了你的客户价值链，很明显，你的第一反应就是把它粘在一起。公司实现这一目标的方式多种多样：与客户签订合同、降低产品兼容性、控制平台标准、使用法律手段强制执行使用条款，以及关闭软件系统。

例如，电视行业的老牌公司已经实践了许多重新耦合的策略。1999 年，DVR 制造商如 TiVo 和 ReplayTV 开发了硬件，允许电视观众录制节目，然后跳过广告。这种硬件实际上使观众能够将观看节目的活动与观看广告的活动解耦。网络广播公司采取的应对措施是在节目期间（而不是之后）播放广告，比如使用植入式广告、屏幕边缘的弹出广告，以及品牌赞助的内容。电视公司还与像 TiVo 这样的 DVR 制造商合作，限制广告观看者可以跳过的广告数量，起诉其他不遵守规定的制造商。

这些重新耦合的策略似乎很奏效，但它们的长期可持续性仍然存在问题。那些真的很讨厌广告的电视观众很快就接受了在线视频平台，如网飞、HBO Now 和亚马逊视频，这些平台都摒弃了广告。让老牌公司失望的是，这些观众不再看传统电视节目，他们取消了有线电视订阅。TiVo 最终不得不在讨好广播公司和吸引潜在的有线电视观众之间做出选择。2015 年，该公司决定"对商业广告竖起中指"（这是 TiVo 新闻稿中的原话），提供一种跳过模式，允许用户自动跳过商业广告。[15]

在零售业，我们发现有许多尝试重新耦合客户活动的策略。我们已经看到，展厅现象——在实体店浏览产品，然后使用移动应用程序比较价格,对实体零售商造成了极大的威胁。许多商店无法与那些不承担维护实体店或雇用销售人员的高额成本的在线商家进行竞争。小零售商面临着最大的挑战。为了解决这一问题,澳大利亚布里斯班的一家名为 Celiac Supplies 的专业无麸质食品杂货店,决定要求每一位进店的顾客要么购买,要么支付 5 美元的浏览费。考虑到这项费用将迫使许多购物者进行购买,Celiac 认为这项政策可以防止在线零售商获取原本就属于 Celiac 的客户。[16] 虽然这项政策很极端,但这是一种老牌企业将被亚马逊和其他颠覆者破坏的浏览活动和购买活动重新粘在一起的尝试。

如果一家公司提供多项客户活动,且客户在这家公司完成所有活动的成本小于在多家公司分别完成这些活动的总成本(因此减少了专业化力量,如第三章所述),或者在为客户提供客户价值链活动的专门服务时,公司可以使成本降低(因此增加了整合力量),那么重新耦合就会发挥作用。Celiac Supplies,通过实施这项新的 5 美元的收费政策,试图增加购物者的成本,这将引起专业化。Celiac Supplies 通过向客户展示新的、定向的、其他地方没有的产品来创造价值。然而,如果一个购物者在商店里了解商品,在网上购买,然后空手走出门,那么商店本身并没有获得任何价值。Celiac Supplies 需要以某种方式获得报酬。所以它采取了行动来获取价值,尽管这种行动是极端的,也是不明智的。

Celiac Supplies 还能做些什么来更好地实现重新耦合?一种方法是重新配置价值收费活动(影响整合的金钱成本)或消除价值侵蚀活动(影响整合的精力成本或时间成本)。其他零售商则成功地采用了一些更微妙的方式进行重新耦合,例如收取会员费(如开市客所做的那样），或收取与设施相关的费用，如大城市会收取停车费。然而，这些做法也带来了一些风险，因为顾客可能会质疑他们寻求的核心活动的价值，并选择彻底放弃这家公司。还有一个选项是增加价值创造的活动。你可以问问自己："我如何才能增加向客户提供的总价值，激励他/她在整个客户价值链中坚持与我合作？"简单地说，重新耦合应该要么让客户在与你继续合作的过程中获得更多价值，要么让他们离开你的成本变得更高，就像吉列做的那样。

在 Celiac Supplies 和电视行业的例子中，老牌企业很快就通过改变价值收费活动来尝试重新耦合。老牌企业也可以用其他更有力的方式来重新耦合。电信运营商使用 SIM 卡和软件等技术，阻止客户在购买移动设备后切换电信网络。他们还使用两年的合同，试图阻止客户把使用移动通信网络和购买设备解耦。微软、Adobe 和甲骨文（Oracle）等软件开发商历来都会实施最终用户许可协议，作为使用的先决条件，买家必须签署这些协议才能使用这些软件。有些条款禁止为了软件集成对其软件或代码进行改编、转换和修改。最后，作为重新耦合的一种手段，老牌企业还可以求助法律和政治游说。* 例如，包括旧金山、纽约和巴黎在内的城市的酒店业试图阻止业主把他们的房屋挂在短期租赁的网站上，如爱彼迎。同样，美国新闻出版商也要求国会给予有限的反垄断豁免，以便与脸书和谷歌等将新闻内容的创作与分发解耦的数字平台进行集体谈判。

企业如果仅仅因为面临颠覆者带来的问题，就违背客户的意愿，

---

* 根据《经济学人》（2017 年 4 月 15 日，59 页）的说法，美国的企业每年花费 30 亿美元进行游说活动。

那么所有这些试图重新耦合客户活动的尝试对老牌企业来说都有些危险。客户希望解耦，初创公司为他们提供了一个自由的选择，而老牌企业则试图关闭闸门。因此，任何重新耦合的尝试都应该密切关注两个问题：作为老牌企业，你能把闸门关上多久？你这样做要花多少钱？在这方面，打印机和墨粉行业为我们提供了警示。

重耦者，小心了

吉列的剃刀和刀片模式是如此巧妙，以至其他耐用消费品制造商也将其用于它们的业务。它们降低了耐用部件的价格以迅速吸引顾客，即使这样做会赔钱。它们通过获取可补充部件的高利润来弥补耐用部件低价销售带来的损失。顾客可以以如此低廉的价格购买耐用部件，因此在顾客和制造商看来，这种模式似乎对双方都有利。柯达使用剃刀和刀片模式来用高利润的胶卷补贴相机。惠普、佳能和利盟等打印机制造商出售打印机，通过销售高利润的墨粉和墨水来补贴打印机。最近，雀巢在其广受欢迎的奈斯派索（Nespresso）子公司采用了这种模式，以低价出售高端浓缩咖啡机，并在咖啡胶囊上赚取大部分利润。

但剃刀和刀片模式有一个陷阱：只有当客户在他们的购物过程中两个都买时公司才能获益，比如购买吉列剃须刀、雀巢咖啡机或惠普打印机，然后从同一家公司反复购买刀片、胶囊或墨粉。如果客户在别处购买可补充的部件，公司就无法抵消耐用部件的低价销售带来的损失。正是这个原因，大型制造商不遗余力地确保只有它们生产的补充产品在技术和法律上与它们的设备兼容（想想吉列的数千项专利）。当新兴企业威胁要取消购买耐用部件和补充部件的模式时，这些老牌企业很难奋起反击。

多年来，一家名为印象产品（Impression Products）的小型家族企业一直在购买用过的墨盒，将其装满墨粉，并以比利盟的新墨粉低30%至50%的价格卖给复印机和打印机的所有者。印象产品满足了客户对更便宜墨粉的需求。正如一位喜剧作家所说："要么打印机的墨水是由独角兽的血液制成的，要么我们都被打印机制造商骗钱了。"[17]利盟的墨盒中有一种芯片，当墨盒被重复使用时，打印机就可以通过芯片识别这些墨盒，并使其无法被使用。为了确保使用过的墨盒能够正常工作，印象产品会使墨盒中的芯片无法发挥作用。如此一来，客户就可以使用这些更便宜的墨粉打印。

利盟对印象产品的墨盒业务十分不满。2013年，利盟起诉印象产品，声称自己对打印机享有专利权，如未经授权，他人不能擅自使用其组件，如未经批准的墨粉。印象产品反驳称，产品专利不应限制客户购买后对产品的使用。印象产品认为，一旦购买了一种产品，人们就可以随心所欲地使用它。观察家意识到，此案的判决结果所产生的影响将远远超出印刷业。根据《财富》杂志的一篇文章，如果专利所有人在购买产品后有广泛的能力控制客户对产品的使用，那么"专利所有人可以强制其出售的药品'只能全部吞下'，或者收音机'只能在星期天使用'，如果有人把药片分开吃了，或者忘记了一周中可以听收音机的时间了，那他就能控告他侵权"。在汽车行业，制造商可以通过销售带有"禁止转售"限制条件的汽车来摧毁整个二手车市场。文章指出，无论从哪方面看，专利所有人都可以声称"对某一产品的某种使用是未经授权的，所有人必须支付损害赔偿金"。[18]

这一案件逐步被提交至美国最高法院，许多行业的公司都选择其中一方站队。开市客、手机制造商 HTC 和英特尔等公司支持印象产品，而手机芯片制造商高通（Qualcomm）、不少制药商和专利控股公司则支持利盟。用一个新闻服务机构的话来说，这是一个"影响所有人的专利案"———一场解耦者和重耦者之间的战争，是围绕着客户是否能够从剃刀和刀片商业模式中解耦的问题展开的。2017 年，经过 4 年的诉讼，最终 7 票赞同，1 票反对，苏普雷姆法院裁定印象产品胜诉。如法院判决所述，利盟在出售打印机和墨盒时已用尽其专利权，它不能对客户或第三方供应商施加任何使用限制。[19] 该裁决肯定了客户解耦的权利，即将购买耐用部件（如打印机、剃须刀、汽车）与从其他供应商那里维修和购买补充部件（如墨水、刀片、汽车组件）解耦的权利。人民的力量！

如果你经营的是一家老牌企业，那么这项裁决应该能给你敲响警钟。你的客户可能会有使你解耦的强烈动机。这种动机可能会促使初创公司采用新的商业模式、技术或立法来规避你重新耦合的努力。你能不能违背客户的意愿，强行关闭闸门？关闭多久？以什么为代价？在选择重新耦合之前，请仔细考虑这些问题。不要低估强行重耦的成本。2013 年至 2016 年，虽然利盟的诉讼悬而未决，但该公司的打印机业务总收入下降了 7%，而其他主要厂商的收入则有所上升。在利盟忙于通过法律手段重新耦合打印机和墨粉时，各大市场竞争对手纷纷出手削减其业务。[20]

先发制人的解耦

对老牌企业来说，重新耦合确实是一个可行的替代方案，但也是微创性的。它们还可以反其道而行之，通过先发制人地将两项或更多项的活动解耦，自行打开防洪闸门。回到我们的蛋糕比喻，面包师可以根据顾客的意愿决定只卖蛋糕或糖霜，而不是强迫顾客购买糖霜蛋糕。将这一点发挥到极致，任何行业的老牌企业都可以决定允许客户选择其提供的客户价值链中的任何活动子集。

你现在的商业模式很可能不支持如此剧烈的变化。如果你将创造价值的活动与获取价值的活动解耦，那么你将面临提供价值收费活动而不提供价值创造活动的风险。例如，会有人打开电视只想看广告吗？你还面临提供价值创造的活动而没有价值收费活动的风险，这样的情况更糟。为什么任何一家电信公司都允许人们使用其蜂窝网络，而不用支付订阅费或以按需付费的形式进行支付？很明显，解耦并不总是有意义的。

先发制人地以一种既能回报客户又能回报公司的方式实现解耦，是可持续的。你可能得改变你的商业模式。为了理解如何去做，我们来做一个快速的思维实验。假设你是位于马萨诸塞州波士顿的一家高端餐厅 Wholeana 的老板。你的餐厅的客户价值链中有以下四项活动：预订、占座、消费和付款。一般来说，你的客户都是以一种耦合的方式来完成这四项活动，也就是说，在你这一家餐厅完成所有活动。

让我们想象一下，一家初创公司以各种可能的方式颠覆了美食市场。不管餐厅是否允许，初创公司开发的新技术允许客户在任何地方预订餐桌。它通过游说政界人士，使政府通过了法律，允许人们在不买任何食物的情况下占据餐桌，并从餐厅外带来他们想要的任何食物。如果这最后一个场景让你觉得很奇怪，那么请考虑一下立法已经允许产品和服务解耦的很多情况。例如，欧盟的能源（家庭可以自由更换能源供应商）、美国的教科书（学生可以自由转售二手教科书，购买者也不能以任何方式被禁止使用这些教科书），以及波兰的汽车维修服务（零件制造商和经销商可以生产任何品牌的汽车零件，也可以为任何品牌的汽车提供维修服务）。

此外，想象一下，颠覆者根据客户需求创建了一个应用程序，该程序允许客户通过点击从任何一家餐厅订购食物和饮料。客户可以使用该应用程序在你的高档餐厅预订一张精美的餐桌，他和他的同伴可以一起坐在桌旁。他可以打开应用程序，从一家酒吧点饮料，从另一家餐厅点晚餐，这些都会送到他在 Wholeana 餐厅的桌子上。他和同伴可以一起用餐和享受。当你作为店主要求他结账时，这个顾客只会支付他和伙伴在 Wholeana 餐厅消费的食物和酒水的费用。

在这个例子中，技术和法律禁止你重新耦合各种客户活动。因此，你决定为你的顾客将这四项活动解耦，这样他们就可以自由地选择想要在 Wholeana 餐厅完成的活动。为了让这一点在经济上变得有意义，你必须遵循商业模式分解的一个关键法则：再平衡。

再平衡：在你试图获取价值的每一个点上创造价值，在你试图创造价值的每一个点上获取价值。

如果 Wholeana 打算允许人们通过它的预订系统预订餐桌而不预定本餐厅的食物，那么 Wholeana 需要为这种价值创造活动收费。毕竟，当客户到达时，有空余的餐桌，他们会从中受益。如果Wholeana 允许其客户使用另一个预订系统在 Wholeana 预订一张桌子，或者如果 Wholeana 允许他们从外部供应商那里订购饮料和食物，那么 Wholeana 必须向他们收取占用 Wholeana 一张餐桌的费用。所有这些活动都为客户创造了价值。在一个完全解耦了的客户价值链中，在客户执行活动时，Wholeana 需要为每一个价值创造活动收费。* 至于最后一个活动——用餐结束时付账，Wholeana 可以取消付账，并将其重新分配到整个餐厅体验的价值收费活动中。如果最终决定收费，Wholeana 就需要在最终的价值收费活动中为客户创造一些价值，例如，允许客户欣赏现场音乐或进行其他形式的娱乐活动。这种将价值创造活动与价值收费活动巧妙结合起来的过程，我称为再平衡。[21] 这是一种近乎万无一失的避免价值漏损的方法，我将在下一节做出解释。

再平衡的例子

你可能想知道，为什么先发制人的解耦需要再平衡。星佳、SuperCell 和其他移动游戏开发商让传统视频游戏行业解耦，它们允许游戏玩家不必支付 60 美元以上的前期价格就可以玩它们的游戏。Skype、谷歌环聊（Google Hangouts）和其他 VoIP 提供商通过免费或远低于电信公司的价格的通信服务来让电信运营商解耦，而电信公司仍

---

* 客户不需要在获得价值的每一个瞬间支付费用，但最终他们要为此支付费用。

然需要建立和维护其网络。亚马逊通过允许购物者在实体店浏览商品，在亚马逊上以更便宜的价格购买商品，实现了两者的解耦。这些颠覆者可以为购物者提供非常有价值的服务，并且不像老牌企业那样向他们收费，因为颠覆者采用的是一种不同的商业模式，该模式结合了其他收入来源、较低的定价水平和较低的边际成本。那些想要加入解耦者行列并使自己解耦的老牌企业，不能只是模仿这些颠覆者。它们需要调整自己的商业模式，以经济上可持续的方式实现解耦。这就是再平衡的目标。

百思买为应对解耦而采取的方案就是一个再平衡的成功例子。零售商通过允许客户实际浏览、接触、体验产品，从而为客户创造价值。这样一来，实体零售商需要花费大量的固定成本来进行店面维护和雇用店员。对百思买来说，使商品价格与亚马逊的价格匹配，这一举措在一段时间内是起作用的，但这并不是一个长期的解决方案。百思买转而向制造商收取在门店展示其产品的费用。正如百思买总结的那样，它长期以来一直在为制造商创造价值（制造商不在乎客户在哪里购买其产品），但它并没有抓住这个价值。因此，百思买在创造出该价值的那一刻（即客户体验产品时），通过向制造商收费（即所谓的进场费）来获取价值，从而实现再平衡。这一举措与百思买传统上依赖商品零售取得利润的商业模式完全不同。现在不管顾客是否在百思买店里买电视机，百思买都能赚钱。

百思买在其商业模式中增加了进场费，这成为它的一个收入来源，确实羡煞旁人。它这样做并没有违背客户的意愿，但它如果重新耦合已解耦的活动，就会违背客户的意愿。如果购物者在购买前重视触摸和试用电子产品，那么零售商应该鼓励他们这样做。禁止他们使用应用程序进行在线价格比较，充其量只是权宜之计。此外，百思买仔细调整了其定价政策——建立了一个自动的和长期的价格匹配政策，以应对新的竞争对手。因为有了这项政策，该店大多数产品的销售价格与任何一家在线商店的价格都没有太大差别。*这项政策确保了百思买不会在价格上输给在线竞争对手。

如果为了应对新兴企业，而改变价格政策，致使老牌企业收入降低（几乎总会如此），老牌企业就必须找到其他收入来源。虽然它们可能会觉得应该从快速推出新的服务开始，但我建议公司应该通过摸清客户价值链，发现创造价值的活动以及其他尚未收费的活动，来系统地寻找新的收入来源。

在某些情况下，发现尚未收费的活动并不是一件简单的事情。如果你经营的是零售店、媒体公司或数字化平台，那么你就会有多种类型的客户（例如，消费者和供应商），你应该分开分析每种类型的客户。百思买发现，当在零售商的货架上展示新电子产品时，这些供应商正在获得"免费服务"，顾客可以在商店里浏览、试用产品，然后在网上购买。百思买决定将这项活动转变为收费活动。遵守再平衡规则的第一部分（在你试图获取价值的每一个点上创造价值），百思买找到了一种方法，在它想要获取价值的时候进一步创造价值。它设立了高端的独立货架，将它们放置在商店中远离竞争产品的中心，并用大而明亮的标牌吸引人们的注意。在执行这一策略时，百思买借用了百货公司常用的"店内店"概念。

通过从展厅现象中挖掘利益，百思买有效地帮自己完成了解耦。

---

* 在与我的交谈中，首席执行官休伯特·乔利透露，易贝和亚马逊应用市场（Amazon Marketplace）被排除在价格匹配政策之外。

现在，它既可以适应新的客户购物习惯，也可以和它的颠覆者亚马逊和平共处。百思买并非唯一一家成功实现业务再平衡的公司。21世纪头10年的中期，Skype、WhatsApp和Viber等所谓的OTT（Over the Top，指互联网公司越过运营商，发展基于开放互联网的各种视频及数据服务业务）移动应用正在蚕食西班牙电信公司Telefonica的收入。许多Telefonica的用户为了减少电话费，将自己打电话和发短信的数量降至最低，然后使用OTT来满足主要通信需求。*OTT程序已经将任何两方通话连接的活动（仍然由Telefonica提供）与实际的人与人之间的通信（由移动语音和消息应用程序提供）解耦。不幸的是，对Telefonica来说，其最初的商业模式在很大程度上依赖基于语音通信服务的循环收益，而不是依赖基于通话连接的收益，甚至Telefonica在一些国家还要为通话连接补贴一部分收益。

起初，Telefonica和世界各地的其他电信运营商都试图重新获得利润。它们试图阻止OTT应用程序使用其网络，部署技术来阻止用户访问Skype和WhatsApp。在用户找到解决办法后，运营商试图通过立法禁止OTT的搭便车行为。大多数欧洲国家的政府都拒绝通过这类法律，因为它们意识到OTT使消费者受益。

面对新的客户行为和OTT不会很快消失的现实，Telefonica将其战略转向了再平衡。该公司改变了其定价政策，对通话连接这项为客户创造了价值的活动收取更高的费用，而此前Telefonica的这项活动是免费的或者有很高的补贴。同时，Telefonica对语音和文本通信的收费大大降低，改成了固定收费而不是根据使用量收费。在我2012年

---

* 与美国不同的是，2014年，许多国家仍然是按语音和文字的使用量付费的。

写的一个案例研究中，我描述了 Telefonica 是如何根据其开展业务的24 个国家的用户的使用行为差异，来对每一个国家实施不同的定价政策的。在 OTT 应用使用率高的一些国家，Telefonica 开始对无限通话或发短信收取固定费用。这一新的定价政策使 OTT 应用程序对消费者金钱上的吸引力大大降低。客户仍然在使用它们，但不像之前那么多了。（从那时起，电信公司很难与 OTT 服务的持续创新服务相匹配，这在一定程度上促成了这些服务的持续增长。）通过为消费者创造价值（降低通话和信息的成本）和在其他地方（通话连接）收取价值，电信运营商如 Telefonica 重新平衡了其商业模式，这一举措反过来又使它们能够与客户的新行为和业界精明的解耦公司共存。

再平衡你的商业模式

重新耦合与使自己解耦的根本区别在于，它会导致公司违背客户的意愿。有时你的客户想要专业化。他们不希望老牌公司强迫他们在同一家公司完成所有的客户价值链活动。我喜欢把客户解耦的意愿与物理学中熵的概念联系起来。物理系统如电子、恒星和我女儿的卧室，会随着时间的推移自然而然地变得更加杂乱无章。同时，熵的水平，即系统的混乱程度上升了。你可以抵抗熵定律，但只能通过消耗能量使系统更加有序，扭转无序的趋势。同样，解耦使得市场更加混乱，因为客户现在依赖多家公司来完成他们以前在一家公司那里完成的各种活动。公司可以抵制客户的欲望，但它需要花费宝贵的时间、精力和金钱来开发重新耦合的技术、设计和执行限制性合同、游说政客等。违背客户的意愿肯定要付出代价。或者，你可以通过再平衡来迎合客户，代价会更小。

让我们来研究一个工具，假设你决定先发制人地实现解耦，该工具可以帮助你理解在哪里实施再平衡策略。

漏损

在为老牌公司提供再平衡建议时，我喜欢首先尽可能详细地列出公司客户的整个客户价值链。我详细说明了我所能识别的所有活动，这些活动关系到客户如何真正了解公司的产品或服务，如何评估它、将它与其他产品或服务进行比较、选择它、支付它、使用它、再次使用它，如何处理它（如果它是实体产品）。我认为客户价值链是一条石油管道，每段管道都有客户价值链活动。在耦合的过程中，所有管段被紧密地焊接在一起，油（即价值）从管道的入口处一直流到最后。

然后，我试图了解我的客户如何将这些管道划分为不同的部分，并确保价值从一端到另一端均匀、持续地流动。当然，只有在管道没有任何泄漏的情况下，这才会发生。如果发生了漏损，那么公司就为竞争对手创造了一个机会，使他们可以在漏损处放一个桶接油。不必建造昂贵的钻井和管道基础设施，竞争对手就可以获取大量的价值。

我们有必要更详细地了解漏损。形式上，我们可以这样定义它：

漏损$_t$ = 价值创造$_t$ – 价值收费$_t$

在建议公司解耦之前，我会在客户价值链中寻找被创造的价值和公司收取的价值之间的差异。这就是我所说的"漏损"。当它存在时，解耦者就可以涉足该业务，并捕获一些尚未被捕获的价值。亚马逊就是这样做的，其他零售业者如玩具反斗城、电路城（Circuit City）和 Radio Shack，像亚马逊一样，也捕捉到了展厅现象的漏损。同样，Skype 从 Telefonica 获取移动连接的漏损，印象产品从利盟获取打印的漏损，TiVo 从 NBC 获取节目观看的漏损。这些颠覆者中的每一个都注意到了价值传递管道中的某个部分，在这里有价值被创造出来，颠覆者会在随后的某个时间点为之收取费用。老牌企业应该得到却没得到的利益就是这些投机取巧的解耦者的养料。与它们共存的唯一方法，是尽量减弱它们的动机，而不是花费大量的资源去压制每一个解耦者。再平衡实现了这一点，允许你在客户价值链中的每个点获取价值。因此，在抢先解耦之前，作为通过再平衡成功改变商务模式的先决条件，一定要计算业务模型中存在的漏损量。在解耦者围绕它构建业务之前，弄清楚还有哪些你应该得到却没得到的利益，并获取这些利益。

计算漏损量

为了了解如何计算漏损量，让我们回到我们虚构的餐厅，Wholeana。假设 Wholeana 的顾客必须先预订桌子才能在那里用餐，而且为了预防因为顾客不来而造成损失，餐厅会向顾客收取 4 美元的预订费。顾客获得了一些价值，我们假设是 5 美元，因为他们知道一张不少人渴望使用的桌子将由他们支配。他们也会从使用桌子的过程中获取价值，假设价值是 25 美元。酒水和晚餐的价值是 70 美元。这不是顾客支付的价格，而是一顿饭对他们的货币价值。最终的账单显示，除了 4 美元的预订费，Wholeana 的整个服务收费 75 美元。

图 5.1 展示了用餐者在 Wholeana 完成所有四项活动时产生的价值创造和价值收费活动。结合这些数字，思考一下，为什么那些愿意支付同样价格的人会选择在 Wholeana 完成这四项活动呢？客观地说，顾客收到价值 100 美元的东西，但只付 79 美元。中间差了 21 美元，经济学家称其为"客户剩余"。理论上来说，只有当商品或服务的价值超过其价格时，一个人才会购买它。

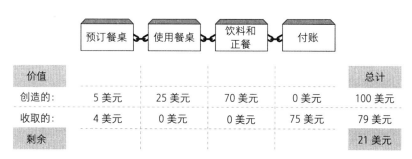

图5.1 Wholeana餐厅创造和收取的价值

现在让我们假设新的立法允许到一家餐馆用餐的人从另一家餐馆点餐。如果这项立法听起来很奇怪，那么请见谅。这种情况可能引起颠覆性的初创公司的注意，它们使用移动应用程序向餐馆顾客提供按需送餐服务。有了这种服务，顾客可以在 Wholeana 餐馆预订餐桌并在桌上用餐，但是从另一家餐馆点食物和饮料，除了一杯水（见图 5.2），他在 Wholeana 没有其他消费。Wholeana 有被解耦的风险吗？让我们通过计算它的漏损量来确定。Wholeana 在用餐客户价值链的最后两项活动中的漏损量就等于创造的价值减去在解耦活动发生之前获

取的价值:

漏损$_{使用餐桌}$ = 30 美元 – 4 美元 = 26 美元

图5.2 Wholeana的解耦

漏损量是相当大的，因此颠覆者有动机建立一个让餐馆顾客从他们的客户价值链解耦的业务——"去任何餐馆预订一张桌子，从我们这儿点餐，我们会把它带到您的桌子上。"自然，颠覆者提供的食物和饮料要么是与 Wholeana 在相同的价格基础上质量更好的，要么是在同等质量下价格更低的。让我们假设是后一种情况，一个颠覆者以35 美元的价格出售同等质量的食品和饮料，而不是 Wholeana 的 75 美元。解耦者不需要支付昂贵的租金，也不需要雇用服务生，所以解耦者仍然可以通过收取更少的费用来赚钱。对 Wholeana 来说，这代表着一种风险吗？只有当餐厅的相当一部分顾客最终选择解耦时才会有风险。但我们怎么能提前知道呢？

事实证明，我们可以通过比较剩余价值来推断一个解耦者是否会在建立业务并进入市场之前抢走我们的客户。我们来计算一下一个选择解耦的客户的客户剩余，将其与通过耦合过程获得的原始剩余进行比较。从 Wholeana 预订一张餐桌，并使用该餐桌，顾客可以获得 26 美元的盈余（30 美元减去 4 美元）。通过使用解耦者的应用程序订购食物和饮料，顾客将获得另外 35 美元的剩余价值（70 美元减去 35 美元），总共 61 美元。

客户剩余 (Wholeana+ 解耦者) =26 美元 +35 美元 = 61 美元

客户剩余 (仅 Wholeana) =100 美元 –79 美元 = 21 美元

如果他们选择在 Wholeana 完成所有活动，他们的剩余价值就只有 21 美元，在其他因素相同的情况下，许多想便宜点儿的顾客可能会解耦（见图 5.3）。他们如果解耦，就可以获得 40 美元的增值，这就是顾客现在解耦的一个动机。解耦者也有提供这项服务的动机，因为他们可以利用 26 美元的漏损。总的来说，这两个条件——更高的客户剩余和较大的漏损量——会给 Wholeana 带来麻烦。

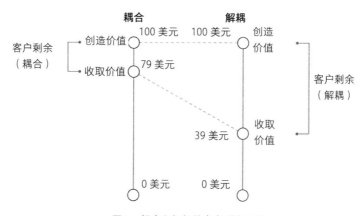

图5.3 耦合和解耦的客户剩余比较

注：如果客户在单个企业完成客户价值链上的所有活动，那么客户价值链末尾的漏损量等于客户剩余。

如果你经营的是一个与 Wholeana 类似处境的老牌企业，那么你可以像我们看到的那样，通过重新耦合，或者解耦和再平衡来应对颠覆（见图 5.4）。你无须列出一长串可能的对策，也不需要不知疲倦地辨析每一种对策的利弊。你只需要认真地考虑这两种方法，用它们来评估实现的成本、执行的挑战和所涉及的风险程度。一般来说，再平衡是最可持续的方法，因为它往往会消除解耦者的突出动机，而重新耦合仅仅是在不否定这些动机的情况下抵御解耦者当前的进入计划。那么，你应该选择哪一种方法呢？为了回答这个问题，我们来看看Celiac Supplies 的故事。

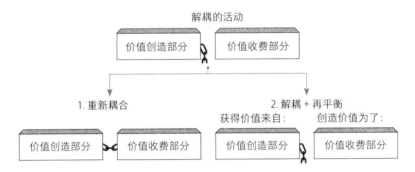

图5.4 应对解耦的两种方式：重新耦合或解耦+再平衡

资料来源：Adapted from Thales S. Teixeira and Peter Jamieson, "The Decoupling Effect of Digital Disruptors," Harvard Business School Working Paper no. 15–031, October 28, 2014, 8.

重新耦合还是再平衡？

正如 Celiac Supplies 公司告诉我们的，市场上的老牌公司不一定是大公司。这家小零售商正面临解耦的威胁。正如店主乔治娜·法特塞斯·萨诺所说，她最初的回答是"只看一眼"就要收 5 美元的费用，因为她注意到其他当地商店也面临着类似展厅现象的问题。她提到当地一家服装公司，该公司决定如果顾客试穿后离开，什么也不买，就要向他们收取试穿鞋子和衣服的费用。"这不是我自己的主意，"乔治娜说，"我听说其他商店也这么做过，但他们没有在前门贴通知。

我必须提醒人们，生活中的一切都不是免费的。"[22]

5美元的"展厅"费似乎是对购物者的一种惩罚，也是一种非常不寻常的惩罚。你可能不会同意乔治娜的价值收费活动。但从乔治娜的角度来看，她开一家商店，雇用销售人员帮助购物者，向他们提供专门的建议，却得不到回报，这公平吗？对任何企业来说，创造价值而不从接受价值的客户那里获取一分钱，这公平吗？她需要从放弃的价值中获取一部分价值，这是合理的，但她采取的方式可以说不那么合理。然而，正如乔治娜所说，她从来没有想到人们会支付这5美元的费用。她只是想让他们意识到，展厅现象是不公平的，损害了她的生意。事实上，在宣布收取费用几周后，她声称只收取了四次费用，其中一次是客户主动要求付费的。

如果不这样做，乔治娜怎么能抓住她作为一个小店主所创造的价值中的一些漏损价值呢？百思买也面临同样的挑战，它选择了向供应商收费。但百思买是电子行业的主导企业。Celiac Supplies能迫使它的供应商支付货位费吗？也许不能。小商店也不能像开市客那样收取会员费。不幸的是，乔治娜没有考虑到她的新对策可能对她的商店客流量造成的后果。愿意进入Celiac Supplies的人数骤减。2016年，该店关门。

但乔治娜是个斗士。当重新耦合不起作用时，她意识到她通过向客户提供建议和推荐增加了提供给客户的价值。所以，她决定改变她的商业模式。首先，她开始按顾客接受教育的价值收费，为患有乳糜泻、麸质不耐症或相关疾病的人提供课程和个人咨询服务。换言之，她通过让顾客为课程付费来重新平衡她的商业模式。最终，由于零售业与咨询服务不太协调，乔治娜完全放弃了零售业务，将Celiac

Supplies 作为"教育中心"重新开放。[23] 现在她从事的业务是为患有乳糜泻的人提供饮食咨询服务。

乔治娜吃了苦头才明白，重新耦合并不是她事业的正确答案。如果解耦对你的业务构成了迫在眉睫的威胁，那么不要将重新耦合视为永久的解决方案。你可以设计一个短期的重新耦合计划和一个先发制人的解耦计划。如果你选择重新耦合，那么请将其视为争取更多时间的一种方式，这样你就可以构想和试验一种新的、再平衡的商业模式。当重新耦合变得太昂贵而无法维持或在技术上太不成熟时，你将有另一条可能在较长时期内可持续的道路。

如果解耦没有对你的业务构成迫在眉睫的威胁，那么你的处境就有些不同了。与其试图争取更多的时间，不如采取攻势，预测市场将如何变化，并在挑战者出现之前修改你的产品或服务。这可能需要你从外部和内部改变你的业务，改进你投放到市场的产品以及你的商业模式。只有当你不能创造一个有利可图的新的商业模式的时候，你才应该求助于重新耦合。

请注意，对于如何应对解耦，我没有给出一个简单明了的答案。我不相信有这种答案。我有目的地使用了"途径"（avenue）这个词，而不是"解决办法"（solution）或"答案"（answer）这样的词，在我看来，重新耦合和先发制人地解耦是两种类型的应对途径，每一类都可以以不同的方式实现。它们是把公司带向不同地方的途径。正如司机比任何人都更了解自己的汽车和驾驶条件一样，你也最清楚自己面临的市场条件和公司条件。无论你选择走哪条路，只有你自己能最好地判断要如何沿着它行驶。

我提出的框架最终会成为一个过滤指南，它可以帮助你排除最不可能成功的解决方案。你采用哪种解决方案取决于各种因素，如成本、法律和技术环境、漏损机会，以及最重要的，你满足客户的需求（解耦）或反对客户的需求（重新耦合）的意愿。此外，请注意，一家公司的反应并不取决于颠覆者的内在特征——无论是谷歌和亚马逊这样的大型科技企业，还是印象产品或一美元剃须刀俱乐部这样的小型初创公司。正如我们所看到的，解耦是商业模式创新的浪潮。就其本质而言，这些浪潮无处不在，吸引了行业内外的许多新参与者。这些玩家大多体量小，动作敏捷，轨迹不可预测。但是，如果你研究它们的总体动机、方式和选择范围，你就可以追踪它们的集体轨迹。不要只关注你身后的初创公司或技术颠覆者。开阔你的视野，观察整个即将到来的浪潮，并对浪潮做出回应。

在决定行动方案之前，你也可以考虑是否应该采取应对措施。毕竟，黏合、破坏或修复你的业务并不容易。它需要投入大量的资金和时间。对你来说，再等一等是否会更好？要回答这个问题，你需要考虑行动的成本以及因为不行动而造成损失的风险。行动成本将取决于你的公司的市场、经营方式和资源的具体情况。这是一个相当标准的计算方法，老牌公司很容易就能算出来。然而，由于不采取行动而造成损失的风险更为棘手。在第六章，我将提供一个框架和一组工具，帮助你评估不采取应对措施可能带来的两个主要风险。首先，如果什么都不做，风险是什么，你的公司很快就会被解耦吗？其次，如果一家新兴企业试图使你的业务解耦，会给你带来怎样的风险？

| **评估风险并决定应对**

2017 年 4 月，豪华电动汽车制造商特斯拉的市值超过 530 亿美元，超过通用汽车，成为美国最有价值的汽车制造商。[1]业内人士对此难以置信是有原因的。通用汽车已经运营了一个多世纪，是包括雪佛兰、吉姆西（GMC）和凯迪拉克在内的热门品牌的发源地。2016 年，它生产了约 1 000 万辆汽车，以 1 660 亿美元的收入赚取了 100 亿美元的利润。特斯拉 2016 年仅售出 7.6 万辆汽车，营收仅为 70 亿美元，亏损 10 亿美元。[2]美国最大汽车经销商 AutoNation 首席执行官迈克·杰克逊表示："这完全令人费解。"就连特斯拉的首席执行官埃隆·马斯克也感到惊讶。他说："我相信这个市值比我们应得的要高。"[3]

在推高特斯拉股价的过程中，投资者相信全电动、联网程度越来越高的自动驾驶汽车将很快颠覆通用汽车和其他依赖碳排放的汽车制造商。[4]通用汽车自己也意识到这一风险。早在 2013 年，该公司就承诺要赶上特斯拉，其首席执行官在评价特斯拉时说："如果我们不小心，它就可能成为一个大的颠覆者。"[5]到 2016 年，通用汽车至少在一个方面迎头赶上，在特斯拉之前把价格实惠的全电动汽车推向市场。[6]

然而，通用汽车仍然不能安心。只要人们买新车，不管是汽油动力的还是电动的，通用汽车都会有生意。但我们可以想象，很快就会有更多的人放弃购买任何类型的汽车。通过研究人们出行习惯的转变，通用汽车的高管们发现，千禧一代的汽车拥有率低于前几代，而且他们购买汽车的方式更加务实。居住在人口稠密、交通拥挤的城市的年轻人认为，汽车是负担，而不是自由的象征。在他们看来，交通越来越不是一种需要巨额前期投资的产品，而是一种可以通过移动应用程序获得的、按需提供的服务。[7] 到 2017 年 6 月，最大的"汽车即服务"公司优步，在 15 轮投资中筹集了 120 亿美元，市值达到了近700 亿美元。[8] 优步在全球 76 个国家的 633 个城市拥有客户。[9] 如果优步对通用汽车的破坏性甚至超过了特斯拉呢？作为一种服务而兴起的优步带来了什么风险，通用汽车应该如何应对？

如果你根据资产利用率来评估风险，通用的风险就相当高了。在美国，私人汽车的每天平均使用时间为 56 分钟，不到 24 小时的 4%。[10] 和专业车队运营商相比，这一使用率非常低。例如，Avis 的汽车在 66% 至 76% 的时间是被租用的。按小时付费的租车公司 Zipcar，汽车被使用的时间占比为 32% 至 48%。[11] 在许多有昂贵资产的行业，公司通过优化利用率进行竞争。在航空业，瑞安航空保持飞机每天在空中飞行近10 小时，占一天总时长的大约 40%，而汉莎航空、英国航空和法国航空的飞机使用率分别为 34%、28% 和 26%。[12] 美国酒店业的平均入住率为 66%，是爱彼迎（20%）的 3 倍以上。[13] 有了这些数字，我们从资产利用率的角度来看，似乎以客户个人拥有汽车为基础的汽车行业的商业模式——过去 115 年的主导模式——是所有模式中最糟糕的。

汽车共享或叫车服务商直面这种效率低下的问题。这些公司允许私家车车主将未充分利用的资产投放市场，然后像专业车队那样管理自己的汽车。这些客户在短期内有效地将私人汽车的利用率提高了一倍。[14] 优步希望通过推出自动驾驶技术进一步提高利用率。2016 年，该公司在宾夕法尼亚州匹兹堡部署了一支叫 Ford Fusions 的自动驾驶车队，每辆车都配备了 360 度激光雷达（或称轻型雷达）和 20 个摄像头，以帮助探测障碍物。驾驶汽车的是软件而不是司机。[15] 理论上，自动驾驶软件不像司机那样需要睡眠，而叫车服务初创公司可以让车队每天 24 小时运行，在扣除年度保养检修时间和每周加油停运时间后，资产利用率有可能会接近 100%。

提高汽车的使用率，减少所需的汽车总数，这将彻底颠覆汽车行业。但风险有多大？美国交通研究委员会估计，每增加一辆共享汽车，就会减少 15 辆私家车。欧洲议会的报告声称，完全采用汽车共享可以使欧洲国家的私家车数量减少 63% 到 90%。作为全球最大的汽车出口国和第五大新车市场，德国将出现最大的潜在降幅。[16] 一些汽车行业的高管似乎并不知道，"运输即服务"模式将使现有的私家车拥有模式面临灭绝的风险。

通用汽车的高管们决定通过采取全面行动来抵御风险，而不去争论"运输即服务"和电气化两者中谁会构成更大的威胁。2016 年，也就是通用准备生产全电动汽车挑战特斯拉的同一年，通用以 5 亿美元的价格收购了优步在美国最大的竞争对手来福车 11% 的股份。通用汽车曾试图收购来福车，但遭到拒绝。[17] 同年，这家底特律的汽车巨头推出了一项名为 Maven 的新车共享服务，允许客户租用数小时或数周的汽车，他们可以自己使用，也可以通过提供像来福车或优步一样的服务来赚钱，类似于出租车车队经理。通用没有透露它在 Maven 上的投资额。[18] 它在 2016 年下了最大的赌注，以近 10 亿美元收购了一家名为 Cruise Automation 的小型初创公司。[19] Cruise 致力于开发运行自动驾驶汽车的软件。在收购时，这家初创公司只有两年的历史，雇员只有 46 人。它制作了许多关于固定路线的样品，但还没有一样可行的商业产品，也没有找到一个创新的商业模式。[20] 通用汽车公司的首席执行官玛丽·博拉在解释这一举措时说："我们认为，电动、自动和共享，这一切都能结合起来。人们仍然需要从 A 点到达 B 点，我们相信自动驾驶汽车将是其中的一个重要部分。"[21]

2017 年，美国第二大汽车制造商福特斥资 1 亿美元收购了 Argo AI，这是一家此前无人知晓的初创企业，创始人是两名曾在谷歌和优步工作的自动驾驶技术工程师。通用和福特的这些交易规模之大，令竞争对手大吃一惊。在一场针对前雇员的诉讼中，特斯拉对此类交易的好处发表了自己的评论："他们热衷于追赶（特斯拉的自动驾驶功能），在这个过程中，传统汽车制造商创造了一个快速致富的环境。一个由程序员组成的、只有演示软件的小团队以高达 10 亿美元的价格被收购。"[22] 因为老牌公司的高管担心被新技术颠覆，他们不惜投下多个巨大的赌注来抵御风险。

时间将证明，通用汽车通过收购应对多家初创企业的战略是不是一个好主意。然而，对许多老牌公司来说，收购初创企业根本不是一个好选择，它意味着沉重的财务负担。即使是那些拥有资源的公司，在像通用汽车那样做之前，也会三思而后行。如果解耦者没有威胁到很大一部分市场份额，公司通常不需要对他们采取应对措施。在采取应对措施之前，根据第五章的讨论，考虑是否需要应对是很重要的。这一决定需要平衡应对的成本（财务和管理时间）与不应对带来的既定业务的损失风险。老牌公司的高管必须考虑两种风险：一种是解耦者进入市场的风险；另一种是解耦者一旦进入市场，将窃取你相当一部分客户的风险。让我们依次分析。

评估颠覆者进入市场带来的风险

现在是否有初创公司准备进入你的市场并试图使你的业务解耦？高管们应该时刻警惕这种威胁，继续监控自己被解耦的风险。特别是，管理者应该不断地问自己三个问题。第一，公司是否要求客户完成两项或两项以上的活动（如浏览和购买）？如果答案是否定的（这种情况比较少见），那么公司不必担心，因为没有什么是可以解耦的。如果公司确实需要客户完成多项活动，那么管理者应该提出第二个问题：颠覆者是否可以将价值创造活动与另一项价值收费、价值侵蚀或价值创造活动（例如，使用技术或商业模式创新）解耦？如果答案是否定的，那么管理者应该监控最终使解耦成为可能的创新，但他们不必立即做出应对。如果答案是肯定的，那么新兴企业可能会考虑通过解耦来颠覆老牌公司。在这种情况下，管理者应该开始认真对待这种风险，并客观地进行评估。

要认真对待这一风险，管理者就应提出第三个问题：是否存在颠覆者可能利用的将活动间联系断开的漏损，就像亚马逊使浏览商品与购买商品解耦那样？如果没有，管理者应该继续监控局势，但不必采取任何行动。如果确实存在漏损，那么老牌公司就要警觉了。解耦风险是真实存在的，我们可以通过前一章描述的两个主要途径之一来应对（见图 6.1）。

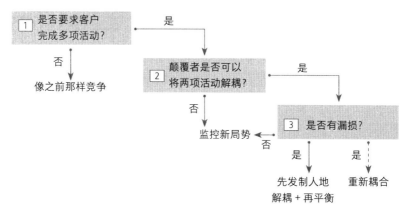

图6.1 测量解耦风险的三个问题流程

为了说明如何使用这三个问题，我们用它们来分析一下吉列在2012年前后解耦的风险。

问题 1：是否要求客户完成多项活动？ 是。这家剃须刀巨头通过严格控制的专利，强迫其客户购买剃须刀和替换刀片，这是两项独立的消费活动。

问题 2：颠覆者是否可以将两项活动解耦？ 几十年来都不可以。但最近，客户的沮丧情绪加剧。购买廉价剃须刀和与购买同一制造商的昂贵刀片之间的联系相应减弱。

问题 3：是否有漏损？ 是。在购买替换刀片之前，漏损可能性很高，任何剃刀和刀片商业模式都是如此。

如果吉列公司的一位高管在2012年左右进行这项分析，他就可以意识到颠覆风险的增加。甚至在一美元剃须刀俱乐部出现之前，吉列就应该准备好了。但它能预测可能失去的市场份额吗？现在让我们从评估颠覆者进入市场将会带来的风险转向评估公司将要失去客户的风险。

企业陷入困境的迹象

如果你的企业只是可能面临解耦，那么这并不意味着一家初创企业会真正窃取你的市场份额。因此，决定是否采取应对措施的下一步是评估初创企业对客户的吸引力。你可以通过思考客户如何做出购买选择来做到这一点。

客户总是可以选择买什么。在许多商品类别中，他们有比以往更多的选择。比如，面对几十种甚至上百种选择，客户如何选择一辆车？他们不可能在价格、每加仑[①]英里[②]数、设计、舒适性或配件等方面比较每一辆车。即使是买一个更简单的产品，如酸奶，客户也需要对包装、风味、添加糖、口感和其他特性做出决定。面对如此复杂的情况，客户会简化选择的任务，采用只有两个步骤的方法。首先，他们会快速地做一个简单的筛选，消除不需要的选项。其次，他们会对剩下的选项进行更慢、更详细的比较。例如，选择购买哪种酸奶的顾客可能会首先消除所有不知名品牌或价格过高的选项。这就使得他们拥有了营销人员所称的"考虑集合"，即顾客在选择要购买的品牌商品之前积极考虑的一组品牌。[23]

"考虑集合"是过去几十年中最重要的营销概念之一。[24]它假定在消费品领域，品牌之间并不是通过在一场大型竞争比赛中争夺客户的形式来竞争的。更确切地说，这种竞争类似于奥运会，比如，游泳运动员在奥运会上会分级进行比赛。每个级别都有预赛，只有 8 名左右

---

① 1 加仑（美）≈ 3.785 升。——编者注
② 1 英里 ≈ 1.609 千米。——编者注

的游泳选手能晋级决赛。在决赛中游泳的选手类似一组"考虑集合"，而这一组包含 8 个选项。当涉及客户购买商品时，每个客户都会选择自己的集合成员和决定集合的大小。

客户是怎么确定自己的考虑集合的？正如关于市场营销的学术研究所表明的那样，客户根据他们对各种选择的意识和偏好，以及品牌形象、产品差异和特定类别的因素来确定考虑集合。不同的人、不同的品类，甚至不同的国家，所形成的考虑集合都有很大的不同。[25] 例如，研究发现，典型的酸奶购买者在考虑集合中会保留三到四个品牌。典型的美国购车者在他们的考虑集合中会保留八个品牌和车型组合，而典型的挪威购车者只会保留两个品牌。[26] 在选择开立支票账户的地点时，客户在做出选择之前通常只考虑一家或两家银行。[27]

这一切和颠覆有什么关系？这意味着一切。考虑集合是一些品牌争夺客户的竞争开始（和结束）的地方。如果你的客户决定你的公司不在他们的考虑集合之内，你的商品就销售不了。作为一家老牌公司，你的公司是许多忠实客户的考虑集合中的一部分。当一个新的竞争对手进入市场时，不管它是大还是小，或是不是颠覆者，你的目标总是双重的：让你的品牌始终在客户的考虑集合内，让新兴企业的品牌始终在客户的考虑集合之外。如果忠诚的客户将你从他们的考虑集合中剔除，并添加新兴企业，那将是最坏的情况。没有比这更大的颠覆了。

那么，你如何确定这样的转变对你来说意味着严重的风险呢？你可以直接问客户，也可以观察他们的选择，推断自己是否出局。通过评估客户的考虑集合，询问或推断客户在下次购买时考虑的选项，你可以了解备选项之间竞争的变化，识别新兴企业对你的业务造成的风险程度。考虑集合的变化是市场即将被颠覆的第一个信号，也可能是你的业务即将被颠覆的第一个信号。

颠覆风险程度

假设你经营的是通用汽车公司，一家以汽油或柴油驱动内燃机的汽车制造商，你询问正考虑购买一款新中档车的客户，他们正在考虑哪些选择。他们告诉你，他们正在考虑雪佛兰（通用汽车品牌）、福特和克莱斯勒（菲亚特汽车品牌），都是汽油动力车。这种考虑表明，他们在问自己一个根本问题："我应该购买什么样的中等价位的汽油动力车？"通用汽车在这些客户中面临的被颠覆的风险程度最低。对于任何一个客户，通用汽车可能会赢得他或她的青睐，也可能会输给一个直接的竞争对手，但市场份额不太可能发生巨大的变化，因为市场是被长期参与的竞争者瓜分的。竞争就是制造商的传统品牌之间的竞争，客户不会很快偏离既定类别（即中端内燃机汽车）。这不会构成颠覆。

另一小部分通用汽车客户可能正在讨论是购买电动汽车还是购买内燃机汽车。在这种情况下，颠覆的可能性仍然相当低，因为克莱斯勒、福特和雪佛兰都在开发这两种车型。在这种情况下，客户会问（或者表现得像在问一样）："我应该买一辆电动汽车还是一辆汽油动力汽车？"他们的考虑集合略有变化。他们现在可能会在集合中引进一些新品牌，比如特斯拉，它已经推出了中等价位的 Model 3。通用汽车可以提供 Volt 等电动汽车选项，但它并不"拥有"这部分市场。

因此，通用汽车面临的风险略高，因为新兴企业现在更可能抢走一些电动汽车的市场份额。[28] 与之前的问题相比，通用汽车的客户提出这个问题的可能性要少得多，但提出这一问题的客户数量可能会迅速增长。

如果一个更小的买车群体开始从包括自动驾驶汽车和传统汽车在内的一组考虑集合中进行选择呢？由于现有的汽车制造商到2018年还没有制造和销售完全自动驾驶的汽车，那些认真考虑这两种车型的客户的出现可能会颠覆传统汽车制造商。不过，这将构成一种技术上的颠覆，而不是商业模式上的颠覆。这不会造成解耦。在2019年，很少有个人客户提出"我应该买一辆自动驾驶汽车吗"这样的问题。但随着半自动和全自动汽车进入市场，我们可能会看到通用汽车当前客户的考虑集合发生了巨大变化，因为他们增加了诸如谷歌的Waymo和其他竞争者品牌。通用汽车可能会推出自己的自动驾驶汽车，但自动驾驶汽车仍可能成为一项颠覆性的技术，给传统的美国汽车制造商带来高风险。

正如我在第二章解释的，最深刻的颠覆往往源于商业模式，而不是技术创新。汽车行业将看到商业模式的创新和解耦，特别是如果汽车购买者正在考虑是购买汽车，还是使用如Turo、优步或BlaBlaCar一类的交通方式。在这种情况下，从市场份额的突然变化来看，传统汽车制造商将面临最大的被颠覆的风险，尤其是通用汽车。如果目前有相当一部分客户开始问"我应该买车吗"这个问题，那么这些客户将显著改变他们的考虑集合，在第一阶段增加共享汽车或共享汽车初创公司，在第二阶段迅速将通用汽车从他们的考虑集合中剔除（如图6.2所示）。这是最强烈的颠覆。

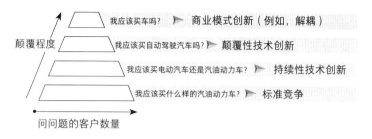

图6.2 客户的考虑和颠覆的可能性

商业模式创新在两个方面比技术创新具有更大的颠覆性。首先，由于商业模式创新通常不要求客户采用昂贵的新"硬件"技术，它们对市场的影响往往会更快地显现出来。创新技术有时会让新兴企业或老牌竞争对手抢走相当大的市场。而这项技术的性质将决定市场重组的速度。克莱顿·克里斯坦森将某些突然的变化称为"颠覆性"创新，而"持续性"创新则导致市场份额的逐渐变化。[29] 当然，挑战在于提前预测一项技术是否会被证明是颠覆性的或持续性的。最终，一项技术只有在许多客户付钱购买时才会颠覆市场。（要了解这两种理论之间的主要差异，请参阅本书末尾的"解耦与颠覆性创新的区别"。）

另一个重要的区别是，在几乎所有情况下，追求技术创新的选择在很大程度上仍由企业控制。确实，有些专利技术没有实际的替代品，但通常公司可以决定他们开发某种技术的力度。以汽车为例，通用汽车等公司可以决定是否以及以多快的速度开发电动汽车和自动驾驶汽车。即使在其他公司拥有知识产权（IP）的情况下，公司也可以通过建立、收购或合作等多项举措来与核心技术的知识产权持有者保持同步。在商业模式创新中，尤其是在解耦的情况下，老牌公司的控制力要小得多。这里的客户是解耦者。他们决定是否要问自己"我是否应该购买这一类的产品"的问题。是否提出问题的决定在很大程度上超出了企业管理的范围。

当对一个市场中的所有客户进行汇总时，单个客户向自己提出的问题和考虑集合的变化决定了你的公司面临的市场竞争类型，从而决定了可能的解耦程度。因此，密切关注考虑集合的构成，不仅可以帮助你判断一个颠覆者进入市场的可能性，还可以帮助你判断它开始与你并驾齐驱、最终攫取你很大一部分市场份额的风险。

市场份额被夺走的风险

问前文提到的三个问题的过程和考虑集合的概念可以帮我们对风险进行定性评估。然而，有时定性评估是不够的。在这种情况下，我们必须深入研究单个客户的考虑集合，以更准确、量化的方式衡量市场份额流失的风险。通过绘制客户的价值链，汇总客户可能做出的决策，我们可以确定市场层面（即市场份额）的颠覆。要做到这一点，让我们首先从颠覆者的角度出发，确定它们的潜在收益。然后我们将转向老牌企业的视角，评估它们的损失风险。同时考虑两方的观点是有好处的。

评估一个颠覆性新兴企业将占据多少市场份额的标准方法是评估其销售额并预测其增长。然而，许多老牌企业的高管无法进行这些分析，因为他们无法获取初创企业的销售额和增长率。基于企业价值评估方法（如现金流分析、资产负债评估、市场可比性）估计潜在增长的其他方法对我们来说是有问题的，因为它们混淆了经营理念或商业模式的影响及其执行情况，这两方面是很难预测的。幸运的是，我们在衡量解耦对老牌企业的潜在影响时，不需要考虑执行的问题。如果四季酒店希望确定房屋共享对其业务的潜在影响，其分析将把爱彼迎创始人、高管和员工的角色视为次要因素。它还将在很大程度上忽视HomeAway、VRBO和在爱彼迎之前出现的数十家其他度假租赁网站员工的能力。虽然执行能力一般来说很重要，但在这里它其实并不重要，重要的是商业模式及其潜在的影响。要确定像四季酒店这样的老牌企业可能会失去多少市场份额，首先需要评估其当前的客户对市场上的新产品将做何反应。

这种反应又取决于成本，特别是金钱成本、精力成本和时间成本（见第三章）。我们应该注意到，个人客户对这些不同成本的容忍程度是不同的。正如客户研究所显示的，年轻人和低收入者往往对价格更敏感，而老年人和高收入者对价格往往不那么敏感。[30]这一研究结果也适用于精力成本和时间成本。[31]研究还显示，对价格更敏感的客户往往对精力成本不那么敏感。我过去的在线现场实验研究表明，一个在线时尚用品或服饰的购物者，将花费更多的精力浏览和点击以找到折扣最高的商品。[32]另一方面，对价格不太敏感的购物者往往对精力成本高度敏感。他们不想只为了在促销商品上省下几美元而长时间浏览网上商店，所以他们倾向于购买价格更高、折扣更低的商品。我和一位同事利用我们对客户的这种发现，故意在他们的电子商务网站上"隐藏"高折扣产品，这样访问者就不得不通过额外的点击来找到它们。这样，对价格不敏感的客户购买全价、高利润的商品，而对精力成本不敏感的客户则花时间寻找和购买低价格、低利润的商品。通过这样做，这家在线时尚零售商可以两全其美：无须减少正常获利的商品数量，就可以拥有更多的客户。

客户在成本之间的权衡关系到解耦者和老牌公司。如果价格明显较低，投入的时间或精力成本也较少，那么一家企业很少会提供与竞争对手相同质量的产品或服务。客户一定要付出点儿什么。要么企业亏损，要么客户付出更高的成本。例如，打车时选择私家车对客户来说可能更便宜，但也更难使用（如 Turo）。其他的可能更容易使用，但更昂贵（如 Uber Black）。这种差异造成了学术界所谓的市场的"自我选择机制"。一些客户会喜欢更便宜的选择，因为他们对价格高度敏感，而另一些对价格不太敏感但对精力成本高度敏感的客户则会喜欢更昂贵的选择。归根结底，高管们应该将客户对不同成本的敏感度纳入对老牌公司和颠覆者的成本比较分析中。

为了量化客户对老牌公司的解耦倾向，我们首先计算解耦者提供的产品相对于老牌公司产品的成本差异，然后计算目标市场人群对金钱、时间和精力成本的重视程度。此分析将揭示解耦者可能会赢得多少比例的客户。通过计算老牌公司的市场份额，你将可以得出解耦者获得的潜在市场份额，也就是老牌公司失去的潜在份额。通过潜在份额来计算解耦者相对于某个市场中所有老牌企业的市场份额，你将得出一个解耦者可能从所有参与者那里夺取的总市场份额，以及遵照所有传统商业模式运行的老牌企业可能会失去的总市场份额。这种市场份额的"易手"很快就会发生，还是需要 10 年时间，这一点很重要，但在这里不是重点。在决定是否应对解耦时，重要的是看老牌企业面临风险的市场份额。让我们一步一步看如何计算它。

计算风险市场份额（MaR™）

　　Salary Finance 是英国增长最快的员工福利金融科技（fintech）公司之一。它由英国谷歌的丹·科布利、阿塞什·萨卡尔和丹尼尔·沙哈尼共同创办，其目的是帮助有工作的人更快地还清债务。大多数员工都持有某种形式的个人贷款，如信用卡债务、个人贷款、发薪日贷款或银行透支。Salary Finance 开发了一个员工福利平台，雇主可以免费使用该平台并将之提供给员工，使他们将个人贷款整合为一种低成本贷款，平均年利率为 7.9%，约为银行平均利率的一半。对员工的其他好处包括速度和便利性：申请只需要 5 分钟，48 小时内就可以完成审核。申请获得批准后，Salary Finance 会立即发放资金，从员工的工资中自动扣除还款。雇主们也能从中受益：他们可以将 Salary Finance 作为提供给员工的一项额外津贴，让员工摆脱高利率带来的财务困境。

　　通过对 Salary Finance 商业模式的分析，我们发现，Salary Finance 对客户办理个人贷款并还贷的过程进行了解耦。这个过程展开如下：去银行—亲自申请贷款—提供银行要求的文件—银行评估风险和偿还贷款的能力—银行批准贷款—银行存入资金—产生利息—获得偿还贷款的资金—去银行付款或转账—银行确认贷款已全部偿还。有了 Salary Finance，雇主就可以核实客户的就业情况，通过扣除工资来偿还贷款也降低了违约的风险，同时也减少了客户在申请贷款时必须付出的精力。它还降低了客户的利息支出。到目前为止，Salary Finance 提供了一些好处，但实际上并没有使任何事情解耦。雇主从员工的工资中自动扣除每月的账单来偿还贷款。解耦发生在价值侵蚀活动中，我们原本需要去银行或寄送支票，有了 Salary Finance 之后，这个步骤就可以被省去了。正如 Salary Finance 所说，"我们去除了还款的麻烦"。

Salary Finance 是解耦的一个很好的例子，因为它意味着在不显著改变最终产品的情况下进行商业模式创新。对客户来说，不管他们从哪里获得资金，个人贷款在很大程度上都是同一种产品。另一方面，获得这笔贷款的成本可能会有很大的变化。客户考虑的主要成本是他们需要支付的贷款利率，通常以年利率（APR）来衡量。年利率因贷款规模和贷款代理（主要是银行和信用卡公司）而异。表 6.1 比较了英国三家最大的消费贷款银行，分别提供了最低 4 000 英镑和最高 8 000 英镑的大中型贷款的年利率。[33]第五栏显示了 Salary Finance 的年利率减去主要银行的年利率得出的结果。第六栏将其转化为借款人每年的实际成本，单位为英镑。如果他们比 Salary Finance 更便宜，这里的数字就是负的（省钱），如果他们比老牌银行更便宜，这里的数字就是正的。显然，这些数字代表了平均成本，这是一种简化，不考虑信用评级，也不考虑银行拒绝申请人的可能性。*但在选择向哪个机构申请贷款之前，客户会做比较。在大多数情况下，Salary Finance 是价格较低的选择。在其他国家，尤其是就大额贷款而言，老牌银行价格更低。

---

* 因此，在计算中不考虑逆向选择。

表6.1 前三大老牌银行与Salary Finance相比的成本差异

老牌银行	类型	贷款规模	年利率	年利率差异	成本差异
汇丰银行	中额贷款	4 000 英镑	18.9%	−11.00%	−440 英镑
	大额贷款	8 000 英镑	3.3%	4.6%	368 英镑
巴克莱银行	中额贷款	4 000 英镑	22.9%	−15.00%	−600 英镑
	大额贷款	8 000 英镑	4.9%	3.00%	240 英镑
劳埃德银行	中额贷款	4 000 英镑	26.3%	−18.40%	−736 英镑
	大额贷款	8 000 英镑	4.6%	3.30%	264 英镑

资料来源：HSBC Bank, Personal Loan, https://www.hsbc.co.uk/1/2/loans/personal-loan; Barclays Bank, Personal Loans, http://www.barclays.co.uk/Howtoapply/BarclayloanPersonal loans/P1242591272078; and Lloyds Bank, Flexible Loan, https://www.lloydsbank.com /loans /personal-loan.asp, all accessed June 15 and 21, 2017. The APRs given for Lloyds Bank are for its flexible loan option. Lloyds Bank also offered an "online exclusive" personal loan with a lower possible representative APR than its "flexible" personal loan option.

但金钱成本并不是影响客户决策的唯一成本类型。无论是有意还是无意，客户都会考虑购买和使用产品及服务所需的时间和精力。要全面评估客户与持有他们支票账户的银行解耦的成本，必须考虑这些额外成本，评估在其他地方获得贷款的难易程度和速度。总之，我们必须评估客户是否认为解耦的总成本更低（负）或更高（正）。

因为雇主支持这类申请，所以与一般银行相比，用Salary Finance申请、获得和偿还贷款所需的精力成本更少。这也是原因之一。至于节省时间，我们很难确定需要多少天才能获得每家银行的批准，以便与 Salary Finance 进行比较。简单起见，我们假设所有交付周期都是相同的。如果时间成本已知且不相同，那么我们应将其纳入计算。

现在让我们考虑一下成本敏感度。在消费贷款行业，与零售业一样，对价格高度敏感的客户往往对精力成本不太敏感，反之亦然。有些人甚至在年利率很高的时候也会用信用卡贷款，因为这很容易。让这些客户感到不容易的是为了选择最便宜的银行贷款而比较所有的选择。那些花时间的人往往更关心价格。

那么，我们如何评估英国消费贷款行业的价格敏感度呢？我们可以问问那些正在寻求贷款，要在涉及不同的精力成本和时间成本的贷款中权衡、做决定的人。在此基础上，我们就可以确定他们对这些成本的敏感性。一项针对 208 人的调查显示，85% 的有未偿个人贷款的客户愿意考虑 Salary Finance，15% 的人不管条款如何都不愿意。85% 的人在他们的考虑集合中增加了 Salary Finance，14.7% 的人会考虑更换贷款提供者，选择年利率更低的贷款提供者。换言之，这些人对价格高度敏感，对精力成本敏感度最低。另外 61.7% 的人回复说对价格和精力成本有点儿敏感。他们不会改变出借方，除非有出借方会降低至少 2 个百分点的年利率，*否则他们将坚持目前的选择。第四个客户群，占样本的 8.6%，对金钱成本非常不敏感，对精力成本非常敏感。他们对银行非常忠诚，年利率至少降低 4 个百分点他们才会更换银行，这是一个难以满足的需求（见图 6.3）。

现在，我们已经计算了每个老牌银行与 Salary Finance 之间的价格和精力成本差异，并且现在我们知道了客户的成本敏感度（即要满足每一部分客户的要求我们需要做什么），我们可以计算出解耦者从某个老牌银行那里窃取客户的可能性。

---

* 根据 Salary Finance 进行的一项调查计算出准确的年利率差异，此处有一定程度的修改。

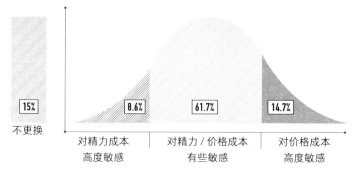

图6.3 客户的贷款利率（年利率）敏感度分布

15% 不更换

8.6% 对精力成本高度敏感

61.7% 对精力／价格成本有些敏感

14.7% 对价格成本高度敏感

以巴克莱的中额贷款产品为例，它的年利率高达22.9%。对于4 000英镑的贷款，客户每年要支付916英镑的金钱成本，而Salary Finance的年价格成本为316英镑。由于Salary Finance更便宜、更容易实现，这种解耦方案最终可能会说服对价格成本不敏感的15%的客户以外的所有客户。因此，巴克莱有可能损失高达85%的中额贷款业务，而这些业务最终会落入有不少公司员工使用的Salary Finance手中。考虑到该行在2016年的市场占有率为15.6%，假设其消费贷款组合中，中额贷款和大额贷款比例相等，其潜在损失占整个市场的6.6%。[34] 巴克莱的大额贷款年利率更具竞争性，为4.9%，而Salary Finance的平均年利率为7.9%。另一方面，Salary Finance通过扣薪实现自动支付，对客户来说，操作更加简便。巴克莱在年利率上的优势是3个百分点，这将使它能够留住15%的不考虑更换银行的客户、14.7%对价格高度敏感的客户，以及61.7%对精力（和价格）成本有些敏感的客户。Salary Finance可以获取8.6%对价格不敏感，但对精力成本敏感的客户，使巴克莱仅有0.7%的市场份额处于风险之中。

显然，这些计算结果代表了新挑战者颠覆性潜力的上限。2016

153

年，英国八大银行的消费贷款总额占市场总额的 65%。Salary Finance
的商业模式有可能窃取惊人的 28.9% 的市场份额。这一结果出现的
部分原因是，（就中额贷款而言）与大型银行相比，Salary Finance 的
年利率较低，以及通过它客户可以相对轻松地获得和偿还贷款（见
表 6.2）。

表6.2 老牌银行的潜在损失和风险市场份额

老牌银行	类型	潜在损失	市场份额	风险市场份额
汇丰银行	中额贷款	85.0%	31.4%	13.4%
	大额贷款	0.0%		0%
巴克莱银行	中额贷款	85.0%	15.6%	6.6%
	大额贷款	8.6%		0.7%
劳埃德银行	中额贷款	85.0%	5.7%	2.4%
	大额贷款	8.6%		0.2%
其他五家银行	全部贷款	45.1%	12.2%	5.5%
总额			65%	28.9%

注：假设在第四栏的市场份额中中额贷款和大额贷款比例相等。
资料来源：Assume the market shares in column four are equally split between medium
and large loans. Source: Calculated by the author from data in "Consumer Loans [FY
2016] (￡GBPmm, Historical Rate)," Capital IQ Inc., a division of Standard & Poor's,
accessed July 19, 2017, and Bank of England, Bankstats, A Money & Lending, A5.6,
"Consumer Credit Excluding Student Loans," Excel workbook, "NSA Amts Outstanding"
worksheet, last updated June 29, 2017, available at http://www.bankofengland.co.uk/
statistics/ pages/bankstats/current/default.aspx, accessed July 2017.

如果你认为在面对大型的老牌银行时，对初创企业而言，有太多
可供窃取的市场份额，那么请等一下，其实还有更多。当我与 Salary
Finance 的联合创始人交谈时，他们正努力将这家初创企业定位为比

老牌银行更便宜、更方便的贷款替代企业。*从某种意义上说，我的分析让他们的直觉有了依据。我决定做一个最后的分析，这次在老牌公司中增加信用卡公司。Salary Finance 对信用卡公司的小额贷款业务有何潜在影响？

由于信用卡公司通常比银行提供的贷款要少，我们假设平均每个客户每月都有 1 000 英镑的未偿余额。在英国，2016 年信用卡平均年利率约为 22%，即每年要支付大约 220 英镑，远高于 Salary Finance 的 79 英镑 [35]。另一方面，通过信用卡获得贷款相当容易。你所要做的就是决定不付全部余额，然后你就自动获得贷款了。因此，获得 Salary Finance 贷款比从信用卡获得贷款需要更多的精力成本。在这两个假设下，Salary Finance 预计最终会带走 14.7% 对价格高度敏感的客户，以及 61.7% 对价格和精力成本有些敏感的客户。鉴于 2016 年英国的信用卡贷款占该国整个消费贷款市场的 35%，Salary Finance 可能窃取了略多于 3/4 的信用卡贷款，换句话说，它有可能从这一单一来源获得 27% 的市场份额。基于这一观点，Salary Finance 应该尝试将自己定位为一个价格明显很便宜，但几乎与获得信用卡贷款一样方便的选项（见图 6.4）。为了让问题更简单明了，这些计算并没有考虑市场的总体增长，只考虑了份额的变动。但是，如果有需要，我们也可以很容易地将市场规模的增长纳入考虑范围。有关如何计算风险市场份额和总风险市场份额的详细信息，请参阅本书末尾的"如何计算风险市场份额和总风险市场份额"。

---

* 我没有从 Salary Finance 获得任何经济利益。

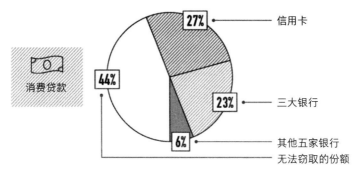

图6.4 总风险市场份额（TMaR）™出处

资料来源：Salary Finance's survey of 208 consumers; market share data calculated by the author from "Consumer Loans [FY 2016]（£GBPmm, Historical Rate)," Capital IQ Inc., a division of Standard & Poor's, accessed July 19, 2017; Bank of England, Bankstats, A Money & Lending, A5.6, "Consumer Credit Excluding Student Loans," Excel workbook, "NSA Amts Outstanding" worksheet, last updated June 29, 2017, http://www.bankofengland.co.uk/statistics/pages/bankstats/current/default.aspx, accessed July 2017.

这一分析结果对银行和信用卡公司有什么意义？首先，也是最明显的一点，它揭示了如果老牌银行无所作为，Salary Finance 的商业模式会如何颠覆老牌银行。正如我所提到的，从老牌企业的角度看，应该着力分析的是商业模式，而不是初创企业。在计算其面临风险的市场份额时，每个老牌企业都在确定由于 Salary Finance 带来的解耦而对自己造成的潜在的风险市场份额。它们并没有计算由 Salary Finance 带来的实际损失。就算潜在损失最大的银行——汇丰银行收购 Salary Finance，然后让 Salary Finance 业务缩减或者关闭它，也并不能完全避免这一风险。另一个具有类似商业模式的解耦者可能很快出现，取代 Salary Finance 的位置。老牌企业可以利用潜在的市场份额，但不可能破坏和消除它们。因此，英国的小额个人贷款老牌企业面临很大的风险。

把所有的东西放在一起

如果不作为，你的生意就会受到威胁，出现这种情况的早期迹象是什么？一般来说，观察业务的内部，从你的产品、技术和流程来看，你看不清这些。到可以看清的时候，可能已经太晚了。你应该向外看，面向你的客户。正如我们所看到的，老牌公司的高管可以采用两种不同的方法来确定由新兴企业带来的市场风险。对当前客户的考虑集合进行初步的定性分析，你可以从中发现你的客户是否考虑从新兴企业那里购买商品。在极端的情况下，那些使你的客户质疑在你的市场上购买任何一件产品的需求的解耦者，会带来最大的风险。后续的定量分析有助于明确你的公司面临的风险程度。当然，无论是在公司层面还是在市场内部，要计算风险，需要来自当前客户、潜在客户和竞争对手的大量数据。如果我们可以获得这些数据，本章提供的计算方法就可以帮助老牌公司评估一个颠覆者可能窃取的市场份额，以及哪家老牌公司损失最大。如果你的企业面临着低风险的损失，那么你可能会放弃应对，至少现在会放弃。在这种情况下，你可以使用我在本章前面概述的三个问题的步骤，持续监控其他解耦者的市场。

如果量化市场风险分析显示，解耦导致潜在市场份额损失的风险很高，那么请考虑采取应对措施。你需要决定采取怎样的应对方法，以及根据具体情况分配多少资源。如果最好的应对措施相对于风险来说仍然太昂贵，那么你也可以决定不应对。如果成本合理，那么你可以在前一章所述的应对途径中选择一种。将所有这些步骤放在一起可以帮助你决定是否以及如何应对解耦（参见图 6.5）。

1. 计算因解耦（即所有相似的解耦者）而面临风险的市场份额。

2. 如果风险很高，则计算采取应对措施所需的成本，并将其与风险进行比较。此计算将帮你决定是否应对解耦。

3. 如果你决定应对，那么你要决定是重新耦合还是解耦。

4. 如果解耦，那么你要决定是否通过再平衡来改变商业模式。

这个决策树可以帮助老牌公司更有效地应对颠覆。在我与大公司合作的过程中，我经常看到管理团队为采取最佳应对措施而疲惫不堪，在最初的应对措施没有产生预期的结果时不得不重新开始分析。决策树通过列出所有可用的主要途径以及应对措施来帮助决策者。当团队选择了一个不正确或无效的选项时，决策树也使重新审视决策变得更容易。在大型组织中，此类决策不会很快被做出，因为它们涉及许多利益相关者。幸运的话，经过几个月关键利益相关者的解耦，你会找到应对解耦的最佳选择。但有时情况并没有那么顺利。如果你不得不重新审视一个决策，那么先前在树状图中对选项进行总结归纳，会使重新评估变得更快、更直接。

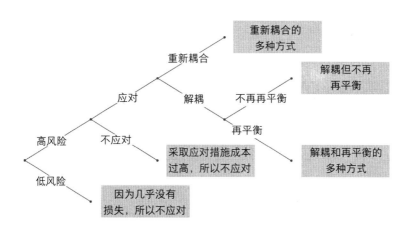

图 6.5 帮助你决定是否以及如何应对解耦的决策树

假设一家公司进行了市场风险分析，认为损失风险太高无法承受，它决定采取行动。在重新耦合和解耦之间，它选择了前者。如果试图通过游说改变法规来重新耦合的努力失败了，那么接下来该怎么办？公司不必从头开始。如果其他内部或外部环境因素没有改变，公司应该尝试另一种形式的重新耦合，比如技术或合同。类似地，如果公司已经尝试了所有的重新耦合选项，但仍未获得成功，它就应该走解耦的道路，在不尝试再平衡的情况下实现完全解耦。如果这不起作用，那么它应该尝试再平衡。最后，如果这些选择都不起作用，公司可能会重新考虑是否值得应对。一般来说，当决策失败时，决策者应该在决策树中从右到左退回到上一级再分析，而没有必要重新进行分析。

风险评估的含义

处于低风险的公司应继续监测市场是否存在威胁。在某些类别中，组成你的客户的考虑集合的品牌变化很快。正如我之前的研究表明的，客户，特别是年轻人，在饮用即饮饮料和酒精饮料，以及在食用糖果时，会表现得非常反复无常。即使只接触一个电视广告，客户也可能被说服将一个新品牌纳入他们的考虑集合。[36] 在许多其他类别中，品牌的进入和退出需要相当长的时间。因此，老牌企业必须通过各种市场调查工具，不断监测其客户的考虑集合。在零食等类别中，老牌企业应每月这样做。在其他类别中，如服装、汽车或银行，它们可以每季度、每年甚至每两年做一次调查。

监控考虑集合可以令你知道哪些品牌有机会窃取你的客户，哪些没有。显然，一个品牌成功的概率取决于许多因素。一般来说，美国的日用消费品考虑集合的大小约为该类别所有品牌总数的1/10。[37] 在竞争不太激烈的市场中，品牌成为客户考虑集合一部分的可能性往往更高。当然，仅仅被客户考虑并不能保证销量。监控进入你的市场以及邻近市场的品牌和初创企业至关重要。原则上，它们都可以进入客户的考虑集合。重要的是要监控客户的考虑集合，而不是所有出现的初创公司。监控考虑集合是可以实现的，而跟踪每一家初创公司要困难得多。CB Insights 是一家调查研究公司，它喜欢创建所谓的数字化前景图，其中包含一个行业中所有新成立的公司。2017年美容行业颠覆图包括70多家由风险投资支持的初创企业。医疗行业图上有500多家初创企业。银行业则有多达1 000多个潜在的颠覆者。[38] 即使是分析师最多的老牌企业也很难同时监控许多新兴企业并跟踪其进展。所以不要尝试监控所有出现的初创公司。要坚持监控考虑集合。

另外，一定要在市场之外思考。当初创企业进入客户的考虑集合时，它们就成了你的竞争对手，即使它们没有提供直接竞争的产品。许多家庭将有线电视供应商与电影院、芭蕾舞团或周末旅行放在同一考虑集合内。说到父亲节礼物，正如我的战略同事巴拉特·阿南德指出的那样，领带与电动工具、园艺工具、电子设备，甚至餐厅的菜品一样，被放在同一考虑集合中。[39] 对某些人来说，共享汽车服务现在和汽车处于同样的考虑集合中。[40] 你需要根据你的客户的看法来定义你的竞争对手，而不是根据你的产品与其他产品在外观上的相似程度来定义它们。

尝试使用市场风险的计算方法来量化解耦的上限（或潜力）。在早期，我们很难预测初创企业会给老牌企业带来多大的风险，这种计算方法可以帮助你衡量颠覆潜力或商业想法带来的风险，而不是具体业务带来的风险。初创公司的潜在收益是你的潜在损失。损失越高，老牌公司就越有动力在风险出现并影响其市场份额之前，付出成本采取有效的应对措施。

但要注意：应对措施过激也会带来负面结果。不是每家新兴企业都值得认真考虑和应对。当商业模式创新如解耦的情况一样呈上升趋势时，应对所有新兴企业将造成巨大的经济负担。雅虎的案例提供了一个警示。到 2012 年，当谷歌前高管玛丽莎·梅耶尔成为其首席执行官时，雅虎已经是搜索引擎领域的老牌企业了，它是美国市场份额仅次于谷歌和微软的第三大热门搜索引擎。由于担心排名继续下降，雅虎开始了多年的疯狂收购。截至 2016 年，梅耶尔已经收购了 53 家数字化和科技初创公司，花费在 23 亿至 28 亿美元之间，更不用提她的高管在完成并购实质审查时所花费的时间和精力了。因为未能将它们整合，雅虎最终关闭了其中的 33 家初创公司，停止了 11 家初创公司产品的生产业务，对 5 家公司放任不管，任其自生自灭。总之，雅虎只完全整合了其中两家初创公司。[41] 2017 年，由于无法发展，雅虎以 48 亿美元的价格被威瑞森（Verizon）收购，这与雅虎 1 000 亿美元的峰值估值相去甚远。[42] 和采取了失败的应对措施一样，过度应对也会导致公司的覆灭。

本章提供的工具可以帮助你从多个角度审视颠覆风险。第一个角度是客户，要发现客户正在考虑解耦的早期迹象，请检查他们不断变化的考虑集合。第二个角度是解耦者。正如我在第四章讨论的，解耦者进入市场的动机和它在金融市场上获得的资金反映出它认识到，存在从老牌企业手中夺走市场的机会。试着看看他们看到了什么，你就能更好地理解什么是有风险的。方法就是计算解耦者的潜在收益。在从客户和解耦者的角度审视解耦之后，你要从自己的角度评估情况，计算出处于风险中的市场份额。归根结底，客户的钱、解耦者的潜在收益和老牌企业的风险份额是完全相同的：它们代表着价值的转移。不同的是，当这个价值易手时，某些人有收益，而某些人有损失。

总的来说，市场风险份额计算、三个问题的流程和监控客户的考虑集合可以作为一个"雷达系统"来检测即将到来的威胁。结合决策树，这些工具可以帮助你评估多种类型的风险，让你决定是否、何时以及如何最好地应对解耦带来的威胁。

第 三 部 分

建立颠覆性业务

在本书的第一部分，我们研究了什么是真正的颠覆性：将客户活动解耦。第二部分探讨了老牌公司是否、何时以及如何应对。当面对解耦者时，老牌公司可以用两种不同的方式去应对：他们可以将各种客户活动重新黏合在一起（重新耦合），也可以找到接受这些活动被颠覆并与之和平共处的方式（再平衡）。要想在颠覆者进入你的市场之前或之后决定该做什么，你必须评估采取行动或不采取行动所涉及的多重风险。深入分析客户的选择、偏好和相关成本，将帮助老牌公司找到应对其行业中的解耦威胁的具体方法。

　　有了这个基础，我们现在可以着手解决建设和发展颠覆性企业的任务，在这个过程中，重新审视和反思已建立的模式。你如何开始一项颠覆性业务？怎么开展？一家公司一旦成熟了，你要如何防止它衰落？无论你是在老牌企业中开始一项新的业务（"内部创业者"），还是作为创业者创立一家创新企业，解耦理论的基本原则都可以为你可能面临的主要挑战提供新答案。

　　这一部分的几个章节旨在探讨企业生命周期的一般情况（见下图）。所有的企业，无论大小，无论是传统型还是颠覆型，它们在增加市场占有率的过程中都遵循着相似的模式。在初始阶段，收入和市场份额的增长通常是缓慢的。如果企业能在这一阶段生存下来，它们往往会进入第二阶段，增长速度进一步加快。一些公司会在这一阶段陷入困境。那些幸存下来的公司最终会进入第三个阶段，在这一阶段，增长速度逐渐放缓或有所下降。企业面临的挑战就是尽可能长时间地保持增长，或是开启新的增长点。

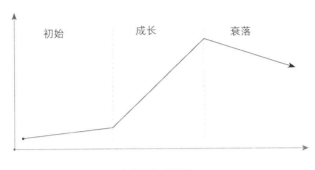

企业的生命周期

当然，不同的公司处在每个阶段的时间都是不同的，它们会在每个阶段获得不同的收益水平或市场份额。但它们都会遵循这个轨迹。更重要的是，当你观察不同规模、不同年限、不同行业（从航空服务到拉链制造）的公司时，你往往会发现，同处于某个阶段的公司会面临同样的商业挑战。人们倾向于认为大企业有大企业的问题，小企业则有不同的业务问题。这并不完全正确。不同的生命周期决定企业的不同"经历"。处于起步阶段的公司都面临着以低成本高收益的方式获得第一批客户的挑战，而处于成长阶段的企业往往更注重决定开发哪些新产品和征服哪些市场，以及如何组织人员和流程来支持这些新计划。在第三阶段，公司倾向于更多地关注在失去其市场份额的市场中或市场之外如何应对增长停滞并进行创新。

接下来的三章中的每一章都通过从解耦理论中学到的经验，分析了颠覆性公司生命周期中的一个阶段。我希望通过对企业面临的挑战的重新思考，加深和拓宽领导者和管理者的思维，帮他们找到新的解决方案，使他们的企业蓬勃发展。我们先来分析颠覆性业务的创建。当企业从早期阶段走向成长阶段，最后走向衰落阶段时，我们千万不要忽视真正的价值所在：客户。

第 七 章

获得前1000名客户

　　2014年，一位名叫查尔斯－阿尔伯特·戈拉的年轻企业家想出了一个有趣的主意：在网上销售二手高端服装。在全力以赴之前，他决定先以便宜的方式测试一下自己的想法，所以他从熟人那里买了一些衣服，将它们干洗过后，在易贝网上试着卖。他发现，尽管存在一个二手高端服装市场，但豪华服装无论售出量多大，它的利润率都过于微小，无法维持一家企业。但是戈拉没有放弃他的想法。他认为，如果冒险进入另一类价格相对较高的耐用品领域，那么他仍能建立一个有望成功的企业。

　　他在研究线下二级市场时发现，如果用产品在客户手中闲置的时间百分比来衡量，利润丰厚的大型经销商往往出售利用率较低的商品。拥有者越少使用这件产品，就越愿意尝试卖掉这件产品。成功的二手货转售市场并没有人们经常使用的产品，如眼镜和手机，因为它们的主人每天都会使用它们。*戈拉注意到：产品在其使用期内市场价

---

* 美国大多数二手手机转售市场售卖的都是翻新过的或过时的手机。

值会自然下降，传统的转售商倾向于出售同样具有低折旧率的商品。技术产品很快就被淘汰了，因此，虽然它们的所有者可能会试图通过转售来处理它们，但转售商可能只会获得少量的佣金。奢侈品手提包、黄金首饰和房车等商品似乎是理想的转售对象，因为它们的利用率和折旧率都很低。它们保持着自己的价值，并且所有者并不经常使用它们。

戈拉随后尝试在网上转售豪华手提包，这次他成功了。有足够高的价格激励手提包最初的所有者卖包，而戈拉则设法将易贝和其他在线市场的销售价格保持在足够低的水平以吸引买家，同时保证自己能获得足够的佣金。他觉得这个机会很有吸引力。根据 NPD 集团的数据，18 到 45 岁的美国女性平均每人拥有来自 7 个不同品牌的 13 个手提包。戈拉自己的实地市场调查显示，"80% 以上的女性衣柜尚未被开发"，而且这些衣柜里装的都是高品质的、稍有磨损的包，它们的主人从未想过要转售这些包。在确认他可以为双方创造价值，并从创造的价值中收取一部分费用后，戈拉着手筹集风投资金，建立自己的创业公司。在一年之内，他和一位联合创始人筹集了 480 万美元，创建了一个从女性手中购买二手奢侈品牌手提包的在线网站 Rebag。

在这时，戈拉面临一个问题，它也是所有的潜在颠覆者面临的问题：他应该从哪里开始？他如何才能让自己的公司起步，用看似伟大的商业理念来建立一家真正具有创新精神、能够蓬勃发展的公司？他应该怎样花他的启动基金？

成功企业家和创业界的其他人曾告诫创业者，在创业过程中要同时解决一系列问题，包括与产品、技术、渠道等相关的各种问题。硅谷有句口头禅，意思是企业家应该致力于打造一个比目前市场上的产品"好10倍"的专营产品。这个逻辑似乎是合理的：做一个好10倍的产品，你就会吸引所有你能吸引到的客户，所有你需要的风险投资，以及所有想为你工作的有才华的员工。专家还建议创业者尽早利用网络效应。当客户加入一个网络，如加入像电子邮件、Skype一样的通信渠道或通信应用程序时，他们会随着更多客户的加入而从网络中获取越来越多的价值，这反过来又使更多的新用户加入。根据专家的意见，企业家不应该忘记建设他们的技术基础设施。近年来，许多增长最快的公司都是科技创业公司。如果你想创立一家新企业并使其迅速增长，你似乎就必须像谷歌、脸书、亚马逊做的那样，马上建立你的技术基础设施。最后，专家告诉创业者，创业之初要拥有端到端（end to end）的客户体验。毕竟，客户通常希望"雇用"企业来为他们解决整个问题。

这些只是刚起步的创业者所接受的许多建议中的一小部分，而且它们未必是错误的。每一条建议都会帮助颠覆性初创企业扎根和成长。然而，总的来说，这些建议混杂在一起，令创业者难以接受。例如，要创造出比市场上其他产品好10倍的产品并不容易。选择一个市场，选出该市场中的领先产品或服务，你能想出一个比那个领先产品好10倍的产品的主意吗？你能制造出这个产品并围绕它创立一家公司吗？记住，你经营的是一家新企业。你没有最好的工程师或销售人员，没有无限的资金和其他关键资源。网络效应也很难形成，尤其是在公司成立初期。在这种效应出现之前，初创企业必须吸引并获取大量客户。但初创企业通常没有足够的资源和能力来实现这一目标，或者同样，没有足够的资源和能力来建设其技术基础设施。至于创造端到端的用户体验，即使是创造比市场上的老牌公司好一丁点儿的客户体验都很困难，更不用说试图创造更好的端到端解决方案了。

尝试构建网络效应，创建一个比之前的产品好 10 倍的产品，建立一个技术基础设施，瞄准一个端到端的客户体验，解决其他挑战，要同时做到这些，对典型的初创企业来说，几乎是不可能的。那些尝试的人可能会长期遭遇挫折，无法专心，经常失败。创业者和初创企业的管理者最好专注于一个目标，并尽自己所能去实现这个目标。

但这个目标是什么呢？解耦理论给了我们一个答案。正如我们之前看到的，该理论强调作为创新驱动力的客户的关键作用。运用这一观点，我们得出了一种开创颠覆性业务的方法。规则 1：获取客户活动。规则 2：回到第一条规则。

在成立之初，为了获得足够的客户来维持运营，初创公司竭力奋斗。事实上，这项任务是如此困难，但对于一家公司的成功又是如此重要，企业家们应该把获取客户作为他们的首要关注点。如果你不能吸引客户，那么你的生意会有前途吗？大多数潜在的解耦者之所以失败，要么是因为它们没有获得足够的客户，要么是因为它们无法为那些已经获得的客户提供有价值的服务。这就引出了一个问题：具有颠覆性的新企业应该如何获得它们的第一批客户？

专业化与市场增长

为了全面了解没有历史或声誉的新企业是如何从成熟市场的老牌企业那里窃取客户的，让我们退一步，回顾一下市场是如何发展的。大多数市场都起源于那些在一定程度上对所有客户都有吸引力的、销售大量或无差别产品的企业。一家公司发现了一个机会，开发了一个单一的、独特的产品来占领大部分市场。它通过确定客户关心的主要维度和准确定位产品来占领大部分市场，大致处于这些维度的中心。1858年，梅西百货公司看到了一个机会：在一家大型商店以合理的价格销售多种优质消费品，为客户提供便利。在早期，它不是最便宜的商店，不是最高端的，也不是最方便的。但它在各个方面都做得相当好，吸引了许多愿意在一个或几个维度上妥协的购物者。

作为快速增长市场中的第一项业务，百货类产品最终吸引了竞争对手。那些考虑进入老牌企业原始市场的人可以通过发展新的百货类产品来与它们竞争。但这将是愚蠢的，因为客户不会明确区分新产品和老产品。因此，新的进入者通常是专业化的。也就是说，它们选择了一个或几个它们知道客户可能更看重的维度，创造了所谓的利基产品。它们在这些维度上明显更强。这使得新兴企业能够迅速赢得新的客户，例如那些看重低价、高质量或便利的客户，而不是那些看重种类或定制的客户。对百货类产品的零售商来说，这意味着它们的一些客户会投奔利基产品的提供者。

多年来，利基市场的参与者似乎在挑战梅西百货公司和其他百货公司的统治地位。在大幅增长并居于美国百货类产品的领导地位之后，沃尔玛开始以较低的价格推出品牌服装。Nordstrom开始销售高端服装和定制服装。而像Gap这样规模较小、特许经营或个体经营的商店，凭借设在购物中心内的方便购物的时尚店面吸引顾客。为了满足客户对专业化产品的需求，新兴企业出现了，每家企业都会选择关键维度中的一部分进行开拓。

随着越来越多的新进入者涌入赛场，最初的百货零售商的产品成了中间产品：不是最便宜的，也不是品种最多、质量最好的。正如顾问们所说，它"被困在中间"，市场份额随之减少。到2018年，像尼曼（Neiman Marcus）和西尔斯（Sears）这样的大型百货公司陷入了困境，面临破产的风险。其他的百货商店，包括杰西潘尼（J. C. Penney）和梅西百货也在苦苦挣扎，被困在中间，无处可去。随着越来越多的利基市场参与者进入市场，未能做出果断反应的老牌企业将市场份额输给了"吃边角料"的专业化参与者。图7.1表现了从百货零售商的角度看市场的演变，利基市场参与者从边界发起攻击。

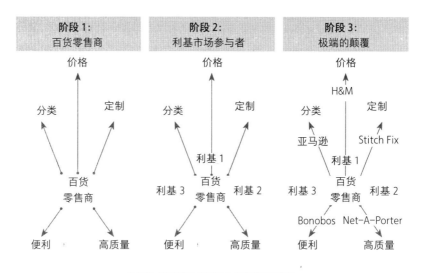

图7.1 服装领域市场占有情况的演变

在随后的市场专业化阶段，新一批新兴企业提供的产品在一个或两个维度上明显更强，它们使用数字化工具来降低客户的成本。以我们的零售业为例，过去几年，新的服装颠覆者进入了市场。服装品牌Bonobos和眼镜品牌Warby Parker等初创企业向客户提供定制产品，让他们无须逛实体店，在家中就可以方便购物，从而获得利润。Indochino 提供价格合理的定制西装和衬衫，从而发展壮大。Stitch Fix 提供服装定制。甚至不再是初创公司的亚马逊也选择了这种方式，创立了亚马逊时尚（Amazon Fashion），这是售卖各种商品的电子商务巨头旗下的一家速递服装初创公司。从诞生的那一刻起，亚马逊时尚就宣称自己有市场上最多的产品种类和非常合理的价格。

这些时尚颠覆者通过进入对客户来说非常重要的一个维度，并且在这个维度（例如，价格、精力或时间）提供强大的产品，吸引了一小部分对这个维度非常关心的客户。事实上，这些购物者非常在意这个维度，他们会很快从老牌公司转到这些初创公司。当这些初创公司在某个维度上获得了该维度主要提供商的地位之后，它们就开始征服邻近的维度。总的来说，这些多个维度的颠覆性的初创公司进一步困住和扼杀了原来的利基市场参与者和原始的百货零售老牌公司。

解耦也倾向于遵循这种动态。从这个意义上说，它确实是一个专业化的理论。正如我在第三章提到的，有时候你的客户想要专业化，这就给初创企业提供了一个机会。但是，解耦不是基于客户类型或产品类型的专业化，而是基于组成客户价值链的活动的专业化。如果你正在开创一项颠覆性的业务，特别是一项寻求解耦活动的业务，那么你需要了解市场中专业化的发展过程。哪些客户有动机去解耦？他们感兴趣的方面是什么？你怎样才能为自己获得这些客户活动？这一定是你一开始要解决的主要问题。

双重解耦者

为了回答这些问题，我们来考虑一类特殊的颠覆性业务：在线市场。众所周知，这些市场很难起步，但一旦建立起来，建立它们的公司就会成为最有价值的初创公司之一。分析这些公司是如何起步的，可以为其他颠覆性初创公司提供有价值的指导方针。

我们可以将在线市场定义为吸引和匹配两种不同类型客户的数字化平台。优步将汽车驾驶者与汽车乘坐者匹配；爱彼迎将房主与短期租赁者匹配；易贝将卖家与买家匹配；Etsy 将工匠与买家匹配。但它们并不是唯一一种起到两面市场作用的在线企业。找工作网站将雇主和雇员相匹配。媒体公司本质上是作为一个平台，将客户与广告商进行匹配。即使是一家没有存货，只是在其网站上展示第三方产品的零售商，也可以作为一个市场或平台，将制造商与购物者匹配起来。

在《国富论》中，亚当·斯密提出了"看不见的手"的概念，它通过帮助匹配商品的需求与供给来激活市场。在互联网出现之前，司机和乘客长期以来可以在出租车和乘车服务的市场上自由交易，正如出租房屋的业主可以自由将房屋出租给短期租客一样，工艺品的制造商和买家也可以自由地寻找对方并进行交易。理论上，"看不见的手"会帮助这些销售商和生产商自动找到彼此。当然，在实践中，这种匹配有时不会发生。一个需要搭车的人可能站在离任何可载客的司机数英里远的街角。或者一个想租房子的人可能忽略了几个街区外的一个有吸引力的房子。纯粹由市场驱动的匹配往往被证明具有挑战性、不灵活，也不透明。网络市场所做的就是取代"看不见的手"，使销售（或购买）商品和服务的行为与这些产品的实际交付（或接收）解耦。

174

因为有效地帮助匹配了供与需，市场说服了潜在用户，这些网站将很快成为买家和供应商相遇和交易的最大聚集地之一。

假设你需要买一件独特的东西，比如一件很难找到的运动纪念品、一台二手电脑，或者有机西红柿。你可能会想到去逛一家专卖店而不是传统的百货零售店。但是，由于没有多少商店卖这些物品，而且你不想浪费时间开车从一家商店到另一家商店，你也可以选择前往跳蚤市场、旧货交易会或农贸市场等。在那里，你可以在看完所有卖家的摊位后选一个摊位，然后从那个摊位中选一件商品购买。这种"去市场"的活动可以在实体市场或在线市场进行，它构成了买方价值链的中心步骤（如图 7.2 所示，从左下角开始）。

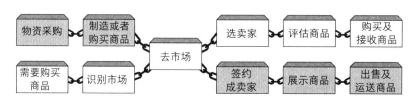

图7.2 易贝的供需双方客户价值链

制造商或供应商也是在线市场的客户，如亚马逊或优步。为了起步，这样的在线市场必须获得供应商并为其创造价值，就像为买家所做的那样。供应商也有自己的价值链（如图 7.2 所示，从左上角开始），包括采购自己的物资（如服装制造商的服装和西红柿种植者的种子），制造或购买商品，选择一个市场（地点）提供其商品，签约成为卖家，展示其商品，然后出售。以易贝网为例，它是各种商品的网上交易市场。作为一个双向平台，易贝网不生产它所销售的产品。相反，它将供需结合在一起，促进交易，使制造商和买方的客户价值

175

链交叉点上的活动解耦。在这方面，易贝使传统市场解耦。它也可以作为一个完全取代实际市场的替代品，让买卖双方相遇并完成交易。

仔细想想，易贝、Etsy、优步和爱彼迎等解耦者帮助解决了传统实体市场固有的一些低效率问题。通过使用技术、数据和网络，在线市场可以更好地平衡供求关系，增强参与者之间的信任感，提高销售商品的质量，并减少金钱、时间和精力成本。在线市场创造出的市场规模会大大超过线下市场，从而进一步减少双方效率低下的问题，这也是它们带来的额外的价值。

与其他颠覆者相比，双边市场的推出更具挑战性，也更复杂。只获得一类客户很难进行网上交易。双边市场必须为其平台获取两种不同类型的客户，每种客户都有不同的价值主张。优步上的乘客想要便宜且方便的车把他们带到目的地，而司机希望在这个平台上赚钱。你试图吸引的客户是这一类还是那一类，是企业家们面临的"鸡和蛋"的问题。如果你的找工作网站上还没有很多求职者，你要如何吸引他们加入，反过来你又该如何做呢？如果你成功地获得了这两类客户，那么你必须更进一步，促使他们快速有效地配对。如果你不这样做，客户就不会留在你的平台上。作为一个企业家，如果你能理解如何从零开始获取和留住两类客户，那么你就会知道如何为一家典型企业获取（两类中的一类）客户。

爱彼迎如何获得前 1 000 名客户

我们可以通过查看这些市场中的一个是如何起步的来总结一些获

得客户的基本原则。[1]让我们看一下爱彼迎是如何获得前 1 000 名客户的。2008 年，布赖恩·切斯基、乔·杰比亚和内森·布莱查兹克三个朋友住在旧金山，他们的职业是设计师。城市里即将举行一个大型的设计会议，而酒店空间有限。于是，切斯基、杰比亚和布莱查兹克决定出租他们的阁楼来赚些外快。他们建立了一个简单的网站，展示他们阁楼的照片，承诺早上为客人提供家常早餐。第一个周末，有三个租房者和他们住在一起，每人付了 80 美元。在那之后不久，切斯基、杰比亚和布莱查兹克开始接收来自世界各地的人们的电子邮件，他们知道将要发生些什么。三个月后，他们成立了自己的初创公司，时间正好是 2008 年在旧金山举行的民主党全国代表大会期间。这次大会为他们的网站带来了不少业主和客人。

最初，爱彼迎网站上的选项很少。创始人不知道如何克服鸡和蛋的问题。他们首先需要能住宿的房间和整栋房子，以吸引个人浏览网站。然而，为了让房主在网站上列出了他们的房屋信息，他们又需要寻找客户流量——想要租房的人。没有人会费心在一个访问量很少的网站上列出或搜索租房信息。事实证明，供给这一侧较难增长：许多人一开始对向陌生人开放家园的想法感到不舒服。潜在的房东不愿意迈出第一步，他们不想到处宣传他们的房屋信息。所以，创始人决定为他们做这项工作。爱彼迎也为那些在爱彼迎网站上列出房屋信息的用户提供将信息发布到克雷格列表网站的机会，尽管克雷格列表网站并不认可这种方式。爱彼迎还主动与克雷格列表网站上的房主联系，邀请他们在爱彼迎上发布房源信息。

在调用克雷格列表网站的过程中，爱彼迎努力将自己与老牌的在线发布房源的商家区分开。但克雷格列表网站拥有爱彼迎所缺乏的一项资产：庞大的用户群。爱彼迎知道，那些寻求不寻常酒店体验的旅行者会上克雷格列表网站。克雷格列表网站对爱彼迎来说是一个很有吸引力的"支线"，因为爱彼迎的房源往往比克雷格列表网站上的房源更加个性化，房源信息和照片也更好。在克雷格列表网站的用户眼中，爱彼迎更为详细的房源介绍吸引他们来到爱彼迎网站。在访问了爱彼迎的网站后，他们就倾向于下次直接通过爱彼迎预订房屋。

　　爱彼迎的创始人尝试了许多吸引房主进入他们网站的策略，他们认识到，在一个城市或国家起作用的方法在另一个城市或国家可能会失败。在法国，爱彼迎的第一批非美国目的地之一，爱彼迎的员工在几个地方进行了 A/B 测试。在一半的法国城市或城镇，他们用低技术、非扩展性方式接入并推广爱彼迎。由两三个人组成的团队与市场上为数不多的用户交谈，了解那里的情况。他们举办聚会和信息交流会，在镇上设立摊位，张贴传单，从他们遇到的每一个对出租房屋感兴趣的人那里获得联系信息。随后，他们又提供了更多的信息，制作了一份房源列表供潜在房东查看。在选择前去的另一半法国地区，爱彼迎使用脸书广告，这种标准的在线大众营销客户获取方法，吸引潜在的房东。在第一批城市和城镇中，爱彼迎对为吸引房主到爱彼迎网站所产生的成本（包括举办派对、设立展位和其他"实地"活动的成本）以及由此获得的房源进行了细致的跟踪。他们将这些费用与脸书的广告费用进行了比较，并跟踪了每一个广告的结果。结果发现，在爱彼迎采用低技术、非扩展性策略的城镇，获得客户的成本与其他城镇相比要低 1/5。

　　到 2009 年夏天，爱彼迎在一些地方发展迅速，但在重要的纽约市场并没有吸引到太多客户。为了了解原因，杰比亚和切斯基乘飞机前往，订了24位房主的房子（两人在旅行时使用自己网站的服务）。创始人们发现，房主在爱彼迎上的展示情况并不理想。正如杰比亚所说，"照片真的很糟糕。人们用手机的摄像头拍摄克雷格列表网站质量的照片。始料不及! 没有人预订这种房源，因为你看不到你租住的是什么样的房间"。杰比亚和切斯基为这个问题提供了一个低技术但有效的解决方案。切斯基说："一家网络初创公司会说'让我们发送电子邮件，教用户专业摄影，然后测试他们'。我们说'去死吧'。"[2]切斯基、杰比亚和布莱查兹克租了一架价值5 000美元的相机，挨家挨户地走，拍摄尽可能多的纽约市场房源的专业照片。这种方式使纽约市场房源的预订量增长了2到3倍。[3]到月底，爱彼迎在纽约的收入翻了一番。来自房主的更高质量的图片促使其他本地房主为他们的房屋拍下更好的照片，否则他们的房屋就不能很快被租下来。重要的是，它为未来的房东设定了一个高质量的摄影标准。

爱彼迎的创始人在早期通过使用这些策略，确保网站获得了第一批少量的房源，在此基础上再扩大他们的房源供给。这使得他们能够吸引并维持需求，进而慢慢吸引了更多房主出租他们的房屋。爱彼迎成功的飞轮一开始转得很慢，然后转得越来越快。最终的结果是，爱彼迎在未来几年内取得了巨大的增长。

爱彼迎的故事特别有趣，因为该公司并不是建立在全新的创新性想法之上的。许多在线企业已经在提供短期的家庭住宿，包括HomeAway、VRBO和Couchsurfing。然而，只有爱彼迎的用户群迅速从零增长到数千，然后又增长到数百万，这证明了它在培养第一批客户方面的实力。

那么，从早期获得客户的爱彼迎，到其他快速增长获得客户的 Etsy 和优步等企业，企业家们能从它们的故事中学到什么呢？[4] 分析爱彼迎的故事，我们可以看出以下七个原则在起作用。

1. **批量"购买"客户**。一个接一个地获取客户需要太多时间。一家小型初创企业需要获取大量客户，正如爱彼迎利用民主党全国代表大会，还有克雷格列表网站的用户群，优步和 Etsy 也很早就采取了这一策略。优步在体育赛事和音乐会结束时为客户提供服务，那时候很多人都在找车。[5] Etsy 的创始人前往大型工艺品交易会宣传他们的网站，并在每场交易会上签下整批的工匠。[6]

2. **不要直接对抗竞争对手**。初创企业必须避免将自己置于大型老牌公司的瞄准范围之内。不要以老牌公司的客户为目标，应该去寻找老牌公司不能或不愿服务的客户。音乐会结束后，需要出租车的人比出租车公司能应付的多。同样，当民主党全国代表大会等重大活动到来时，酒店也会满负荷运转。在这种情况下，优步和爱彼迎等初创企业从满足老牌企业满足不了的需求中获取利益，但继续处于巨人的"雷达"之下。当它们在市场上站稳脚跟时，巨人们就很难赶上了。

3. **采用非扩展性策略**。大型科技公司往往沉迷于追求可扩展的策略。如果一种策略不适用于成千上万的客户，这些公司就会认为这种策略不值得采用。专家们经常建议初创公司采取相似的行动。然而，初创企业和大型科技公司有着不同的需求。初创公司迫切需要前 10 位客户，而大公司并不在乎在它们已经十分庞大的客户基础上再增加 10 位客户。比如，你可以像爱彼迎一样冒险到人们的家里，雇用摄影师为房主拍摄专业照片，或者像 Etsy 那样派人去集市，促进用户增长。要启动一项颠覆性的业务，无论最初的影响有多小，你都要专注于那些看起来有效、能够洞察客户、满足其需求的策略。规模在公司生命周期的后期才会成为关注点。如果早期没有客户，就没有什么可扩展的。

4. **培养你的早期客户（从供应方开始）**。一家初创企业的初始客户为其提供了巨大的帮助，但他们与公司的关系极为脆弱。一次失误，客户就消失了。如果他们留下来，就像优步、爱彼迎和 Etsy 一样，他们就会帮助你吸引更多客户，创造一个强大的间接网络效应，成为增长的动力。如果要建立一个双边市场，在获得需求方的客户之前，你先要集中精力获得供应方的客户。无论是否可以盈利或以可扩展的方式这样做，你都要给所有客户提供最好的体验。这项早期投资将产生回报，正如我们将看到的，你的第一批客户发挥的作用不仅是为你的公司提供运营费用。

5. **使用低技术的离线工具**。科技初创企业往往不使用离线工具来获取客户，如组织活动、开展实地业务或激励客户与熟人谈论其服务。然而，爱彼迎对此类工具的利用推动了其早期增长。随着时间的推移，随着公司增长率的稳定，它才转向通过在线渠道来获取客户。

6. **先运营后技术**。技术可以帮助扩大业务，但通常不能帮助业务起步。一家颠覆性企业要想成功，就必须完成一些简单、实际的工作。在线市场必须使供应和需求相匹配。在早期，你不能指望技术独自完成这项艰巨的任务。优步挨家挨户地让第一批司机报名。爱彼迎也对其房主采取了同样的措施，当爱彼迎说服人们列出他们的房屋信息时，它的员工特意为每套房子都找来一个租客。[7]平台经理必须拉住买家的手，为其找到供应方，这样才能进行交易。否则，买家和供应

181

方就可能无法匹配，他们将不会返回平台。任何想吸引客户的颠覆性企业每次行动都必须吸引一个客户。技术只有在后面的阶段才能发挥作用，加速这一进程。

7. **从客户的角度看待你的业务**。我已经强调通过客户的眼睛观察颠覆的重要性了。这对在线市场来说有双重原因，因为它们的客户群是不同的两类人。优步和爱彼迎的首席执行官们经常使用自家的服务，以了解和体验他们的买家正在经历的事情。[8]他们还确保自己理解供应方在开车或租房方面面临的挑战。任何寻求吸引客户的新业务都必须站在客户的角度，深入思考，进行运营调整，以降低这两类客户付出的精力、时间和金钱成本。

我从我对双边市场进行的研究中得出了这些原则，我在与许多行业的数十家颠覆性初创企业合作时也发现了这些原则的实际作用。[9]本章开头关于Rebag的故事，就是一个很好的例子。在获得启动资本后，创始人查尔斯－阿尔伯特·戈拉并没有专注于构建技术基础设施，没有创造出10倍好的产品，也没有设计出端到端的体验。他试图了解如何说服女性在自己的网站上销售手提包（原则4：首先获得供应方客户）。他有了一个重要的认识：拥有奢侈品牌手提包的女性并不在乎推销的过程，只在乎结果。她们想要一个快速、毫不费力、能为她们赢得一大笔钱的销售过程。这些担忧解释了为什么女性不会在易贝（太难）或寄销店（花费太长时间、太多钱）出售她们的二手包。

戈拉意识到他必须降低客户付出的精力、时间和金钱成本，于是想出了一个解决办法：由他的网站本身出价购买产品。女性可以去Rebag网站，快速提供她们包的品牌和类型信息，并上传每个包的几张照片。该网站将在24小时内告知她们网站会为购买她们的包支付多少钱。当客户接受该价格时，支票最多几天就到了。戈拉专注于满足客户的需求，推动了 Rebag 的商业模式。如果戈拉专注于自己的需求或投资者的需求，那么 Rebag 永远不会在找到买家之前就购买手提包并提前付款。如果不这样，Rebag 就会成为一个在线寄销店，一个匹配卖家和买家并收取佣金的平台，但它不会拥有任何库存。尽管戈拉显然更愿意降低运营成本，避免在有可能无法售出的存货上投入成本，但他还是选择了减少客户的摩擦成本（原则 7：从客户的角度看业务）。

2017 年夏天，当我与戈拉交谈时，Rebag 的手提包平均价格为 1 000 美元。最贵的一款你知道售价多少吗？是价值 1.3 万美元的爱马仕 Birkin Gillies Togo 手提包。二手包！一个新包的售价约为 2.1 万美元。当时，其他人没人购买二手高端包，然后再转手卖出，现金短缺的二手市场企业家不这么做，这些包的原始制造商也没这么做。戈拉发现了一个空白（原则 2：避免与竞争对手对抗）。

为了获得这些产品，戈拉需要增加债务和风险资本，让投资者相信他会好好利用他们的钱。特别是，他需要证明他可以买到正确的商品，那些商品不会被挂在虚拟货架上无法出售。他还需要证明，他可以支付合适的价格获得二手包。如果出价太高，他就会没有利润；出价太少，供应方就不肯出售。最后，他需要证明，他可以以合适的价格转售。这就是 Rebag 商业模式创新的地方：Rebag 需要开发一种算法来决定购买什么、支付多少以及售价多少。

作为一个二十多岁的男性，戈拉对手提包的了解正如你所料（换句话说，不多）。他从未设计、生产或销售过女包。然而，他曾在高盛做过投资银行家，并在私人股本公司德太资本（TPG）工作过，这

183

些经验现在派上用场了。戈拉利用他在金融工具定价和识别套利机会方面的知识，以前所未有的方式将其应用于奢侈品手提包业务。谁会去想金融产品和奢侈品手提包有什么共同点呢？但他做到了，戈拉的创新说服了风险投资者，促使他们投入资金，戈拉用这笔钱首先发展业务，然后购买库存，最后建立技术（原则 6：先运营后技术）。起初，风险投资者希望只为轻资产在线寄售或市场业务提供资金。然而，戈拉为卖家找到了更好的方法，他也成功地说服了知名投资者相信这是个好机会。截至本书撰写之时，Rebag 已获得 2 830 万美元的风险投资，其最新的 B 轮融资带来 1 550 万美元。这对一家成立三年的初创企业来说还不错。

当我最后一次和戈拉交谈时，他注意到他最大的挑战是"试图销售一项大多数高收入女性都不想要的服务。"正如他所说，"很少有人会去谷歌搜索'如何卖掉一个包'"。因此，他无法使用搜索引擎广告来获得客户。大多数在线渠道，如社交媒体或显示屏广告，也不起作用。正如戈拉意识到的那样，他需要向客户传递出售手提包的想法。迄今为止，正如戈拉所描述的，Rebag 最成功的营销活动就是告诉人们"你可以立即通过你的衣橱赚到钱"。Rebag 建立了一个内部销售人员团队，他们会接触有影响力的人、个人购物者、服装顾问和在高端商店工作的销售人员，请他们向客户介绍，让客户知道他们可以在 Rebag 上出售他们不想要的手提包（原则 1：批量"购买"客户）。如果这些有影响力的人注册成为 Rebag 的会员，他们就可以收到在他们的帮助下获得的任何手提包生意的佣金（原则 5：使用离线工具）。戈拉说："这一会员计划是迄今为止最便宜的获得客户的渠道。"

在得到了数千会员后，戈拉得出结论，这种低成本的方法是不可扩展的（原则 3：采用非扩展性策略）。他不能简单地将投资翻一番，雇用更多的内部销售人员，并利用这一渠道快速增长。为了推动下一阶段的增长，他必须找到并开发其他渠道。其中一个效果还算不错的选择是在小众有线电视节目中播放直效广告。不过，这些广告的传播范围有限。社交媒体的传播范围更广，但效果并不理想。当戈拉探索其他可用的获取客户的渠道时，他面临着成本效益和可扩展性之间的内在权衡。没有一个既定的渠道能够同时提供高覆盖率和高成本效益。因此，他需要找到最便宜的客户获取渠道，而这种渠道可能规模并不大。随着时间的推移，他将不得不试图通过放弃尽可能少的成本效益来增加规模，紧跟有效边界的曲线（见图 7.3）。到 2018 年底，Rebag 没有将大众媒体作为获取客户的渠道。不过，我认为公司的稳定增长有朝一日会迫使戈拉考虑这一点。

随着 Rebag 掌握了奢侈品包二手市场的卖方，戈拉将注意力转移到了买方。他用部分风险投资资金建立了 Trendlee.com，一家二手高端手提包的在线零售商。事实上，戈拉正在建立一个双边市场，将购买和销售手提包视为两种不同的业务。"Rebag 拥有高端老客户"，他说，"它承诺提供便利，而 Trendlee 是一个有抱负的价值投资，它的客户更年轻，相对来说不那么富有。它们之间有重叠，但重叠部分不多。"戈拉计划在以后将这些品牌整合，但前提是"购买和转售二手手提包的人群是同一个"。

买卖二手手提包是一种创新吗？对制造商来说是颠覆性的吗？我在一个关于数字化颠覆的研讨会上，向积家、香奈儿和爱马仕等奢侈品品牌的高管授课，他们非常关注在线二手市场。最大的问题是：世界需要我们制造更多的豪华包，还是仅仅需要更有效地分配已经在流通中的包？戈拉似乎认为是后者。正如我在第六章所说，当你的一些客户质疑你所在的整个行业的价值时，最严重的颠覆就会出现。

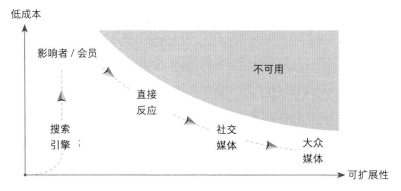

图7.3 Rebag客户获取渠道路径示意图

注：此图表中的渠道和媒体可能不适用于所有初创公司。

不管是有意还是无意，戈拉用了所有七个原则来获得他的第一批客户，并取得了巨大的初步成功。当然，随着业务增长并获得新的客户群，他将不得不偏离这些原则。这些原则可以帮助你开始一项颠覆性的业务，但当你试图开拓出一个大众市场时，当你迎来第一个百万客户，或者第一个千万客户时，这些原则并不总是适用。戈拉将不再专注于供应端、运营建设和非扩展的离线方法，而是将更多的精力放在需求端、技术建设和可扩展的在线工具上。戈拉仍然需要迎合他的客户，但他不能只考虑早期用户的需求，而是必须理解和满足更大、更多样化的人群的需求。放弃过去的工作并不容易，但这是绝对必要的。为了保持增长，Rebag 必须成长。

客户的多重角色

正如我试图阐明的，解耦理论促使我们将获取客户活动视为任何新的颠覆性业务的最核心的任务，无论是初创企业还是新的企业风险项目。创业者与其用各种各样的目标和努力压倒自己，不如把精力放在选择服务哪些客户上，然后用心去争取他们。查尔斯－阿尔伯特·戈拉就是这样做的。他所做的每一个决定，从产品开发到运营、技术和招聘，都力求以合理的成本获得客户。戈拉知道，没有足够的客户，就没有建立其他任何东西的理由。

作为一个创业者，当你获得客户时，你需要确保你真正为他们提供价值。通过以客户需求为中心，你获得的益处将远远超出获得的报酬。所有公司都需要以研发来制造和测试新产品，以营销来做广告，以运营和品控来服务客户、解决产品问题以及客户问题。初创企业通常在早期没有如此庞大的劳动力。幸运的是，它们不需要。通过明智地选择第一批客户并为他们提供良好的服务，初创企业可以用更少的成本做更多的事情。

早期的爱彼迎客户帮助公司改进了平台，提醒创始人哪些是好的，哪些是不好的。事实证明，这些客户更能容忍错误，他们愿意耐心等待改进，因为他们在这个过程中有发言权。优步和Etsy的客户通过提供免费的口碑营销来支持这些网站。早期客户甚至可以提供售后支持。在我提供建议的一家云软件初创公司，CEO决定将新用户的问题和疑难问题发送给他最老最忠诚的客户，而不是雇用客服人员。后期的用户很少会提供这种支持。事实证明，一家公司的第一批客户扮演着许多角色，这些角色的工作后来往往是由公司的员工完成的。当然，你需要激励客户，比如给予某种形式的金钱补偿，如折扣或介绍费，或提供非金钱的额外优待，如 VIP 待遇。

最后，我用两个主要因素解释初创企业的失败。毫不奇怪，第一个因素是新企业未能获得足够的客户。本章讨论了这个问题。创办一家公司意味着获得足够的合适的客户，这就引出了第二个不太明显的因素。通常情况下，新的风险项目为客户创造了价值，却无法为自己获得足够大的价值份额来维持业务。在进入下一阶段之前，消除这种价值的漏损（正如我们在第五章看到的）是一个必要的先决条件。

在获得了大约 1 000 名客户之后，初创企业必须进入一个完全不同的阶段——规模增长阶段。增长的必要性促使企业家解决诸如开发什么样的新产品或新市场、如何建立规模经济和范围经济、从老牌企业那里窃取什么样的活动以及如何组织新员工等问题。即使扩大了规模并获得了新客户，企业家也必须解决这些问题。这是一个相当大的挑战，正如我们将在第八章看到的，解耦提供了一个迎接挑战的新视角。

从 1000 名客户到 100 万名客户

一家新企业一旦通过获得第一批客户证明了其商业模式的优点，它的下一个挑战就是发展。发展在许多情况下是指公司从单一产品业务过渡到销售多种产品。公司应该创造和销售什么样的新产品或新服务？它应该进入哪些市场？一个显而易见的答案可能是，选择那些经济势头良好和高增长率的行业。正如著名投资者沃伦·巴菲特说过的："当一个以卓越著称的管理者应对一个面临经济困境的行业时，完好无损的往往是这个行业的声誉。"所以，最好避开疲软的市场，跳入强劲的、正在增长的市场。

然而，这种方法可能没有看上去那么简单。贝恩公司（Bain & Co.）1991 年一项关于企业成长的研究发现："与传统观点相反，对企业来说，最有利的成长并不来自投身'热门'行业和顺应潮流。事实上，许多获得持续利润增长的公司所处的行业似乎已经成熟。"[1]问题在于，竞争者往往涌入"热门"市场。如果许多强大的竞争对手同时涌向一个快速增长的市场，那么市场份额和利润就会变得更难获得。贝恩公司发现，在 80% 的情况下，一家公司的高增长率归功于竞争对手的业绩，而非其选择进入的市场的历史增长率。[2] 房地产行业提供了一个很好的例子。世界上许多城市的房价都出现了多年两位数的上涨。这种持续的增长促使许多承包商投资建造房屋。然而，由于过度竞争，很少有人会从这种增长中获益。

为了快速增长，新企业必须在选择市场时着眼于获得竞争优势。但是怎么做呢？早在 20 世纪 90 年代初，C. K. 普哈拉和加里·哈默尔就建议，企业应该进入这样的市场：在该市场中企业可以运用自己的特殊技能或发挥自己的优势，或者拥有他们所称的"核心竞争力"。可口可乐的营销和分销表现非常出色。迪士尼擅长塑造家庭友好型的角色以及相关的故事线。富达（Fidelity）在低成本基金管理方面大放异彩。这些是它们的核心竞争力。专家建议，这些公司在推出新产品和进入新市场时应坚持使用和发展这些能力，它们会因此而具备比竞争对手更大的优势。根据《经济学人》的说法，"从核心竞争力、核心流程、核心业务，到核心的一切，这些概念构成了一个公司的本质。管理顾问鼓励企业专注于核心，在快速变化和不可预测的时期将其作为未开发的潜在资源。"到了 21 世纪初，贝恩的顾问克里斯·祖克和其他人创建了这些概念，认为公司应该在与现有业务相邻的新市场中开拓业务，同时进一步提高它们的核心技能。

从一开始，"核心竞争力"的概念就有些模糊。这是一种技能吗？一个过程？一种能力？它们之间有何不同？祖克在 2001 年出版的《回归核心》（与詹姆斯·艾伦合著）一书中给出的答案是，将核心竞争力视为"战略资产"，并提出各种相邻空间，公司可以考虑将这些资产部署在何处。[3] 宝洁可能会将其有价值的技能用于销售针对中产阶级与相邻顾客群的消费品，向高收入家庭销售洗漱用品、口腔护理产品和护发产品。通用电气在工业制造业拥有资产，在电力、航空、医疗设备和大家电等相邻行业也创造了价值。迪士尼利用其在美国建立家庭品牌的技能进入相邻地理区域，如东京和香港。沃尔玛利用其在耐用消费品低成本采购方面的核心技能进入相邻渠道，例如在特惠店批量销售农产品和在超级购物中心销售杂货。戴尔已经将其直接向客户销售计算机的技能用于公司价值链中的相邻活动，如准时制生产和对外物流。总之，祖克和艾伦提出了 6 种不同的相邻类型。在每一个类别中，高管们都可以从众多选项中进行选择。

明确核心竞争力并向相邻领域发展的战略在概念上是可行的，体现了规模经济和范围经济产生的协同效应的概念。大多数企业从利用规模经济开始，反复生产相同的产品或提供相同的服务，实现了更大的市场渗透。规模生产的效率使这些企业具有优势，与竞争对手相比单位成本降低了。当需求枯竭时，它们可以转向多元化战略，在新市场生产产品和提供服务，发展范围经济。通过生产两种或两种以上需要类似技能或资源的不同产品（如公共汽车和卡车），它们也降低了单位成本。在这两种情况下，公司自身成本的降低都会带来收入的增长，因为公司要么向客户收取更低的价格，要么获取更高的利润进行再投资。

优步最初的业务是让人乘坐它的车，发展起来后它让不同的城市中更多的人乘坐它不同类型的车（先是"黑车"，然后是私家车）。2016年，优步将重心从扩大转移到拓展。它部署了与它主要的共享汽车业务有关的映射和路由算法，以启动其他业务：一个名为 UberEats 的食品递送服务和一个名为 UberRush 的包裹递送服务。为了这些新业务，优步在全球范围内雇用了 4 000 万名司机，使他们的空闲时间得到更

191

有效的利用。在两次乘车之间，司机们可以为优步送比萨饼赚取几美元。据报道，该公司创建了一个名为 UberEverything 的部门，目的是围绕其在打车业务中的核心竞争力，寻找相邻机会。[4]

现在，判断优步在核心竞争力的基础上发展并扩展到相邻市场的做法是否会在帮助企业规模扩大之外刺激其快速增长，还为时过早。在许多公司，这种方法确实奏效了，但也带来了显著的负面影响。当你开展相邻的业务时，你现在的客户可能会认为它与你之前的业务并不相关。在这种情况下，你将再次肩负起获得一群全新客户的重担。2006 年，可口可乐公司凭借其在含咖啡因饮料方面的核心竞争力，推出了一款咖啡味软饮料，在快速增长的咖啡市场上展开竞争。这种饮料并没有受到客户的欢迎和认可，可口可乐公司只好在一年后就停止生产该饮料。同样，高露洁决定在其口腔护理的核心竞争力基础上，拓展速冻食品业务。1982 年，它推出了一系列高露洁品牌的速冻主菜。就连高露洁最忠实的客户也对这种新奇的产品表示怀疑。问问你的客户。作为一个品牌经理，你可能会惊讶地发现他们认为你的品牌种类远不如你认为的那么多。你所说的近在咫尺，他们可能认为远在天边。

传统"相邻"方法的第二个缺点是，大多数企业在分析可能进入的相邻市场时，都会发现众多的选项——也许有点儿太多了。微软在原有的 Windows 桌面操作系统之外，本可以进入相邻的服务器操作系统市场、相邻的桌面应用程序市场、相邻的桌面硬件市场、相邻的小企业服务市场或相邻的消费娱乐市场。它本可以进入大量的额外市场，而这些市场距离它原来的市场大约只有一步之遥。自 20 世纪80 年代以来，微软确实进入了多个相邻市场，在某些情况下（Office

和 Xbox）取得了巨大成功，在其他情况下（Windows Phone 和 Zune MP3 播放器）则出现了惊人的失败。我们可以在公司现有能力的基础之上发展如此多的业务，以至我们很难决定到底要发展哪种业务。所以，一定还有一种更加清晰明确的方式来实现快速增长。

在客户价值链周边发展业务

另一种方式植根于解耦理论。绝大多数传统的增长方式都与企业方面的协同效应有关："我如何利用我强大的品牌、庞大的分销网络、营销能力、生产技能或知识产权来开发新产品或市场？"但是，我们可以从客户的角度提出类似的问题："如果客户购买我的产品是为了完成他们的客户价值链中的许多活动中的一项活动，减少他们的金钱、时间和精力成本，那么我们如何使他们完成客户价值链中的相邻活动变得更值得呢？"或者，换句话说："我们还可以为解耦客户提供什么活动，以便客户完成这两项活动（可能还有其他活动）的总成本低于他们在老牌企业那里完成活动所花费的成本，并低于他们使用不同的供应商完成所有活动时所产生的成本？"从这个角度出发，我们就可以找到客户方面可能产生的协同效应。

客户方面的协同效应：客户在一家公司完成多项活动时花费的总成本降低。[*]

---

[*] 我的同事巴拉特·阿南德首先向我提出了这个想法。

成本降低再次推动了客户行为。企业在哪里可以找到进一步降低客户成本的机会？找到它们的最简单方法是评估客户价值链。客户方面的协同机会最有可能存在于客户价值链上相邻的活动中。如果你的公司能够提供这些协同效应，那么与你解耦的客户现在就有了选择在你这里完成其他活动的动力。我把这些额外的活动称为客户价值链中的邻接活动，它们与企业成长过程中的下一阶段密切相关。

客户价值链中的邻接活动：客户选择与老牌公司解耦的活动之前和之后的活动。

在 21 世纪初，当我做顾问的时候，我经常会在 Hotmail 上收到电子邮件，告诉我我正在访问的公司以及它所在的城市的相关信息。我会访问一个搜索引擎，如 Altavista，来获取公司的街道地址，然后单击 MapQuest 在地图上查找位置。我会打开另一个浏览器窗口，启动 Expedia 来购买我的机票，然后返回 Hotmail 查看我的机票确认邮件。总而言之，我不得不在 4 个网站之间切换，每个网站都有自己的登录名，在它们之间复制和粘贴信息，偶尔还会遇到"网站关闭，正在维护"的问题。此外，每个网站都试图向我推销付费订阅版本的服务，这进一步浪费了我的时间，也考验了我的耐心。打开谷歌吧。2004 年推出的 Gmail，只需点击一下鼠标，我就可以把搜索和电子邮件结合在一起。2005 年推出的谷歌地图（Google Maps）只需点击 Gmail 中的一个地址，我就可以在地图上看到它的位置。几年后，2011 年谷歌推出了 Google Flights，我只需点击一次，无须复制或粘贴信息就可以购买机票。通过减少我所付出的精力和时间成本，谷歌承包了我工作相关的旅行的客户价值链中的所有邻接活动。

寻求客户方面的协同效应比寻求传统的企业方面的协同效应具有更显著的优势。虽然许多业务可能与你的核心业务相邻，但只有少数业务与你提供给客户的现有客户价值链活动相邻。此外，你可以很容易地识别这些邻接活动。在大多数情况下，一项活动只有两项邻接活动，一项紧接在前面，一项紧跟在后面。虽然公司有时也会考虑与解耦活动接近的非邻接活动，但邻接活动仍然是当你尝试拓展业务时的首选项。*你仍然需要确定如何从其他人那里"窃取"这些活动，无论是老牌企业还是独自完成这些活动的客户。通过解耦来实现这一点需要使用第三章讨论的原则，显著降低客户完成这些活动的成本。

通过耦合实现增长

一旦你的业务成功地为你早期客户提供了邻接活动，你就必须确保新提供的活动与原先提供的活动之间存在并具有很强的客户方面的协同效应。否则，你可能会获得提供新活动的能力，但失去提供旧活动的能力。正如我们在第三章看到的，你应该通过关注我们所说的整合成本来加强你所提供的新活动之间的联系。与在其他地方完成这两种或两种以上活动的成本相比，你要确保在你这里完成这些活动所需的成本更低。如果在选择电子邮箱时选用微软旗下的

---

* 例如，"搜索"和"选择"是客户价值链中的邻接活动，"支付"和"收货"也是邻接的，但"搜索"和"支付"不是邻接的，"选择"和"处理"也不是邻接的。

Outlook，你就可以用 Skype（被微软收购）通过你的电子邮箱账户轻松地与每个业务联系人联系。当和他们交谈时，你可以从微软收购的另一家公司领英（LinkedIn）上快速获取他们的信息。如果你将两项活动以有利于客户的方式整合在一起，你就可以继续跟踪邻接活动，沿着客户价值链向外移动，如图 8.1 所示。通过耦合形成增长的基础。

耦合：按顺序添加和加强从老牌企业那里捕获的邻接客户活动之间的连接的行为。

理论上，耦合的过程可以一直持续下去，直到颠覆者从传统的老牌企业那里吸收所有的活动，成为新的老牌企业。当然，作为颠覆者，你也要保护自己不受新的解耦者的影响。为此，你需要增加将活动绑定起来的整合力量。你要继续为你的客户提供成本效益，只有这样他们才会希望他们的活动始终与你的企业绑定在一起。

因此，解耦理论为我们指出了另一种促进增长的方式。首先，加强核心活动（你最初解耦的活动）。然后，扩展到邻接项，一次只集中发展一项活动。加强整合环节，将新提供的邻接活动绑定在一起，然后转移到其他附加邻接活动中。因为一项活动只有两项直接邻接的活动（也许还有其他一些密切相关的活动），所以增长的过程变得更加可预测，也更容易让你的整个组织可视化。你要从你的核心业务活动开始，沿着一个单一的维度，用一种严谨的方法向外探索。你的增长过程会变得更加有条不紊和可预测，从而更有可能成功。

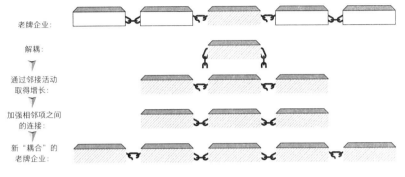

老牌企业：

解耦：

通过邻接活动
取得增长：

加强相邻项之间
的连接：

新"耦合"的
老牌企业：

图8.1 耦合邻接活动取得增长

阿里巴巴的增长秘诀

要了解企业是如何利用客户方面的协同效应来实现增长的，可以参考阿里巴巴。阿里巴巴由英语教师马云于1999年创立，到2019年，阿里巴巴已成为全球市值最大的公司之一，在零售、电子商务、在线云服务、移动电话、物流、支付、内容等领域拥有超过100亿美元的业务。2011年至2016年，该公司的收入以年均87%的复合增长率增长。利润增长了94%，现金流增长了120%。[5] 如此快速的增长对这样一家规模庞大、实力雄厚的数字化公司来说极不寻常。然而，阿里巴巴在成立近20年后仍以惊人的速度在增长。

那么，阿里巴巴是如何做到的呢？该公司成立于1999年，最初是一家企业对企业（B2B）在线交易平台，之后进入了消费者对消费者（C2C）的电子商务领域。2004年，阿里巴巴推出了商务沟通服务阿里旺旺和在线支付服务支付宝。第二年，为了向消费者提供内容和网络服务，阿里巴巴又收购了雅虎中国。2008年，它推出了一家面向用户的在线零售商天猫，在 2009 年推出了云存储公司阿里巴巴云计算。其他新启动的业务依次进行：名为阿里云的移动操作系统开发初创公司（2009 年）、名为一淘的搜索引擎公司（2010 年）和名为菜鸟的物流联合企业（2013 年）。2015 年，阿里巴巴控股智能手机制造商魅族。请注意，这些公司中有多少属于祖克和艾伦所指的非相邻行业。零售业、云计算、支付、物流和电子集成电路制造业之间的范围经济还不是很清楚。这些行业的业务需要不同的资源和不同技能的员工。那么，为什么该公司不坚持其最初的企业对企业在线市场，并专注于那里的增长，通过传统的规模经济来主导市场和加强竞争优势？可以说，阿里巴巴本可以向更多市场的更多客户销售更多产品。毕竟，这正是沃尔玛在 20 世纪下半叶为了增长所采取的行动。

阿里巴巴的扩张战略完全集中在客户方面的协同效应和客户价值链中的邻接活动上。2016 年，约 50% 的网上购物是通过手机进行的，其余的则是在笔记本电脑、台式计算机和平板电脑上进行的。[6]要在网上购物，购物者首先必须决定使用哪种设备访问互联网，并决定使用哪种操作系统和浏览器组合。之后，大多数购物者打开浏览器，点击网站，访问他们的电子邮箱、社交网络、聊天应用等。在某个时候，他们发现有必要进行购买，并在电子商务网站之外（例如在谷歌或百度上）或电子商务网站之内进行搜索。购物者以这样的方式去最合适的电子商务网站购物。在中国，企业客户去阿里巴巴，而普通买家去淘宝购买卖家的产品，或去天猫购买零售商的产品。为了获得更多的产品信息或议价（在中国是一种常见的做法），买家通常通过聊天应用程序与卖家交流。随后，用户需要支付购买费用，等待物流运营商送货上门。这代表了典型网购者的客户价值链上的活动。

分析这个客户价值链，我们发现了一个清晰的模式：原则上，客户可以与阿里巴巴旗下的多家公司合作完成每一项相关活动（见图8.2）。魅族生产手机，而阿里云开发操作系统。开始购买之旅的客户可以使用阿里巴巴旗下的雅虎中国等内容网站，进入一淘搜索引擎。然后，客户可以选择阿里巴巴的一家在线商店——阿里巴巴本身、淘宝或天猫，通过阿里旺旺与卖家沟通。最后，客户可以用支付宝付款，然后通过菜鸟合作伙伴接收商品。

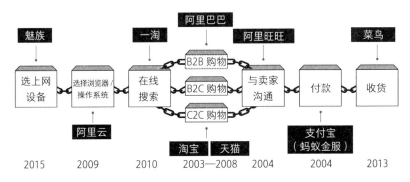

图8.2 阿里巴巴如何覆盖整个客户价值链

在初始阶段，阿里巴巴通过阿里巴巴网站专注于购物者客户价值链的一个阶段，逐渐发展壮大。然后，它向外转移，以获取其他客户活动。该公司没有通过进入相邻的传统行业的方法（支付、移动电话和算法不是相邻行业）实现增长，而是选择发展客户价值链中的邻接活动。到2019年，该公司的业务覆盖了客户价值链中的大部分活动。规模经济使阿里巴巴能够在某些方面实现企业方面的协同效应。沃尔玛就是这么做的：它在20世纪下半叶降低了物流和房地产成本，同时从出售耐用消费品发展到批量采购，然后发展到生鲜食品和汽油零售业。但阿里巴巴并没有立即寻求企业方面的协同效应。它真正的胜利在于实现客户方面的协同效应。

假设你是一个试图从卖家那里购买电视机的人。如果你可以轻松地搜索和比较可选项，在线与对方交谈，向对方付款，并在相同的环境（同一网站、同一登录账号、同一付款账号）中接收你的产品，那么购买的过程对你来说将变得更简单、更快捷。因为你并没有在不同的公司完成客户价值链上的不同活动，所以你不必担心它们会有不同的政策或提供不同的用户体验。这是一个完整和谐的过程。阿里巴巴从最初的业务向外发展，将相邻的客户价值链活动整合在一起，为购物者创造了多重协同效应。这促使更多的客户使用阿里巴巴不断增加的服务组合。通过维护客户的利益，阿里巴巴抢走了客户所有支出中的更大份额。其主要理念是什么？阿里巴巴已经在提供服务，因此它为这些新业务获取客户的成本大大降低。随之而来是阿里巴巴 90 亿美元的业务以及巨大的同步增长。

阿里巴巴并不是唯一一家在客户价值链内部实现适时增长的公司。爱彼迎本来可以选择围绕其核心竞争力发展，例如通过帮助客户租用长期住房、办公室或存储空间，将房主与租客匹配起来。然而它并没有这样做。2016 年爱彼迎推出了一个名为 Trips 的项目，为爱彼迎租客提供升级体验，帮他们预订当地活动，诸如佛罗伦萨的烹饪课程、巴黎的小提琴制作车间参观。该项目计划后来扩大到餐厅预订、航班预订和租车预订。[7] 正如爱彼迎首席执行官布赖恩·切斯基所解释的："你在酒店每花一美元，在航班上就会花一美元，在城市里就会花三美元。这被称为'每日支出'。从历史上看，它的规模还不足以适应大市场。它指的不是希尔顿的日常开销，也不是日常开销的增量。其实大部分的旅行开销都是每天的花费：你在哪里吃饭、娱乐，你整天做什么。因此，我们认为，从长远来看，这可能是最大的机会。"[8]换言之，爱彼迎也在打破传统的规则。它跟踪客户旅行中在各项活动上支出的金钱，活动包括计划日程、寻找房间和预订本地短途旅行等。爱彼迎在处理餐厅预订方面没有特别的竞争力，而且这部分业务主要是OpenTable等应用程序主导，因此竞争非常激烈。为了弥补这一缺陷，爱彼迎与一家名为Resy的专业服务提供商合作。当爱彼迎进入航班预订业务时，它同样需要开发或确保专业能力，它将与Expedia和Priceline等大型在线旅行社竞争。[9]谁将获胜？这取决于它们中谁将提供客户方面最大的协同效应。

尽管这些挑战听起来可能很可怕，但对许多公司来说，正面应对这些挑战是值得的。利用客户方面的协同效应的好处在于，它减少了企业为其新产品或服务寻找新客户的压力。它们所要做的就是把它提供给当前的客户，这是一项成本很低的任务。此外，新产品不必是同类产品中最好的。即使爱彼迎推出了一款"我也有"的产品或服务，它也可以为最初的客户提供价值。大多数商务旅行者更愿意使用同一款应用程序，在同样的环境中，通过同样的服务台、同样的支付方法来完成所有的需求。与从猫途鹰到希尔顿再到Delta再到OpenTable等相比，将这些整合起来提供给客户对他们来说明显更便捷。如果爱彼迎能够为其现有客户提供一系列相邻的服务，只要服务质量和价格与市场上的大部分相当，它就会成为一个更有吸引力的选项。

围绕增长来组织业务

如果你沿着解耦理论所建议的增长道路前进，那么你很可能会发现自己追随阿里巴巴的脚步，进入了截然不同的业务领域。如果你成功了，那么你早期的客户也将从中获益，他们将以不断增长的业务份额回报你。考虑到这些企业成功所需的不同竞争力，像迪士尼和可口可乐那样，围绕相同的技能和流程来构建企业是没有意义的。新的业务可能需要截然不同的功能，所以像宝洁那样围绕功能角色组织业务也没有意义。最有意义的是围绕客户和你为他们提供的价值来组织业务。随着业务扩展到客户价值链的不同部分，围绕客户价值链组织公司也是很自然的。你的业务部门应与客户价值链的主要活动一一对应。正如老话所说，结构追随策略。

有一点需要注意。正如我在第三章讨论的，客户价值链上的活动可被分为价值创造活动、价值收费活动和价值侵蚀活动三个类别。把业务联合起来以及把一个业务单元定位为唯一的价值收费实体没有什么意义，或者更糟的是，把另一个业务单元定位为唯一的价值侵蚀单元。每个业务单元必须持续运行一项业务。因此，每个业务单元应至少负责一项价值创造活动和一项价值收费活动，并由单元负责人监督。在每个业务单元中，不同的部门可能分别专注于价值创造部分（产品开发、营销、运营等）、价值收费部分（如盈利或财务）和价值侵蚀部分（如合规检查）。最后，所有单元都应该向一位公司首席执行官汇报。随着潘多拉的增长，它覆盖了用户客户价值链中的多项活动，该公司可以将自己组织成两个独立的业务单元，一个负责客户价值链中的收听部分，另一个负责广告商。第一个单元所负责的可能包括媒介策划、质量监控和与唱片公司建立商业关系。第二个业务单元可能会有负责处理广告销售、广告设计和广告定位的部门（见图8.3）。这些业务单元中的每一个都覆盖足够的客户价值链活动，为各自的客户提供价值。这些单元中的部门将合作创造价值，并从客户那里获取价值。首席执行官的主要职责是平衡由每个单元负责人提出的用户的需求和广告主的需求。

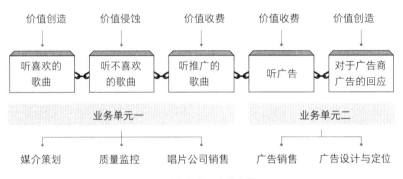

图8.3 潘多拉的两个业务单元

围绕客户活动来组织业务使公司能够以无摩擦的方式集成多种产品和服务，从而改善客户体验。苹果通过深度整合其硬件、软件、在线和离线服务（如数字内容、数据云和零售体验），吸引了众多类别的忠实用户。这种紧密结合的整合也体现了公司内部组织的特点。因此，苹果的用户可以完成复杂得多活动流程，比如在iPhone上录制视频，上传到iCloud，在iMac上访问视频，使用iMovie编辑视频，并通过iTunes商店与朋友和家人共享视频，一切顺畅，天衣无缝。在苹果公司里，一个被内部称为DRI（直接负责的个人）的人将负责把所有相关功能、产品和参与任何一种客户活动流程的群组缝合在一起。

今天，我们可能会认为苹果的整合组织结构是理所当然的，但有一段时间它是相当不寻常的。史蒂夫·乔布斯以创新的方式探索苹果的业务，他不是从不同的技术产品的角度来思考的，而是从客户作为人类想要和需要什么的角度来思考的。"这一点刻在苹果的 DNA 里，"他在 2011 年说，"仅有技术是不够的。我们相信，正是科技与人文相结合，才产生了让人心旷神怡的结果。"在他看来，后 PC（个人计算机）时代的设备"需要比 PC 更直观、更易于使用，而且……软件、硬件和应用程序需要以一种比在 PC 上更为紧密的方式交织在一起。我们认为，不仅在硅谷，在我们的组织中，也有合适的架构来制造这类产品。"[10] 乔布斯反复地在他提及的地方投入资金。2000 年秋，他取消了第一家苹果商店的推出，并下令对其进行全面的装修以符合客户自然的购物行为。他提到苹果当时的零售主管："罗恩（约翰逊）认为我们完全搞错了。他认为它不应该围绕产品来组织，而应该围绕人们做什么来组织。你知道，他是对的。"[11]

耦合的价格

正如我们所看到的，通过耦合策略实现的增长为公司提供了诸多益处。首先，它构成了一条阻力最小的营销之路。由于你有意利用客户方面的协同效应，客户将更容易接受你的新产品和新服务，因为他们可以从使用中直接获益。其次，在很多情况下，提供质量尚可的"我也有"的产品或服务足以说服客户在你这里完成客户价值链上的活动。你不需要在你所做的每件事上都是最好的，你也不应该一开始就渴望这样。只要确保你最初赢得客户的产品比其他产品更好就行了。最后，通过耦合客户价值链实现的增长为公司未来的方向提供了一个愿景，也为员工提供了明确的优先事项。正如史蒂夫·乔布斯喜欢说的，"简单孕育清晰"。

通过耦合实现增长确实有其操作上的缺点。采用这一策略可能会迫使你的公司进入非常分散的业务线，因此，除非你的公司获得新的技能，否则它很可能不会成功。在评估下一步的发展方向时，要有条理地思考客户价值链中的每项活动。从客户的视角绘制客户价值链活动图。然后将焦点转移回自己身上，确定企业自身需要哪些技能，以便将有助于客户完成各项活动的产品推向市场。将这些技能与公司目前拥有的技能进行比较，如果技能匹配得很好，你就可以很好地将技能与活动结合起来。否则，你需要通过在内部培养技能，或通过某种合作关系向其他人或其他企业购买技能来填补技能缺口。下面是我通常提供给公司的一张表，以帮助它们确定可能的增长方向，同时，帮助它们确定和弥合可能的技能差距，以便成功地耦合（如图8.4所示）。

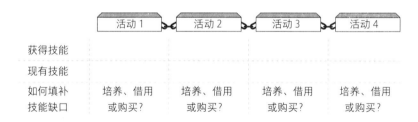

图8.4 确定下一步耦合内容的工具示例

关注客户的需求并不总是便宜的。但如果你可以付出这个代价，那么好处是巨大的。阿里巴巴和爱彼迎都涉足了许多它们缺乏必要技能的业务。风险资本投资者为大部分技能的获得支付了一笔回报丰厚的投资。如果你的公司能够培养、借用或购买必要的技能，并且成功地实践耦合策略，你可能就会看到快速增长。你的企业将变得更加多样化，更能抵御外部的冲击，如经济变化、新竞争对手的出现和政府的监管。这些因素中的每一个都可能在任何时间影响业务单元，但它们很少同时影响所有单元。不过，终有一天，你的公司会停止增长，或者出现更糟的情况——衰退。那么你该怎么办？第九章提供了一些答案。

挽回失去的客户

2010 年，美国最大的电信运营商之一康卡斯特遇到了问题，尽管在许多地区，该公司仍是独家垄断企业或双寡头垄断企业之一，向家庭和企业提供网络服务，但是对其有线电视和 Xfinity 点播服务的需求却一直停滞不前。从康卡斯特的角度来看，问题的根源是网飞开始允许客户观看流媒体内容。此前，家庭用户会注册康卡斯特的互联网服务和 Xfinity 视频点播服务。现在，网飞的流媒体视频服务促使康卡斯特的客户做出了两项改变。第一，他们提高了网速，这样就可以使用数据量大的网络服务，如点播视频、玩视频游戏和视频聊天。第二，许多人不再使用 Xfinity，他们更喜欢网飞的"一口价"，而不是 Xfinity 的点播电影付费模式。从某种意义上说，网飞使康卡斯特与观看视频内容的活动解耦，只剩下提供互联网连接服务的活动（见图 9.1）。

网飞在美国的点播服务增长如此迅猛，到 2015 年，网飞在高峰时段的光纤通信量占到康卡斯特所有网络通信量的 1/3。[1] 看到康卡斯特的宝贵资源被大量使用，以及网飞计划投资数十亿美元来增加人们家庭带宽的举措，康卡斯特首席执行官布莱恩·罗伯茨要求网飞为他们从康卡斯特处获得的益处付费。毕竟，网飞正在利用康卡斯特的基础设施，并将康卡斯特公司从一个非常有利可图的视频流业务中剥离出来。罗伯茨认为，如果康卡斯特为网飞的业务提供互联网服务，网飞支付费用是公平的。水上乐园不应该为自来水公司的水支付费用吗？一栋建筑的住户不应该为其所使用的空调消耗的电力向电力公司支付费用吗？康卡斯特正以其最有价值的资源支持网飞的业务，因此康卡斯特希望从收益中分一杯羹。

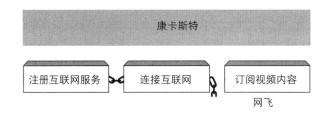

图9.1 从康卡斯特的视角看网飞如何使其解耦

　　起初，网飞的首席执行官里德·哈斯廷斯宣称他不会付钱，他引用了当时禁止互联网服务提供商区别对待流量来源的网络中立规则。*结果是，罗伯茨从根本上把网飞的家庭数据流量降速到某个数额，这使网飞的日子更加艰难，这个操作被称为"限流"。当一个地区的用户即将消耗完康卡斯特的所有宽带时，公司需要优先考虑流量，并决定不惜牺牲其他互联网流量来源来惩罚网飞重度用户。

---

* 2017 年 12 月，美国联邦通信委员会放弃了巴拉克·奥巴马总统任期内实施的一些网络中立规则，这些规则禁止互联网服务提供商屏蔽网站或对高速数据传输收费。在撰写本书时（2018 年 5 月），美国参议院刚刚通过一项决议：撤销 2017 年 12 月的这些修改。

当客户看到他们的网飞视频流的质量下降时，他们会拿起电话投诉。那么，你认为他们会首先打电话给谁？是他们的互联网提供商康卡斯特，还是网飞？我不知道你的情况，但如果我看网飞时，发现视频质量开始下降，而当我点击 YouTube 和 NBC.com 等其他视频网站时，这些网站运行良好，我会打电话给网飞。面对电话、威胁和订阅取消的雪崩，哈斯廷斯决定向康卡斯特支付不限制其数据传输流量的费用。他别无选择，他必须立即停止客户流失的现象。

但哈斯廷斯并没有被打败。不管知道与否，他很可能会想到，正如罗伯茨所说，解耦并没有使康卡斯特仅仅成为网飞的供应商。恰恰相反，网飞现在是康卡斯特的分销渠道，在这个渠道中康卡斯特出售低速和高速互联网服务。前者每月花费约 30 美元，后者每月花费 60 至 100 美元。但这两种服务的边际成本相似。康卡斯特之前就拥有必要的基础设施，它提供前者或后者的成本并没有增加。对康卡斯特来说，高速和低速互联网之间的价格差异几乎就代表了纯利润。哈斯廷斯说，康卡斯特的客户正在升级到高速互联网，主要目的是观看网飞。如果客户只用它来收发电子邮件、在线阅读新闻和听歌，他们就没有理由升级更快的互联网服务。通过解耦，网飞成为康卡斯特最高利润服务的驱动力（见图 9.2）。在此基础上，网飞希望分到一部分利润。哈斯廷斯公开要求罗伯茨支付费用给网飞，而不是相反。

在多次激烈、公开的辩论之后，哈斯廷斯代表网飞向联邦通信委员会请愿，罗伯茨宣布停战。[2] 两家公司都不会支付任何费用。[3] 康卡斯特试图利用网飞来遏制增长下滑的尝试失败了。

图9.2 从网飞的视角看康卡斯特如何使其解耦

康卡斯特并不是第一个看到其业务停止增长并开始倒退的大型老牌公司。这类公司还包括 2008 年的微软、2009 年的通用电气和摩托罗拉、2012 年的麦当劳、2014 年的 IBM（美国国际商业机器公司）等等。研究过这些公司的学者和顾问通常把它们的衰落归因于创新和适应市场的失败。我的同事德里克·范·贝弗和他的合著者在对 1955 年到 2006 年进入《财富》100 强的 410 家公司进行的一项研究表明，至少经历了一次收入增长停滞的公司多达 350 家，他依据的标准是：这些公司收入增长多年高于平均增长率，随后收入急剧下降，销售增长几乎可以忽略不计。[4]他认为，在 87% 的情况下，增长停滞并非源于高管无法控制的外部因素。增长停滞的前三大原因包括客户偏好的转变、缺乏创新以及未能充分利用当前业务的增长机会。范·贝弗和他的合著者认为，解决方案基本上就是更快、更聪明、更好地创新。他们主张让高管们更严格地质疑，挑战公司的假设，让中层员工参与战略对话，并从外部人士那里征求意见。其他专家也提出了类似的建议。在他们看来，企业之所以不能适应，是因为它们落后了。解决办法就是创新，再创新。

康卡斯特的回应表明，在老牌公司增长停滞不前的背后，还有另一个更为根本的因素。在 20 世纪中叶，客户主要通过固定电话（使用铜线）进行电子通信，家庭娱乐主要通过空中的电磁波传输。到 20 世纪 80 年代，观看有线电视成为主要的娱乐方式，尤其是观看视频。到 21 世纪头十年末期，互联网正成为人们交流和娱乐的主要方式。随着网飞的发展，康卡斯特的客户需要更快的网络，康卡斯特没有将网飞视为其最赚钱、增长最快的宽带网络业务的驱动力——渠道合作伙伴，而是将网飞视为它那日渐衰落的传统业务——有线电视的竞争对手。通过降低网飞向自己客户提供数据的速度，康卡斯特惩罚了自己的客户，但这也证明了它到底想从这个"合作伙伴"那里获取多大的价值。网飞正在利用康卡斯特的宝贵资源，因此康卡斯特攻击网飞，而不顾这对自己客户的影响如何。这家公司忽视了客户对可靠的娱乐、通信和信息的终极需求。

解耦理论的一个推论是，企业停滞不前不是因为它们停止创新，而是因为它们不再专注于客户的需求，而这正是它们早期增长的动力。用现代商业术语来说，这些停滞增长的企业没有以客户为中心。我并不是说公司应该满足所有客户的要求，以客户为中心是指在做出重要决策时，将重点放在客户身上，而不是放在竞争对手、商业伙伴、员工、领导和公司身上。这是关于优先次序和目标的问题。当解耦时，初创企业的指导思想是对客户需求重要性的深入、直观的理解；大型老牌公司忽视了客户，专注于保护它们在为客户服务的过程中建立或获得的资源。它们依附于这些资源，忘记了公司必须随客户的改变而改变。

资源与客户：优先放谁在上面？放在什么上面？

在第七章中，我们看到解耦代表了一种不基于客户类型，而基于客户价值链活动的特殊形式。老牌公司原来向大众提供客户价值链上的所有活动，而解耦者从老牌公司那里抢走了部分的活动。如果老牌公司不围绕其商业模式进行创新，无论是通过重新耦合，还是通过解耦和再平衡，老牌公司都将逐渐失去一些最重要、最有利可图的客户价值链活动。由于解耦，老牌企业失去了这些活动，这是市场专业化过程的一部分，而这个过程也将老牌企业推向市场中无利可图的"中间"部分。那么，为什么老牌公司会允许这一过程发生呢？为什么它们不像挑战者那样去抢占两端的市场，而是让自己困在中间？

正如康卡斯特的故事所暗示的那样，答案与高管对业务的看法有关。当富有的老牌企业高管发现新的机遇，或考虑做出影响当前业务的改变时，他们首先会试图了解，他们可能做出的任何决定将如何影响他们最宝贵的资源。他们会问："我们是否冒着失去这些资源的风险？"如果是这样，他们就更有理由不采取行动。有问题的资源可能是现金流，但老牌企业通常拥有比现金流更有价值的资源。汽车制造商希望保护其工厂与零部件供应商的密切关系。报纸希望保护其印刷设备和记者。电信运营商希望保护其铜、光纤电缆和天线。不管它们的资源是什么，老牌企业通常会接着问："我们在抓住新机会时如何保留我们最有价值的资源？"如果新机遇没有调动起宝贵的资源，老牌企业就会认为，与他人相比自己没有优势。为什么要玩一场和身无分文的对手胜算相同的游戏呢？

百视达（Blockbuster）曾是世界上最大的视频租赁连锁店，拥有

6万名员工和9 000家门店。在2003年，在首席执行官约翰·安提奥科的领导下，百视达的业务连续5年以每年近10%的速度增长，却在第6年戛然而止。到2010年，百视达申请破产。观察者认为，百视达的消亡与邮寄DVD（数字化视频光盘）的在线服务（尤其是网飞）的兴起有关。这种竞争的商业模式消除了一种价值侵蚀活动：去商店租电影、电视节目或电子游戏的录像带或碟片。新商业模式对客户来说很棒。但安提奥科从未放弃百视达的模式，即要求自己的客户到店里挑选并归还录像带或光盘。为什么他没有发现客户的变化并去适应这种变化呢？在见证了网飞和邮寄DVD服务的崛起后，安提奥科和其他百视达高管认识到其数千家门店和员工不能让他们在这个新游戏中获得竞争优势。因此，他们最初拒绝推出需要大量运输和资源处理，而不是需要商店和面向客户的员工的服务。从一个资源丰富的老牌公司的角度来看，这样做的话，它与像网飞这样的初创公司相比并没有什么优势。高管们目光短浅的决定不一定来自他们错误的分析，而是来自一种潜在的老牌公司的心态，即优先考虑他们认为的自己已有的主要优势。这导致他们错过了一个迫在眉睫的、去适应客户行为颠覆性改变的机会。

我看到在我工作过的许多行业中，以资源为中心的观点在老牌公司中普遍存在。传统零售商认为商店是其收入的驱动力，所以它们想增加更多的商店，促进收入增长。电信运营商把与网络相连的家庭视为收入的驱动力，所以它们想再增加更多的家庭用户，促进收入增长。银行将其在当地社区的分行视为收入的驱动力，所以它们想增加更多的分支机构，促进收入增长。一般来说，老牌公司认为收入增长是其最有价值的资产增长的直接结果。这些资源吸引了付费的客户，然后老牌公司想方设法地榨取这些客户的价值。这是老牌公司的赚钱公式，反映在老牌企业高管用来做决定的关键指标上：零售商的每平方英尺商店面积的销售额；银行的每家分行的账户或收入；电信运营商的每英里光纤电缆的收入。

因为缺乏吸引客户的重要资源，所以颠覆者以不同的心态处理它们的业务。优步没有车。爱彼迎没有酒店客房。网飞没有商店。对颠覆者来说，收入增长源于且只源于客户的获取。如果获取客户需要一项资产，那么颠覆者可能会想建造、收购或从其他人那里借用该资产。但颠覆者并不认为这些资产是最终目的。不管怎样获得这些资源，初创公司都会利用资源来获得客户，而不是压榨客户。它们的心态不是以资源为中心，而是真正以客户为中心。看看初创公司通常使用的指标吧：客户终身价值、每个客户的平均收入和每个活跃客户的收入。

以资源为中心：公司拥有的资源是你最宝贵的财富。你的所有主要业务决策都应该能帮助你扩展和利用这些资源。

以客户为中心：客户是你最宝贵的财富。你的所有主要业务决策都应该能帮助你增加客户数量并充分利用客户。

为了理解以客户为中心的视角如何引导企业采取与以资源为中心的视角不同的行动，让我们回到网飞的例子。2011 年，里德·哈斯廷斯做出了一项我所见过的数字化公司领导者能做出的最勇敢的战略决策。网飞最初邮寄 DVD 的商业模式飞速发展，颠覆了整个行业，也损害了百视达的利益。随着网飞的股价和经常性收入飞涨，该公司做了一些看似疯狂的事情：它颠覆了自己的商业模式。几年前，网飞推出了视频流媒体业务，在做了一些测试后，网飞宣布流媒体将成为一项新的独立服务，最终取代 DVD 邮寄服务。这一决定在客户、供应商（电影制片方）和投资者中引起了轰动，一些人呼吁将哈斯廷斯赶下台。然而，哈斯廷斯坚持了这一路线，到 2017 年，事实证明他的决定是非常明智的。流媒体业务大大超过了 DVD 邮寄业务。在 2017年第二季度，网飞的流媒体订户数量是 DVD 订户的 12 倍多。[5]

网飞的决定反映了哈斯廷斯和公司其他高管以客户为中心的深刻而持久的态度。一个传统的老牌公司会把重点放在其最有价值的资源、数百万张 DVD 的库存以及全国各地的运输和搬运设施上。但对一家在线流媒体内容公司来说，这些资产并不重要。事实上，这些东西一文不值。新的资源必须包括强大的服务器、宽带带宽以及好莱坞电影公司的许可协议。两种商业模式所需的战略资源几乎完全不同，如果没有哈斯廷斯的先见之明和对客户深入的关注，公司转型将遇到阻碍。为了实现这一勇气可嘉的商业模式的转变，他开始使用互联网服务提供商最有价值的战略资源：宽带带宽。这反过来又带来了网飞与康卡斯特的对峙。康卡斯特致力于保护自己宝贵的资源——机顶盒和有线电视，尽管正如我们所见，这样做意味着惩罚自己的客户。

我们不必对康卡斯特在这种情况下对客户福利的漠视感到惊讶。在 2007 年由美国客户满意度研究所进行的一项客户满意度调查中，康卡斯特被评为包括所有组织在内的客户满意度最差的公司，甚至低于美国国税局。相比之下，网飞最初向康卡斯特支付费用是为了拯救自己的客户。然后，由于意识到最大的价值在于拥有客户，而不是资源，网飞又找到康卡斯特，为自己给电信业务带来更多的高价值客户而要求对方支付费用。网飞紧跟客户不断变化的需求，康卡斯特则没有。康卡斯特选择了保护自己的资源，并且为这个错误付出了高昂的代价。康卡斯特将自己的客户置于险境，而不是迎合他们不断变化的需求，因此，它在应对自己有线电视部分的增长停滞方面所采取的措施非常差。老牌公司和颠覆者对同一情况往往持有完全不同的看法。康卡斯特看到了资源的枯竭，而网飞则看到了客户的增加。

光靠创新是不够的

如果老牌公司以资源为中心的观点是增长停滞背后的罪魁祸首，那么正如专家建议的那样，企业不能仅仅通过创新来避免或缓解这些停滞。对企业来说，召集所有的工程师、科学家和设计师，让他们创造一些新的产品或服务，或者召集战略部门，让他们设计一个出色的新战略，这很容易。但如果你是康卡斯特或百视达的经营者，光靠这种方法是无法让你做出能够与网飞相较量的决定的。老牌公司的高管必须抛开对资源的依赖，将公司的主要精力重新转移到客户身上。

即使是最具创新精神的老牌公司，以资源为中心的想法也往往占据主导地位，这使公司很容易受到增长停滞的影响。微软是一个创新工厂，它开发了咨询、服务器产品、广告网络等商业解决方案，以及手机、Surface 平板电脑和 Xbox 视频游戏平台等消费产品。然而，在所有这些产品线中，Windows 和 Office 一直占据着微软收入和利润的最大份额。这种不平衡影响到公司内部的权力关系。微软最资深、高薪、权力最大的老板都是通过管理 Windows 或 Office 办公软件产品而晋升的。他们创造了公司大部分的现金流，所以他们可以在几乎所有重要的事情上做出决定，包括创新。因此，当一个年轻的软件工程师想出了一个新的搜索引擎算法，或者一个硬件工程师对智能手机有了一个创新的想法时，一个管理 Windows 或 Office 的老板经常会决定是否发展这个想法，然后决定如何将其商业化。如果这位高管发现搜索引擎算法或关于手机的新想法可以帮助公司销售更多的 Windows 操作系统或 Office 办公软件，那么这个想法更有可能获得支持资金。如果不能，这个想法很可能不会获得支持，不管它有多创新或多有前途。管理 Windows 和 Office 的高管们并不能决定公司的未来，但他们确实拥有相当大的影响力，并且常常享有对新创意的不言而喻的优先决定权。

还有更糟的情况。如果一个想法与 Windows 或 Office 没有明显的互补性，但又太好而不能放弃（比如，一个新的虚拟现实头盔或下一代社交网络），那么 Windows 或 Office 的高层就会从较低级别或权力较小的管理者那里窃取这个想法。尽管他们可能打算开发和推广这个想法，但他们往往会压制创新，并在这个过程中，阻止其他人从事这方面的工作。这种趋势非常普遍，以至 Windows 和 Office 办公楼外的员工为了该行为取了一个名字叫"舔饼干"。回想小学的时候，当你和其他孩子一起吃饭的时候。恃强凌弱的孩子为了确立他们的统治地位，会从其他孩子那里偷饼干吃。当霸凌者吃不下东西的时候，他们会从桌子上抓起饼干，舔完之后再放回去，这样别的孩子也不会吃。

微软娱乐和设备部门的前总裁罗比·巴赫，负责公司游戏、音乐、视频、电话和零售业务 20 年。在我对他的一次采访中，他回忆起一次舔饼干的情景。"我的团队想要设计一个更好的媒体播放器，"

他说，"但是 Windows 团队想要自己的媒体播放器，所以他们坚持自己来设计它。我认为人是狡诈阴险的吗？不。人们的自尊心使得他们要阻止别人。在这种情况下，双方都输了。没有一方是成功的。这对我们的客户都是不利的。最后发生什么了？苹果公司赢了。"[6]在某种程度上，微软的高管们不再做出符合客户最大利益的产品发布决定，而是做出了有利于他们自己的决定。公司拥有强大的创新动力，但公司内部的其他力量破坏了创新产品，扼杀了许多有希望改变游戏规则的机会。[7]在最赚钱的资源能提供更确定的回报之前，决策者不想投入时间、金钱、声誉给高度不确定和未经证实的想法。

我们不应该只提微软。在萨提亚·纳德拉的新领导下，公司已经开始将目光转向客户。而大多数其他成功公司内部的创新也同样困难重重。以高端购物中心西田公司为例。2012 年，西田公司试图通过创建一个新的数字化部门——西田零售问题解决方案组，该部门负责为其零售合作伙伴设计创新型的解决方案。[8]虽然高级执行官了解新部门的重要性，但该项目在中层管理层缺乏支持和协作。前战略执行副总裁乔尔·考夫曼说："我们（在西田零售问题解决方案组）所做的事情让人无比兴奋。但到了紧要关头，这种兴奋并没有改变任何事情。他们（企业传统业务部分的管理者）专注于日常工作。"因为没有看到数字化浪潮对日常财务目标产生了多大影响，所以他们不支持这项创新，而是优先追求其他符合他们自身利益的事项。

在大多数大公司，我们发现都有类似的情形。缺乏创新是没有"以客户为中心"的问题，而不是研发的问题。因此，要求公司内部的产品研发人员"只是去创新"很少能阻止增长停滞。要进行创新，首先需要消除领导者和管理者之间的障碍，让所有人以客户为中心。

这个挑战需要你面对人性。事实上，并不是公司要以客户为中心，而是公司里的个人要以客户为中心。因此，让我们花一点儿时间研究一下，为了以客户为中心，公司内部的个人需要什么。

并不是公司以客户为中心，而是公司里的个人以客户为中心

正如动机心理学领域的学者所发现的那样，只有满足两个条件，人们才能自由地完成期望的任务。第一，他们必须具备执行任务的基本技能和资源。他们可能会尝试，但如果缺乏执行任务的能力，他们肯定不会成功。第二，即使人们能完成任务，他们也必须想去完成它。因此，为了激励员工关注客户的需求，公司必须让他们做好准备，并提供适当的激励措施。

为了使员工能够满足客户不断变化的需求，公司必须让员工掌握大量的信息，包括观察客户或与客户建立联系的机会、了解客户和响应客户需求的明智的方法、员工可以代表客户在公司内部开展的内部流程，以及与客户打交道的实际经验。大多数大公司都建立了提供这些机会和工具的流程，但员工可能无法充分利用这些流程。

第二个条件，以客户为中心的激励措施呢？这是公司面临的主要障碍，也是微软、西田、百视达和康卡斯特这些公司所缺乏的。考夫曼观察到，正如西田所说，在西田业务的传统（和衰落）部分中，以资源为中心的管理者可能已经意识到以客户为中心的创新的优点，但他们并没有因追求创新而获得回报。他们的职业生涯主要得益于传统的、有丰富资源的业务的增长。因此，当被要求帮助即将上任的、缺

乏资源的管理者制订新计划时，他们默默拒绝了新计划。考夫曼说："这是一种微妙的怨恨。"他将保守派的经理的想法解释为："我们提供了 99% 的收入。虽然数字化技术获得了大部分投资，但我们承担了大部分成本。高管们花了那么多时间。我也想做一项有吸引力的新业务。我们被要求承担这些新举措的费用，但这样一来，我们就达不到利润目标，这会影响我们的奖金。"考夫曼认为，除非组织能够使以客户为中心的创新成为"组织中每个人的胜利"，否则它们都将失败。[9] 用本章的语言来说，资源成为中心。[10]

为了解决缺乏激励的问题，首席执行官、总经理、董事会成员和其他业务主管必须接受，只有两种方法可以让员工优先考虑客户需求。首先，他们可以改变员工获得财务奖励（工资、奖金）和晋升的方式，同时提供其他激励措施。在许多大型组织中，这是一项艰巨的任务，因为通常没有一位高管能完全控制薪酬和决定晋升，这需要领导层的集体努力。其次，领导者可以改变员工，给那些已经将客户放在首位的高管和经理适当的激励。总之，要么改变对同一个人的激励，要么改变这个人。如下例所示，这两个选项都可行。

财捷：激励以客户为中心的创新

软件制造商财捷（Intuit）通过精心制定激励机制，在以客户为中心的创新方面有良好的声誉。财捷成立于 1983 年，开发和销售 TurboTax 和 QuickBooks 等财务、会计和税务筹划软件，其收入主要来自美国。2017 年，其收入达到了 52 亿美元。第四季度销售额和年营业收入均以每年 12% 的速度增长。同样在 2017 年，一家咨询公司将财捷的财务表现列为上市公司的第 99 位百分位，其主要产品 QuickBooks

的市场份额为80%。[11] 财捷代表了一个相当独特的案例，即一个成熟的老牌公司以接近初创公司后期的增长率在增长。

尽管财捷在财务和市场方面取得了成功，但在2018年，它正处于自我颠覆的过程中。为了保持增长和行业领先地位，该公司已经经历了几次成功的自我颠覆。现在它试图更新自己的商业模式，从一个封闭的、集中管理的软件公司转变为一个开放的平台。财捷以平台的形式出现，将刺激独立开发人员创建可插入其产品的移动和桌面应用程序，从而使客户、开发人员和公司受益。[12] 财捷的领导团队希望如此。在财捷整个发展历程中，公司董事会和现任董事会主席斯考特·库克试图给公司注入一种独特的创新文化，专注于客户服务。正如库克所定义的，创新意味着"新颖和有意义"，也就是说，新的提案必须为客户提供有意义的改进，仅仅新颖是不够的。为了帮助培育这种创新，库克确保公司有丰厚的创新资金。财捷的研发支出占总收入的比例达到19%，高于谷歌、微软、亚马逊和苹果，其中苹果为4.7%，谷歌为15.5%。[13] 然而，正如库克所知，光靠资金还不足以打败隐藏在大公司内部的无声的组织变革杀手。库克指出："员工有想法，他们对此感到兴奋。问题是公司碍事了。所有的会议、所有的（行政）诉讼、所有的审批、所有需要的PPT（演示文稿），作为高级管理人员，我们需要消除阻碍创新的障碍。"

为了消除这些障碍，财捷将一种被称为"客户驱动创新"的方法制度化。正如库克所解释的："我们找到的解决办法是，不允许经理们'扮演恺撒'（赞同或否决项目），用客户驱动的测试和测试结果来决定是否开展该项目。客户决定我们朝哪个方向发展。所以，公司知道我们是根据测试结果做出决定的。我们应该尊重客户的测试结果，而不是经理的意见。"

作为客户驱动创新的一部分，财捷制定了几个关键流程和激励机制。许多人将"激励"一词与金钱奖励联系在一起，但其他类型的奖励也会促使人们追求以客户为中心的创新。正如降低金钱、时间和精力成本会促使客户解耦一样，为员工提供更多的时间代表客户进行创新，并使他们这样做变得更容易，也将激励他们以客户为中心进行创新。

财捷通过让员工与客户保持密切联系，使员工更容易追求以客户为中心的创新。公司定期安排一小部分员工体验"跟我回家"——参观客户的家或工作场所，在此期间员工可以观察客户打开、安装和使用软件产品的过程。2011年，一个"跟我回家"的软件开发人员休·莫洛齐带领一个小型的、内部的、像初创企业一样的团队创建了"商户服务"（Merchant Services），这是一款适合小型企业使用QuickBooks的信用卡支付处理工具。[14] 到2017年，员工每年都要进行大约1万小时的"跟我回家"体验。正如该公司前首席财务官布拉德·汉斯克所言："前几天我读到微软雇用人类学家研究人们如何工作。我们也有这样子的人，我们称他们为雇员。"[15]

财捷还制定了财务激励措施，以减少对以客户为中心的创新的内部阻力。库克解释说："作为一名经理，你的奖金是收入和利润的所得之和。任何真正重要的想法都会在你从事这项工作的两三年内影响到你的奖金，使你的奖金变少。考虑到中高级管理人员在财务上受到绩效工资激励的方式，他们不允许创新是相当合理的。我们正在改变这一状况。"通过财务激励措施，同时根据客户测试结果而不是管理者的判断做出决策，库克消除了阻碍财捷数千名初级员工提出新想法的两大障碍。

为了鼓励以客户为中心的创新，库克改变了财捷员工的激励机制，他并没有建立一套全面的系统，而是根据员工的不同需求和愿望为他们量身定制激励机制。虽然金钱激励对中高层决策者有效，但研究表明，一些财捷管理者对金钱激励反应不佳。库克说："我们在过去的创新奖得主中进行了一项调查，我们以为他们想要的是钱。他们说他们真正想要的是时间，因为这比钱重要得多。所以我们让他们从日常的事务中解脱出来，给他们 3 个月的全日制休假或 6 个月的半日制休假。"尤其是在大型老牌公司中，全面激励制度可能会失灵。当员工重视金钱时，公司应该提供它，但当员工重视时间时，公司也应该提供时间。卡尔·马克思说过："按需分配。"

正如财捷的例子所示，激励机制仍然是激励以客户为中心的创新的最佳手段。它们是最有可能在一段时间内和整个过程中持续发挥作用的工具。如果没有适当的激励，你所能做的就只是祈祷创新的出现，并期待最好的结果。

阿克塞尔·施普林格：通过获取人才推动以客户为中心的创新

在促进以客户为中心的创新方面，财捷拒绝大幅更换其员工。[16]但有时新员工正是公司所需要的。2019 年，阿克塞尔·施普林格（Axel Springer）是欧洲最大的印刷媒体公司，收入排在全球媒体集团的前 25 位，拥有并经营多家报纸和杂志。[17]2002 年，由于意识到现代化和变革的必要性，该公司董事会请来了马蒂亚斯·德普夫纳担任首席执行官，他曾是一家报社的社长。为了帮助施普林格成为世界领先的数字化出版商，德普夫纳在 2006 年开始推进公司的全面的转型，将这家媒体公司的三大核心业务——新闻（内容）、广告和分类广告数字化。德普夫纳的举措确实令人望而生畏，因为当时公司只有不到1%的收入来自数字化产品。[18]

当我采访施普林格的付费模块总裁兼董事会成员简·拜耳时，他透露了公司领导层对新方向的关注。施普林格的董事会并没有采取什么措施来抵御杂志和报纸等传统业务收入的下降。拜耳在董事会上说："我们没有讨论报纸发行量下降的问题，我们认为这是自然的。我们的首席执行官马蒂亚斯·德普夫纳只是在展望未来。"我问拜耳，在这一转变中有什么让他感到惊讶的，他指出，自己"低估了（传统业务）衰退的速度和加速度"。鉴于它的急剧下滑，以及公司内部有这么多老媒体专业人士，公司别无选择，只能引进新鲜血液来调整激励措施，但调整激励措施不足以在需要时尽快推动剧烈的创新。具体来说，该公司需要的是不仅熟悉数字化技术和商业模式，而且热爱这些领域的工作，并且具有"不同的个性和企业家精神"的人。[19]

德普夫纳决定通过收购科技和数字化初创公司来引进此类人才。2007年至2017年，他和董事会从世界各地收购了约150家初创公司，其中包括美国 Properties Business Insider、eMarketer 和 Thrillist.com。德普夫纳和董事会还对爱彼迎和优步等非媒体业务进行了少数股权投资。他们的做法实质上是模仿风险投资公司的行为。他们试图不惜一切代价留住初创企业的创始人，允许他们独立于公司其他部门，运营自己的业务，并保持与被收购前相同的基本激励结构。创始人保留了一部分业务的所有权，如果提高了公司的盈利能力，他们就会得到回报。据一位公司被施普林格收购的创始人说，其最终接受被施普林格收购的最重要的原因就是，"让我们的品牌有机会保持独立，并开创我们自己的未来"。[20]

德普夫纳的激进改革倡议奏效了。根据拜耳的数据，到 2017 年，施普林格 75% 的收入都来自数字化产品和业务。毫不奇怪，这一重大变化或许给公司的老牌业务带来了些许痛苦。一场文化冲突在保守势力（新闻报纸和杂志出版商）和新势力（数字化企业）之间爆发。正如德普夫纳在斯坦福大学的一个案例研究中所解释的："一开始的问题是，公司的产品结构是大约 90% 的亏损品（即印刷品）和大约 10% 的获利品（即数字化产品）。负责亏损品的一方因为数量众多而拒绝转型。因此，我说：'我们必须共同承担责任，实现双赢。'" 21

施普林格将如何创造这样的"共同责任"？答案是迫使新收购的数字化初创公司和老牌业务相互依赖。例如，该公司促使其主要小报《图片报》（Bild）将其业务与在线同类报纸 Bild.de 整合起来。施普林格的线下分类业务必须与其在线分类业务配对。每一份出版物都必须蓬勃发展，这意味着老雇员和新团队成员必须和睦相处。这些业务的总经理需要负责数字化产品和印刷产品两方面的内容制作、设计、营销和盈亏。

最后，德普夫纳调整了施普林格的人力构成，以促进有利于客户的变革和创新。他没有进行大规模裁员，而是选择让"老"人继续经营衰退的老牌业务。实际上，他让员工选择自己的命运：要么留在原地，随着这部分业务的萎缩而逐步被淘汰；要么学习、适应并转向新的和成长中的业务。那些适应的员工将与那些已经拥有创立和发展数字化媒体业务的技能和内在动机的数字化或技术企业家联手，继续在公司工作。每个员工成长的机会也是帮助公司前进的真正动力。总的来说，员工必须学会同时迎合两类客户：年龄大、忠诚的读者和年轻、善变的读者。在保守势力和新势力之间找到适当的平衡并不容易，但在德普夫纳的领导下，他们做到了。

围绕客户重新定位

许多老牌公司都会经历一段快速增长的时期，然后增长突然中断，接着产品销量趋于平缓或开始下降。正如我所说的，正确的干预措施不是试图创造出摆脱增长停滞的方法，而是首先围绕客户调整组织的方向。从设计上讲，快速成长的新兴企业关注的是客户，而不是它们拥有的硬资产或其他资源。这就是它们增长如此迅速的原因。随着时间的推移，随着公司的成长和稳固，老牌公司会不惜一切代价来维护、发展和利用最有价值的资源，这种方式会让它们和新兴企业相比，变得更加脆弱。老牌企业可以避免停滞不前，但它们需要采取措施、消除障碍，坚持客户至上。正如我所建议的，要关注个人和个人的职业重心。

在企业层面上，领导者必须让管理者远离以资源为中心的思维，并促使他们恢复对客户的关注。领导者可以考虑惩罚那些试图利用公司主要资产开展新项目的经理。例如，百视达可以向任何打算利用门店空间或门店员工开展新业务的经理收取高额"租金"。微软可以采取与以往相反的做法，向占据了公司研发实验室的新想法或创意的Windows 或 Office 的经理收取一笔预付款。他们要付押金才能"舔饼干"，而且不能"吃饼干"。但领导者也必须鼓励开发和使用其他资产，特别是那些可能有助于公司迎合不断变化的客户的资产。领导者可以通过引入内部回扣来实现这一点，如果管理者投资这些新资产，他们就可以获得内部回扣。正如加利福尼亚州为购买电动汽车的人提供税收减免一样，管理者也可以为员工提供资金，以建立或获取新资源来满足客户不断变化的需求。显然，这些新资源应该能够以下三种形式之一为客户提供更多实实在在的价值：提供更多的价值创造活动、减少价值收费活动或消除价值侵蚀活动。

首席执行官们还应该在组织的各个层面上制定适当的激励措施，以确保经理们在做出符合客户利益的决策时能够从中受益。深入、全面地看看你的公司的激励结构吧。不知何故，在某些地方，在某种程度上，人们对客户失去了兴趣。他们把所有的时间都花在考虑竞争对手、合作者或者他们自己的职业前景上。重新开始考虑客户吧，这是值得的。西田保守派的经理未能与该公司新的、潜在的颠覆性业务的同事共享资源，因为这些经理没有这样做的动力，他们的职业发展和薪酬取决于旧的业务指标。你的管理者也是如此吗？

如果是这样，解决这个问题的办法可能就是，将你保守派的经理的奖金结构的一部分与新的领域和计划联系起来，而这些领域和计划是他们利用自己的预算开发的。这样的举措将促使那些没有直接负责领导创新的员工把赌注押在公司的新计划上。投入了自己的资源，管理者会更专注于新的计划，更支持新的计划。有一点是肯定的：公司为了激发创新通常会采用各种做法，包括首席执行官鼓舞士气的讲话、描绘美好的愿景和为创新提供丰富的资源，如果没有合适的激励机制来推动经理们为了客户的利益互相合作，那么所有的做法都将失败。

公司需要讨论如何调整激励机制，无论是改变针对同一群人的激励措施，还是改变人本身。毕竟，管理层对保持增长负首要责任。恢复以客户为中心的动力必须来自组织的最高层，包括董事会在内的高级领导必须亲自监督这一转变。此外，这些领导应该考虑到公司的总客户群，将其放在任何特定业务部门的福利之上。当康卡斯特的有线电视业务遭遇增长停滞时，其首席执行官盯上了康卡斯特蓬勃发展的业务部门——互联网服务。为了确保其他首席执行官不会犯这个错误，董事会应该制定与公司客户及其价值链健康状况相关的指标，而不是孤立地衡量每个业务部门的财务健康状况。康卡斯特应该采取这样的行动，放弃以资源为中心的思维方式。

归根结底，以客户为中心的公司的管理团队和执行团队，不仅了解数字化颠覆，特别是解耦，而且欣赏在早期就激励所有健康发展的公司的力量，这种力量就是更好地满足客户需求的动力。以客户为中心的公司也有了解快速且果断行动的重要性的领导者。在医学领域，研究表明，中风和心脏病患者如果能迅速接受干预，他们的情况就会好得多。类似的情况也适用于公司。管理层应将增长停滞视为严重问题，否则公司可能永远无法完全恢复。

第 十 章

发现下一波颠覆浪潮

本书研究了一个正在进行中的市场颠覆浪潮——解耦。这股浪潮正在迅速发展，但总有一天会平息下来，就像以前的浪潮一样。之后，我们如何才能发现下一波浪潮呢？下一波颠覆浪潮将出现在哪里，它将带来什么样的机会和威胁？

尽管公司通常通过制定详细的面向未来的方案来解决这些问题，但这种方法最近受到了质疑。以著名的老牌行业石油业为例，壳牌的首席执行官本·范·贝登在 2018 年表示："目前面临的挑战是，我们不知道未来会走向何方。"[1] 壳牌的战略执行副总裁、情景分析负责人盖伊·奥滕解释说，长期稳定的能源行业近年来已从"难以理解的复杂"转向"盘根错节的复杂"。[2] 在这种背景下，对未来的规划变得极其困难，甚至有些徒劳，因为现在许多行业都是如此。要对未来进行规划，公司高管应该首先展望未来，决定公司的定位，然后确定为了获得该位置，公司需要什么样的战略性资产。现在的情况则是，未来太不确定以至管理层无法达成一致，或者未来的细节不够清晰，所以无法进行精确的战略规划。就世界未来的能源而言，高度不确定的问题不是可再生能源相对于化石燃料是否会增长，而是它们在整个市场所占的百分比会是 30%、50% 还是 70%？什么时候能到这么多？ 2020 年？ 2050 年？ 2100 年？对壳牌、通用、波音、特斯拉和其他许多公司来说，这些情景中的任何一种都代表了今天需要采取的截然不同的规划路线。但是，正如丹麦人所说，我们很难做出预测，特别是对未来的预测 [3]。

为了使基于预测的计划更容易实施，企业家和管理者会试图简化他们的分析，只关注他们自己的市场或行业，这很容易理解。IBM 的年度调查显示，不到 1/4 的首席执行官在自己的公司、供应商或消费者之外寻求创新理念。[4] 同样，当普华永道询问潜在的合作伙伴或盟友时，半数首席执行官没有提到自己行业之外的任何一家公司或实体。[5] 高管阅读他们自己的市场报告，与他们自己的供应商交谈，参加他们自己的行业会议，调查他们自己产品和服务的客户。对他们来说，在一个越来越不确定、瞬息万变的世界里，寻找其他方向的前景太难了。

解耦理论将我们引向另一种为未来做准备的方式，这种方式不需要我们缩小视野，也不强迫我们对遥远的未来做出坚定的预测。正如我们所看到的，该理论将颠覆视为客户驱动的现象。客户需求发生变化，随之而来的是新的客户行为，这为新老公司提供更适合这些不断变化的需求的产品铺平了道路。这一理论也促使我们关注影响客户的大而普遍的变化，而不是只影响一个市场或行业的小变化。正如我所讨论的，客户购买产品和服务的方式的改变必须跨越多个市场，才能产生真正的颠覆性影响。否则，他们只是在追赶潮流。

对普遍而持久的客户驱动的趋势的关注在很大程度上使我们不必

预测遥远的未来事件。如果你知道该关注什么，你就会明白许多年后的重大变化此刻在我们身上也能找到线索。我们可以通过研究现在为未来做准备。这是一个比预测更简单、更准确的命题，事实上，它已经在营销界拥有了许多粉丝。2009 年，谷歌首席经济学家哈尔·瓦里安发表了一篇有争议的论文——《用谷歌趋势预测当下》，他在论文中展示了如何使用历史数据（例如，谷歌搜索热词）来了解一个新兴的趋势。从那时起，许多研究人员利用历史和当前的数据在旅游、房地产、健康和运输等消费活动领域研究当下的趋势。总的来说，这些研究人员已经表明，在数据丰富的情况下研究当前趋势得出的结果更加准确，而且与不准确地预测尚未出现的未来变化相比，它能够更好地为企业服务。正如公元前 6 世纪中国的智者老子曾经写的那样，"智者不博，博者不知"。[6]

接下来的问题是：我们如何才能更好地跟踪当前的客户趋势？只关注一个行业是不够的，众所周知，客户行为的变化很难被观察到。个人客户并不总是理性地选择，他们很容易产生偏见，这让他们的前后行为不一致，因此也就不那么容易预测。[7]此外，当面对太多的选择时，客户会变得疲惫不堪，最终做出次优的选择。[8]询问客户为什么这样做，他们的偏好是什么，并没有太大的意义，因为客户只会选择性地记住自己的选择，他们看重短期收益，而不是长期收益，尽管他们声称后者更重要。在集体层面上，我们的行为会产生统计噪声，这使得趋势观察者更难识别持久的变化。举一个小例子，我们中的许多人有时会偏离我们的日常喜好，在餐馆购买有异国情调的果汁或不同寻常的特色菜，但只会这样做一次，以后都不会购买它们。同样，市场也经常表现出没有明确原因的不规则的自发运动。[9]孔雀石和心情戒指为什么成为 20 世纪 70 年代的短暂时尚，这个问题至今仍困扰着许多社会学家。有时，这些变化会导致强烈的、模式化的新行为浪潮，这相当于一个重大的变化，但大多数时候，我们看到的是一系列既不合理也不理智的来回运动。近几十年来，牛奶消费量有所上升，但又再次下降。喇叭裤曾经很流行，然后过时了，接着又流行起来。在许多方面，客户就像风暴那样突然而出乎意料地改变方向、加速或加强。

这种无法解释的现象意味着，如果你只专注于自己的市场，那么你很可能无法足够快地发现下一波颠覆浪潮。与此同时，在我们的行业之外冒险又让我们面临着复杂性问题。因为现在有太多的行业。根据全球行业分类标准（由摩根士丹利资本国际和标准普尔金融服务公司制定），共有 11 个宏观行业、24 个行业团体、68 个行业和 157 个分支行业。[10] 探索每一个市场，寻找可能进入我们自己市场的新浪潮，需要巨大的努力。那么，我们还能怎么做呢？

七大类别

全球市场和研究分析师通常会监测一些行业的变化。事实证明，我们可以通过考虑建立一个小型的、可管理的关于这些行业的列表，来发现全球性的颠覆浪潮。通常家庭一年购买几百种类别中的几千个商品和服务，但其中绝大多数支出——2016 年美国家庭 94% 的支出[11]——都在七个类别的商品上，我称为七大类别。这七大类别对应着人们在日常生活中必须做出的一系列消费选择：住哪儿（住房、家居用品和维修）、如何出行（空中和陆地交通）、吃什么（食物、饮料及其制造）、穿什么（时尚、化妆品和个人打扮）、如何学习（正规和非正规教育）、如何娱乐（媒体、电子产品和体育）以及如何治愈自己（卫生保健、身体治疗和心理治疗）。如果你想了解你所在行业的潜在变化，你应该看看这些类别中出现的早期迹象。因为这七大类别可以使你识别出人们需求、欲望、偏好和家庭行为的主要变化，这些变化可能会延伸到其他类别和行业，包括你自己所处的行业。

跟踪跨行业的变化

七大类别的变化影响广泛。事实上，众所周知，在客户需求和行为方面，七大类别会影响或"传染"彼此以及其他看似毫不相关的行业。例如，一旦人们决定选择一个更方便的食物提供者，他们往往会在着装、生活、交通、学习、康复和娱乐方面都追求便利性。这些决定很少是单独做出的，而是在市场基础上做出的。优步和爱彼迎等共享按需服务就是例子。皮尤研究中心的一项研究发现，约20%的美国人习惯性地在日常生活中购买四种或四种以上的服务。同一组客户随后开始在其他行业寻求类似的便利服务。[12] 这同样适用于多样性需求（营销人员称为多样性寻求行为）、独特性需求、物有所值需求和可持续性需求。客户一旦在七大类别中购买到了满足这些特殊需求中的任何一种的产品或服务，许多人很快就会在其他经常购买的类别中寻找满足类似需求的产品或服务。

2010年，当在脸书总部发表研究报告时，我第一次见到马克·扎克伯格。这时，我注意到一个关于七大类别中的"传染效应"

的有趣的例子。扎克伯格，这样一位伟大的商业领袖，他的形象中有一项并没有给人留下深刻印象：他的着装风格。扎克伯格穿着灰色圆领 T 恤、牛仔裤和耐克鞋。从那以后，我了解到扎克伯格每天都穿着同一套衣服上班，把它当作自己的"制服"。这种做法背后似乎隐藏着一种朴素的道德观。正如扎克伯格所说："我真的很想简化我的生活，这样我就可以尽可能少地做出决定，除了如何更好地为脸书服务。"[13] 每天早上穿衣服时采用同一标准，这意味着扎克伯格每天可以少做一个决定。

最初，我认为扎克伯格的做法是个小怪癖，但随着遇到越来越多的开始穿自己的标准工作服的年轻人，我意识到扎克伯格的行为成了一种更广泛的趋势，我称为"一劳永逸"（Set it and forget it，SIAFI）。扎克伯格和他的同龄人正在简化他们的生活，先做好穿什么的决定，然后在很长一段时间内坚持这些决定。其他人，包括埃隆·马斯克和卸任美国总统后的巴拉克·奥巴马也在效仿扎克伯格，使用这种"一劳永逸"的穿衣模式。[14] 与此同时，新的商业模式正在出现，以满足新客户对时尚简约和轻松的需求。对男士来说，Trunk Club 出售整套工作服，它精心搭配的衬衫、毛衣、裤子、腰带和鞋子的组合帮客户省去了自己搭配服装的麻烦。订阅服务如 Stance、ArmourBox 和 Scentbird，为客户提供简单的购买常穿衣物的方式，包括内衣、袜子、运动服等。一劳永逸！

订阅服务提供了一个很好的方法来满足一劳永逸的需求。以食物为例，近年来，诸如 Plated、Blue Apron、Chef'd 和其他数以百计的订餐服务已经为个人和家庭建立了一种送餐制度，按照他们想要的菜肴类型、配料、份量和送餐频率来定。客户按下按钮，然后就可以一劳永逸了——原料和食谱会送到他们的家门口。包括沃尔玛和克罗格这样的超市在内的百货行业老牌企业，已经错过了这波浪潮很多年，因为它们只专注于自己的行业。克罗格直到 2017 年年中才推出了其首个套餐订阅服务，6 个月后沃尔玛才推出了这项服务，晚于该行业创始者 Blue Apron 整整 5 年。[15]

订餐服务并不是现在可以使客户在购买食物时一劳永逸的唯一方式。亚马逊生鲜（Amazon Fresh）使客户不再需要每周起草购物清单和去超市。他们只需看一下购物清单，定好他们希望亚马逊送某些商品上门的频率。每周送一次牛奶？打钩。每两个月送一次牙膏？打钩。在线服务具有非常简单的浏览和依照历史订单下单的功能，它使标准的经常性购买变得更加流畅。

如果你担心你最喜欢的食物的价格发生变化，那也有办法。Brandless 是一家在线杂货店，它简化了比较购物的行为。美国超市平均每家有大约 45 000 件不同的商品，客户通常会花费宝贵的时间在不同类型、大小、品牌和价格的杂货中挑选自己需要的商品。[16]Brandless 使一切标准化。首先，没有品牌可供选择。所有产品都是"Brandless"（无品牌）的，在网上相当于一个普通的商店品牌。所有商品包装不分大小，Brandless 只提供最受欢迎的包装大小。最后，所有类别的 Brandless 产品单件售价都为 3 美元（市面上比 3 美元便宜的产品，如蔬菜汤，3 美元 3 份）。客户在做决定时不用再考虑品牌、尺寸和价格，购物的行为变得简单多了，客户也可以提前知道他们将为购物车里的商品支付多少钱。每周买 20 件？算一下多少钱。

因为既可以长期使用，又可以节省精力，和自动订单相结合的订阅服务正在取代客户在各种类别的商品中挑选的行为，不仅是选食物。有些服务需要更多的前期工作：客户必须调查服务并确定将哪些商品列入自动购买的订单。随后的精力成本就会减少，会弥补这一点（当然，随着客户对自己的喜好有了进一步了解，他们确实需要对自己的订阅做一些调整）。

Z 一代（指在 20 世纪 90 年代后期至 21 世纪初期出生的人）的用户普遍不会单独购买歌曲，他们倾向于订阅音乐流媒体服务，如 Spotify——娱乐业中"一劳永逸"的一个典型例子。这些用户最初会花时间创建播放列表并与朋友共享。当他们想听音乐的时候，他们可以直接从几个播放列表中进行选择。Spotify 拥有大约 20 亿个播放列表，它们是由用户、有抱负的 DJ 和公司自己建立的。截至 2017 年年中，Spotify 拥有 7 000 万音乐流媒体订阅者，而苹果的用户数为 3 000 万，亚马逊的用户数不到 2 000 万。[17] 然而，Spotify 等服务并不是娱乐领域一劳永逸唯一的例子。亚马逊提供了一个名为 STEM 俱乐部的玩具订阅服务，专注于科学、技术、工程和数学方面的益智玩具。只要你选好孩子的年龄和送货频率，公司就会从它出售的高品质益智玩具中挑选适合你孩子的玩具，并定期送到你的家中。家长们也可以"一劳永逸"！

客户一旦初步体验了订阅产品服务，看到了它们可以节约自己的时间和精力，他们就会开始在包括住房在内的其他消费领域也选择订阅服务。对客户来说，买房和整修房子是最费钱，也是最费时间的事情之一。像 Thumbtack、TaskRabbit 和 Hello Alfred 这样的数字化初创公司为家庭提供维修服务和上门做家务的服务，让客户能够找到完成这些工作的最佳人选，并将这些人干活的时间表安排妥当。一劳永逸！虽然客户仍然需要指导和监督他们的工作，但客户可以节省下大量的时间。

如果你没有自己的房子，像Roam这样的合租初创公司会用一种有趣的方式来使你一劳永逸。你可以在市中心租一个非常小的（微型）公寓，不需自己维护。无论什么时候，只要愿意，你就可以在不签新合同的情况下搬到另一座城市的另一间公寓去住。Roam和其他这样的初创公司满足了工程师、设计师、作家、顾问和其他独立专业人士的需求，因为他们寻求冒险，并可以在世界任何地方远程工作。根据Roam的创始人布鲁诺·海德的说法，"要管理自己的东西，或者要在住爱彼迎和照看自己家之间来回切换，都显得有些麻烦了"。如果你使用Roam，每个月只需支付大约1 800美元，你就可以选择在伦敦住6个月，在巴厘岛住3个月，然后一年中剩下的几个月在迈阿密度过。你只需注册一次，提前选好你要去的地方和接下来一年的居住时长。你愿意的话，Roam甚至可以把你的家具和财产从一个地方运到另一个地方。

在各个行业中，更聪明的企业已经开始发掘年青一代的愿望，希望向年轻人提供"一劳永逸"的服务，简化他们的生活。在推出定制旅行和共享乘车服务后，优步公司在华盛顿特区试着运行Uber Commute，它可以使我们从家到公司再到家的通勤变得更规范。甚至健康行业也在引入"一劳永逸"的模式。在美国，20%的人每天服用3粒以上的药丸。[18] 对这些病人来说，获得处方、购买药丸，并记住服用哪些药丸、何时服用以及服用的药丸组合成了一项主要的日常活动。初创企业PillPack通过订阅产品服务简化了所有的步骤。你需要先注册并向PillPack提供医生给你开的处方，说明你需要服用哪些药物。PillPack会去购买这些药物，将它们按顺序装在塑料袋里，放在像自动取物器那样的盒子里。应用程序会提醒你服药时间，告诉你什么时候应该把盒子上的袋装药片撕下，把药片吞下去。每个包装袋上都印着需要服用药片的日期和时间。你不再需要单独购买药物，或在药瓶中找药，也不会在吃完某一种药丸的同时又剩下太多另一种药丸。一劳永逸。

我在七大类别中找到了一个关于一劳永逸的服务或订阅的好例子：教育行业。对非正规短期教育来说，订阅服务很常见，但对长期的正规教育，如本科和研究生或专业学位课程来说则不是。大多数学院都有四年制的本科课程，除了法学博士或医学博士，研究生学位往往需要两年才能完成。这些课程这样设置的目的在于使年轻人接受教育，吸收尽可能多的知识，然后将这些知识应用到就业市场中。在教授本科生、商科研究生和高级管理人员时，我注意到两种趋势。首先，为了获得学位，学生需要接受连续多年的教育，本科生和一些研究生对这样的教育越来越不耐烦。如果可以，他们宁愿修几门课程后就进入就业市场。在那里，他们可以实践他们所学到的知识，也可以更好地理解他们未来需要什么样的知识。其次，我也注意到许多高管希望更频繁地重返校园。"先学后练"的老模式已经过时了。"教育是终身目标"，这一点越来越深入人心，这是我们无法用时间划分清楚的。

这种持续学习的需求催生了订阅服务模式，在这种模式中学生接受教育的结构是一劳永逸的。他们不再需要参加考试、申请、面试和到学校完成其他任务。一旦有了订阅，他们就可以决定什么时候回教室，下一步选什么课程。人们应该能够随时接受和跳出正规教育，在他们的职业生涯中学习他们认为合适的课程。尽管近年来出现了新的和创新性的教育模式（例如密涅瓦计划、奇点大学和优达学城），但据我所知，到 2019 年，只有一所知名的大学提供订阅服务模式的教育。罗斯商学院推出了一项终身课程计划，为密歇根大学的校友提供课程、内容和职业发展服务。我的雇主哈佛大学可能很快就需要改进其已延续了近四个世纪的商业模式，否则可能会因为客户寻求简化的服务而面临被颠覆的风险。如果密切关注当前我们在饮食、住房、服装、出行、娱乐和保健康复方面的发展趋势，哈佛的管理层将获益匪浅。

在观察七大类别中的变化以发现新的颠覆浪潮时，公司应该牢记解耦理论中的一个特定的原则：关注需求方（即研究客户行为和潜在动机），而不是供应方（即研究公司及其产品）。对一劳永逸模式日益增长的需求代表着消费者行为改变的浪潮，正如我所建议的，企业已经用独特和专门的产品和服务，如订阅、产品即服务（PaaS）和播放列表（在内容方面），来应对这种浪潮。不是订阅量的上升造成了颠覆，这只是颠覆带来的一种现象。潜在的驱动因素是，客户越来越需要事先确定供应商和供应情况。因此，企业需要付出准备成本，以便在可预见的未来获得持续的价值流。纵观各行业，供给方的发展代表着对需求方需求变化的延迟反应。如果你能看到需求方带来的机会而不是作为供应方的企业的反应，你就能领先竞争对手一大步。

作为供应方跟风也是相当危险的。如果你看到不同行业的企业都在推出订阅服务，那么你可能也想创建一个订阅服务。但你真的发现了新浪潮吗？没有。失败的订阅服务公司和成功的公司一样多。订阅零食？一家名为 Munchpak 的初创公司尝试过，但失败了。订阅手工制作产品？一家名为 Adults & Crafts 的初创公司尝试过，但失败了。订阅手工啤酒？ Craft Beer Club 尝试过，但失败了。事实上，大多数人在零食、手工艺和酒方面缺乏强烈的一劳永逸的动机。他们喜欢多样性和寻找新奇事物的过程，不希望将其标准化。更普遍地说，不同类别的产品无法让我们理解需求的根本原因或主要驱动因素。如果你想识别并驾驭客户驱动的颠覆浪潮，你就必须利用这些驱动因素。

顺便说一句，在发现颠覆机会并通过新技术利用好它们时，我们也要注意类似的问题。避免只关注无人机、虚拟现实、人工智能、数字货币和其他供应方技术产品的崛起。它们不一定是颠覆浪潮。扪心自问：这些技术从根本上为不同市场的广大客户提供了什么？为什么人们欢迎这些技术，为什么现在欢迎它们？消费者需求和偏好的哪些潜在变化导致这些技术成为有价值的技术？

颠覆增加的可能性在哪里？

在了解了七大类别的基础上，我们现在来探索如何去发现最有可能发生颠覆的地方。我建议的方法很简单：通过探寻在七大类别中，客户在哪些地方花费的成本有了大幅增长，我们就可以发现客户可能很快转向哪些新的颠覆性产品或服务供应商。长期持续的成本大幅上升通常会促使客户在购买产品或服务的地点和方式上做出重大改变。在这些情况下，颠覆者可以通过新的商业模式（例如，解耦）来显著地降低成本。

在美国，劳工统计局收集了过去几十年来许多消费品和服务的成本数据。[19] 根据这项研究，我能够估计出过去20年来七大类别的商品和服务成本的上升（或下降）情况。我们来看一下这七大类别中每一个类别的成本趋势。

教育（包括大学学费、初等教育和儿童保育等）的成本增长速度在七大行业中是最快的：在控制了通货膨胀（见图10.1）的20年内，实际增长了144%。[20]因此，在我看来，教育代表了颠覆性变革的最大机会。这些数据并不能证实这些商品和服务质量提高了，我们也会质疑质量的提高是否跟上了成本的增长。一些人认为，成本调整后的质量在最近几十年实际上有所下降。[21]对于颠覆性企业或初创企业来说，只要保证质量，它们帮客户减少不断增长的金钱成本的机会就是巨大的。

下一个最容易被颠覆的消费市场是保健康复，包括保健康复产品和服务，该行业的成本也在快速增长。美国人保健康复的实际成本平均增长了100%，而对于正在应对人口老龄化的发达国家，这一成本预计将增长得更快。[22]在这一领域，已经涌现出了上千家新的初创公司。总的来说，它们将改变我们在未来几年为医疗保健支付的金额，它们还将使我们重视预防疾病，而不仅是治疗疾病。

第三个最大的颠覆机会与客户的住房（包括住房建设、维修、房屋的取暖和制冷费用）有关，客户的住房成本实际增长了63%。随着各国经历房地产市场泡沫，成本上升的幅度更大，这就产生了对住房建设（出现了像WeLive和Common一样的颠覆者）和住房买卖（出现了像Redfin一样的颠覆者）的替代方法的隐性需求。这些变化可能会影响我们私人生活空间的大小、位置和定义，进而影响我们为家庭购买的家具、厨房用具和其他商品。[23]

第四大颠覆机会在于客户的饮食。自1997年以来，食品的平均实际价格上涨了56%。[24]在过去几年中，食品生产、分销和零售业出现了许多新兴企业，客户选择更天然、有机、健康、本地生产的功能性食品。尽管这种趋势在这个行业并不新鲜，但最近已经成为主流，威胁到雀巢、卡夫和荷美尔（Hormel）等大型食品制造商。大规模生产多品类食品的制造商，曾经被视为强大的企业，它们很快就会发现它们那无处不在的全球品牌不再是它们资产的代表，反而变成了累赘。

第五大颠覆机会在于出行，包括私人汽车、汽车制造、航空旅行和公共交通。从表面上看，这些行业的实际成本对典型的美国消费者来说增长了约24%。[25] 因为新车的平均价格约为3.6万美元，而在美国往返航班的平均价格约为350美元，以绝对值计算，交通在客户每年的消费支出中占有相当大的比重。[26] 我在前几章讨论过私人汽车领域的颠覆。在未来几年里，我们可能会看到公共交通和货物运输领域出现相当大的颠覆。

在过去的20年里，七大类别中有两个类别的实际成本有所下降。服装（如礼服和鞋子）方面的成本下降了约4%，部分原因是垂直一体化制造商和亚洲制造商的崛起。[27] 最后，娱乐（包括电视、玩具、视频游戏和体育）方面的成本下降了约77%，主要是因为电子消费产品和计算机的成本降低。[28] 成本的下降不一定会消除这些领域被颠覆的可能性。我们提到了这些行业中的一些颠覆性初创公司，包括Birchbox、Rebag、Twitch和网飞。然而，推动这些领域最近大部分颠覆的初创企业往往提供更方便、更省时的产品和服务，或者整体质量更好，而不是更便宜的产品或服务。

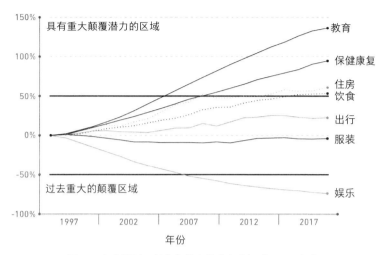

图10.1 七大类别不断变化的金钱成本（相对于1997年）

资料来源：Adapted from U.S. Bureau of Labor Statistics.

如图 10.1 所示，过去 20 年来，美国在教育、保健康复、住房和饮食等领域的金钱成本上升幅度都在 50% 以上，这表明，无论通过解耦还是其他手段，这些类别都显示出未来强大的潜力。能够以较低的价格提供同等质量产品的初创企业可能会颠覆这些市场。我们可能会看到我们出行、服装和娱乐方式出现相当大的颠覆，但这可能是由于客户购买、使用或处置商品和服务所花费的时间和精力减少而导致的。金钱成本的减少可能不会成为颠覆的主要驱动力，尤其是在娱乐业，客户已经看到了显著的成本削减。

我只描述了美国市场中七大类别与成本相关的趋势。全球市场呢？值得注意的是，七大类别的支出在整个消费市场的重要性正在显露出来。它占墨西哥消费市场的 91%，德国的 87%，日本的 86%。无论在哪个市场，七大类别在家庭支出中所占份额约占每一比索、欧元、日元或美元支出的 86% 至 94%（见表 10.1 最后一行）。

表10.1 2016年按领域和国家划分的家庭消费支出

类别	澳大利亚	捷克	德国	爱尔兰	日本	墨西哥	瑞典	英国	美国	中间值
饮食	16.6%	24.4%	13.8%	14.7%	25.4%	28.6%	15.9%	11.7%	14.0%	15.9%
服装	2.6%	3.6%	4.5%	3.9%	3.9%	3.2%	4.8%	5.5%	3.1%	3.9%
住房	36.4%	31.1%	30.7%	27.6%	29.5%	24.5%	31.4%	31.8%	33.0%	31.1%
保健康复	4.9%	2.4%	5.3%	5.1%	3.7%	3.9%	3.5%	1.8%	20.0%	3.9%
出行	14.9%	12.5%	17.3%	16.1%	13.6%	23.0%	15.7%	154%	15.8%	15.7%
娱乐	10.1%	17.4%	14.5%	22.2%	8.0%	6.6%	17.4%	19.0%	5.1%	14.5%
教育	2.6%	0.5%	0.9%	2.7%	2.0%	1.5%	0.3%	1.8%	2.5%	1.8%
支出总额百分比	88.1%	91.9%	87.0%	92.3%	86.1%	91.3%	89.0%	87.0%	93.5%	89.0%

资料来源：Adapted from Australian Bureau of Statistics, Eurostat, OECD, U.S. Bureau of Labor Statistics.

在我收集了七大类别数据的大多数发达国家，人们将大部分支出用于住房和饮食两大类。总的来说，这两类支出分别占爱尔兰和捷克的 42% 和近 56%。但我发现了一些显著的不同。例如，澳大利亚人在住房上的花费比其他国家要多得多，因为那里的住房成本特别高。[29] 在德国，政府扩大和改善了公共交通，并对车辆和燃料征收高额税金，以抑制人们购买汽车，人们花在出行上的钱要多得多，大概占工资收入的 17%。[30] 爱尔兰人、瑞典人和英国人花在娱乐上的钱相对而言要多得多，高达他们收入的 22%。正如一位研究人员所解释的，"人们可以积累的东西是有限的。人们把钱花在体验上——享受假期、游览新奇的地方、参加音乐节……而不是积累更多的东西上"。[31] 墨西哥人花了更多的钱在饮食上，占他们收入的近 29%。国际上关

244

于食物支出的数据显示，较贫穷国家的家庭通常把更多的收入用于购买食物，尽管从具体的数字来看，墨西哥人的平均支出是美国人的一半，是中国香港居民的支出的 1/3。[32] 美国人收入的大约 20% 用在保健康复上，是英国人同等支出的 10 倍，是德国人的 4 倍。[33]

鉴于不同国家的客户在不同类别的商品和服务上花费的金额不同，造成颠覆的机会在很大程度上取决于具体的国家。由于价格上涨的程度是颠覆成本降低（假设质量相似）的一个指标，我们应该关注每个国家和七大类别的实际价格上涨，以及这一类别的相对支出金额。我们可能认为教育、住房、保健康复和饮食在美国具有巨大的颠覆潜力，但我们不能说在其他国家也是这种情况。纵观德国七大类别的实际价格上涨，我们发现，在过去的 20 年里，也许除了教育成本，七大类别的实际成本没有一类的实际涨幅超过 50%（见图 10.2）。这可能归功于德国高质量的公立大学和医院，因为所有的公立大学和医院几乎都是免费的。德国也有私立大学和医院，但它们不那么受欢迎，缺乏涨价的权力和资本，而且通常专注于公共部门服务不足的领域。因此，基于金钱成本的颠覆机会在德国似乎比在美国要少。一般来说，德国的颠覆者必须接受，他们的颠覆机会较少，或者说，他们应在德国寻求减少时间成本或精力成本的颠覆机会。

在德国，消费支出的七大类别中只有一个（教育）出现了规模较大的颠覆，而英国有四个类别都出现了较大的颠覆，它们分别是出行、保健康复、住房和教育。由于私立大学在英国的教育中所起的作用比其他欧洲国家更大，推动了价格增长，因此英国的实际教育成本与美国一样飞涨。由于住房的高需求和低供给，住房成本平均增长了75%。保健康复和出行的价格上涨了 50% 以上，饮食方面也出现了类似的情况。在过去的 10 年里，只有服装的实际价格大幅下降。总之，在英国，基于金钱成本的颠覆机会很大（见图 10.3）。不过，更普遍地说，在一个国家很有可能实现的颠覆在另一个国家实现的可能性也许

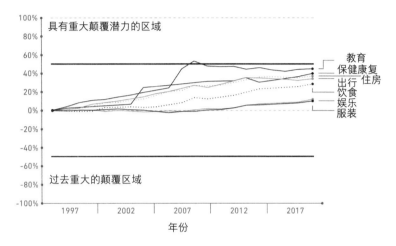

图10.2　德国七大类别不断变化的金钱成本（相对于1997年）

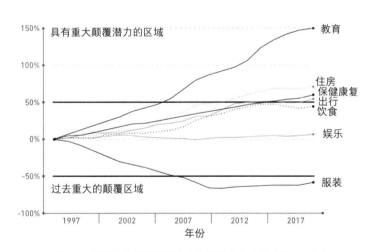

图10.3　英国七大类别不断变化的金钱成本（相对于1997年）

资料来源：Eurostat.

246

并不大。至少在金钱成本方面，一些国家和其他国家相比实现颠覆的可能性更大，颠覆的范围更广。在一个国家看到成功的商业模式并试图将其应用于另一个国家的企业家和投资者应该注意到这些结构性差异。

与精力和时间成本相关的颠覆潜力

我们已经研究了与金钱成本相关的颠覆潜力，但是与时间和精力成本相关的潜力呢？要汇编每个国家的客户为购买和使用七大类别的商品所付出的精力成本数据，即便不是不可能，也是相当困难的。然而，在美国，我们可以使用劳工统计局的高质量数据来了解客户大部分时间的使用情况。自 2003 年 1 月起，劳工统计局每月收集时间使用情况的调查数据。2016 年，该局对 10 500 人进行了调查，要求他们记录下自己在采访前一天凌晨 4 点到采访当天凌晨 4 点之间的活动。该局的研究人员随后将这些记录整编为 399 项日常活动，如睡觉、工作、看电视或电影、饮食和打扫房间。[34] 在我自己的研究中，我深入数据，进一步将人们的活动归入七大消费类别中，然后从客户的角度评估每一项活动是否创造或侵蚀了价值。例如，花时间在餐馆吃饭将构成一种价值创造活动，但开车去餐馆所花的时间将构成一种价值侵蚀活动。我的研究分析了美国人每周分别在七大类别上平均花费多少精力。这些精力也是成本，我们付出的不是钱而是我们的时间和精力。

除去工作和睡觉的时间，美国人大部分的休闲时间（每周 28 小时，占所有七大消费类别的 39%）都用来娱乐自己。之后是饮食（包括去食品杂货店购物、食品储藏室整理、食品准备、上菜和厨房清

247

理，而不仅是饮食本身）平均每周用 14 小时，约占我们在七大类别上花费时间的 19%。第三种最常见的方式是参与家居生活活动，如清洁、购买家居用品、美化环境、家居维修以及与家庭成员沟通。我们平均每周花 9 个小时在这些活动上，约占我们在七大类别上花费的时间的 12%。出行，包括通勤和其他自驾或乘车出行，平均每周占 8.1 小时；服装，每周占用 7.8 小时；教育，每周占 3.6 小时；保健康复，每周占 1.9 小时（见图 10.4）。

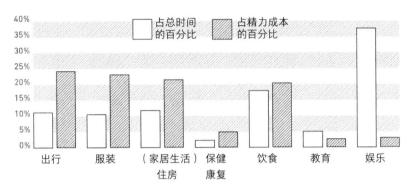

图10.4 相对时间和精力成本差距

注：总的精力成本为 100%，总的时间成本为 100%。

资料来源：Adapted from U.S. Bureau of Labor Statistics.

在完成这些活动时，我们不应该把花在这些活动上的总时间与实际花在获取利益上的时间混为一谈。例如，我们花在购买娱乐内容上的精力成本实际上只占我们在七大类别上花费的全部精力成本的 2%。这是没有任何价值产出的时间。但我们花在娱乐自己上的时间占了我们花在七大类别上总时间的 39%。原因是我们现在很容易娱乐自己，因为我们大部分的视频观看和社交活动都是在家里或网上快速轻松地完成的。与娱乐一样，我们花在教育上的时间（包括阅读，完成课程，为获得学位、证书或执照所做的工作，以及在课堂上花费的时间）在很大程度上是有价值的。美国家庭花在教育上的时间占总时间的 5%，但他们花在获取学习资源上的精力只占总精力的 2%。美国人花在饮食上的时间和精力较为平衡。他们在饮食上花费的时间占花在七大类别上的时间的 19%，花 20% 的精力采购食物、准备食物、清理食物。虽然保健康复没有占据我们在七大类别上花费的大部分时间，但从相对角度来说，它需要更多的精力成本。美国家庭花费了 5% 的精力成本和只有 3% 的时间成本来照顾他们的健康。为家庭节省时间的健康相关服务可以减小这一小差距。

在七大类别中，美国家庭在三个类别中花费的精力成本远远大于花费的时间成本。出行就是其中之一，占我们七大类别总精力成本的 25%，但只占总时间的 11%。相对而言，美国人花在服装和家居生活上的时间成本比精力成本要多得多。因为我们可以选择花多少时间来进行这些活动，而不能选择为了达到我们的期望要花费多少精力成本，这三个类别——出行、服装和家居生活——就是七大消费类别中时间成本效益最高的类别。任何企业，只要能够在这些领域创造能减少非生产性的时间投入且不减少实际获取的利益的产品或服务，就有可能吸引美国家庭的注意，并可能被证明具有高度的颠覆性。

在出行这个类别，我们详细讨论了叫车服务如何使客户享受比乘出租车旅行更好的体验。但因为用叫车代替个人驾驶，从而将驾驶时间（和精力）转换为生产性时间，叫车可能会极大地破坏我们的出行方式。对那些对买车感兴趣的人来说，自动驾驶技术还可以帮助他们释放非生产性时间（如果这些技术能够实现其承诺）。说到服装，洗衣服、穿衣服和修饰自己的过程构成了大部分的非生产性时间。诸如

Rent the Runway 之类的初创公司推出了无限的服装租赁服务，该服务使人们能够租赁、使用和归还衣柜里的大部分服装，无须购买和清理它们。同样，我提到的家庭生活服务（Thumbtack，Hello Alfred 和 TaskRabbit）都有助于减少清洁和维修自己的房屋所需的时间成本。但是，如果你真的想最大限度减少此类别所需的精力成本，不买房，使用灵活的房屋租赁服务，那么 Roam、Common 或 WeLive 的服务可以减少你大量的非生产性时间。

当涉及颠覆时，并非所有市场都是平等的，并且并非所有解耦工具都适用于每个市场。在教育和保健康复领域，以金钱成本为基础的颠覆日益凸显。在过去的二十年中，向这些行业的客户收取的价格急剧上涨，因此，提供更便宜替代品的公司将满足客户的需求，带来客户驱动的颠覆。在出行、时尚和居住方面，最能推动颠覆的公司不是那些设法降低财务成本的公司，而是那些减少了客户时间成本从而增加了客户利益的公司。我是不是认为饮食和娱乐领域几乎没有颠覆的机会？绝对不是。但是相对于七大类别的其他几类，以及涉及这些类别的客户成本，从国家的层面看，在这些类别中，要找到饮食和娱乐行业的颠覆机会要困难得多。你需要更深入地探索和研究人口子集在不同领域花费的成本。

识别七大类别

七大类别使我们理解人们如何分配金钱和时间的最大份额，它们可以帮助我们及早发现变化，然后将其扩散到其他数百个市场和部门。无论你身在哪个行业，研究七大类别都将让你更加擅长发现颠覆浪潮。我自己发现研究七大类别非常有用。正如我在第一章解释的那样，当我研究多个市场时，我发现初创公司将现有的业务模型分开（解耦），然后重新整合这些部分（耦合）。在大多数情况下，老牌公司的应对措施是试图将解耦后的部分重新黏合在一起（重新耦合）。当我发现这个模式时，我并没有刻意去研究数百个行业。我不知不觉地特别关注了七个消费类别。这本书就是追踪七大类别的成果。跨消费领域进行归纳和总结也可以使你发现下一波颠覆浪潮。

如果你想关注和研究七大类别，那么请关注有可用数据的当下，而不是未来。要发现新的颠覆浪潮，当前的预测方式大致可分为三个步骤：通过追踪七大类别以可管理的方式拓宽视野，确定成本过高的地方，然后跨领域转换趋势，以便识别可能会在你的行业发生的影响深远的重大变化。如我们所见，在七大类别中，我们在某些领域花费的金钱成本要比在其他领域中花费得多得多，而在某些领域花费的精力成本和时间成本之间的差距更大。这两个因素都创造了对新的商业模式和创新的巨大需求。这种潜在的需求反过来有可能颠覆市场，包括你自己所在的市场。

拓宽你的视野 + 确定成本过高的地方 + 跨领域转换趋势

如果你为老牌公司工作，请将上述三点纳入你的工作内容。而且，不要把提醒他人风暴即将来临的任务推给高层管理者。无论是在相邻的类别中，还是在距离更远的类别中，如果你或组织中的其他人感觉到某个重要的客户群体正在改变其行为，请认真对待。给自己更多的时间来搜集数据，并确定可能最终跟你的企业有关的常见行为模式。如果你只关注你的行业或邻近的行业，那么你可能没有足够的时间来了解客户不断变化的需求，并制定合适的应对措施。

客户的行为永远不会停止改变，因此请在你的组织内制定一个颠覆浪潮观测机制。每年或每两年进行一次分析练习，通过对七大类别中变化的分析，判断当下的行业趋势。如果频率过高（间隔六个月或更短的时间），分析结果可能只会让你做出微小的和短暂的调整。相反，如果频率太低（每三年或更长时间分析一次），分析结果可能会使你发现重大变化时为时已晚。当然，你要根据你的行业需求来决定做这样的练习的频率。如果你要迎合客户口味快速变化的市场（例如，流行音乐或青少年服装），请更频繁地做这样的分析练习。如果你为年长的客户或政府提供服务，那么你可以降低频率，这样才可以减少分析结果反复出现相同趋势的可能性。

无论选择哪种频率，你都要确保在此过程中既获得了行业内部人员的建议，也获取了行业外部人员的想法。局外人没有你所在行业中普遍存在的观点和偏见，他们将有助于你拓宽视野（行动1）。同时，内部人员通常会在"找出行业内客户成本过高的地方"这方面做得更好（行动2）。内部人员和外部人员通力合作比单组人员在行业之间转换趋势效果要好得多（行动3）。局外人的广度和局内人的深度融合，将使你有最大的机会在其他人之前发现下一波颠覆浪潮。

你可以将颠覆浪潮观测视为公司自己的"雷达系统"，类似于政府和其他机构用来观测不断变化的天气的方式。颠覆浪潮观测与风暴路径预测没有什么不同（参见图10.5）。它着眼的不是地理区域，而是市场或行业。它不是逐日观察天气变化，而是通过捕捉变化来揭示长期变化。两种模式都能为你提供三种帮助。它们使你能够确定颠覆的起源（在颠覆浪潮观测中你会发现，推动改变的是内在的消费者行为）、颠覆增长的速度或强度以及颠覆行进的路径（在颠覆浪潮观测中，你会发现发源地以外浪潮触达的新市场）。

一定要将颠覆浪潮观测的结果呈现给高层管理人员和董事会成员。董事会成员背景丰富多样，他们应该能够评估即将到来的风暴的重要性，决定是否应该积极应对，并决定应对时是否应该部署适当的管理资源。有了这些基本参数，首席执行官及其团队就有责任提出具体的对策和行动计划。

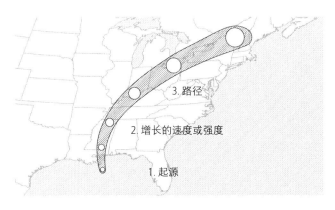

3. 路径

2. 增长的速度或强度

1. 起源

图10.5 风暴路径和强度描述

如果每个人都发挥了作用，如果能一直进行颠覆浪潮观测分析，获取有用的信息，你的公司应该就能避免意外和灾难。你将不得不适应变化，但你将能够以一种更冷静、更明智的方式来适应变化。最终对你来说，下一波颠覆浪潮就不会有那么大的颠覆性了。

结语 ————————————

　　《解锁客户价值链》提出了一种解决数字化颠覆的新方法，该方法并非植根于对技术或业务战略的一般研究，而是植根于营销学和客户行为。如我们所见，从客户而不是从公司及其竞争对手的角度来分析颠覆，可以为我们提供一种新的解释以及一种新的工具，有了这种工具，我们就可以掌控颠覆，老牌公司也可以用这种工具来应对颠覆。然而，解耦理论对我们如何思考业务具有更广泛的影响。

　　如今，我们中的许多人被技术和创新以某种对我们没什么帮助的方式分散了注意力。当读到关于史蒂夫·乔布斯、杰夫·贝佐斯、埃隆·马斯克以及其他杰出的科技企业家的文章时，我常常陷入自我怀疑。这些人是我们时代的英雄。其他企业家如何才能达到这个标准？我认识的许多高管也感到不安，向我坦言他们永远无法复制乔布斯或贝佐斯的成就。贸易会议只会使这些感觉变得更加复杂，在这里，我们遇到了自吹自擂的专家，他们吹捧着最新的技术趋势：3D 打印机、可穿戴设备、无人机、虚拟现实、机器人、机器人程序、区块链、机器学习和人工智能。对我们许多人来说，这是压倒性的。世界似乎正在以前所未有的速度变化，并且变得越来越复杂。除非我们和我们的公司跟上发展，否则谁也无法生存。学术界和顾问们太过频繁地提出用各种技术来重塑企业的复杂框架。你看到这些超负荷框架的次数越多，你可能就越会对从何处开始感到茫然无措。

正如科学研究所表明的，当恐惧压倒一切时，我们就会无法行动。我们在面对复杂性和不确定性时，也是如此。今天，许多商业领袖都经历了这种决策瘫痪。解决方案是不去理会尖端技术、突破性创新或有远见的企业家的声音，而是回到业务基础上。这样做似乎违反直觉，但这是无畏前进的唯一途径。在写这本书时，我的个人目标之一就是通过简化和明确现象来揭开颠覆的神秘面纱。我的另一个目标是转移高管的注意力，从而激励他们采取行动。就像技术使商人忽视了业务的基础一样，对技术构建者、技术初创企业和技术巨头的过度关注也导致企业家将注意力过多地集中在这些所谓的"颠覆武器"的竞争上而损害了客户的利益。你应该回到你所知道的真正重要的方面——业务和客户上。

这需要我们再做一次转变。我们必须学会"冷静下来"，放弃许多公司在面对竞争时采取的进攻的态度。传统思维认为，商业就是战争。优步、脸书、谷歌和全球许多其他大型公司都设有作战室。*它们的目标是占领领土、反击、在竞争中取得胜利。为了实现这些目标，它们采用了各种"战略武器"。确实，战争世界与商业世界之间共通的始终是战略。商业领袖将自己视为将军，观察战场，仔细研究

---

* 优步的作战室曾经用来对抗竞争对手来福车，在交通监管机构眼皮底下采取伪装行动。最近因多次曝光的内部丑闻，作战室被更名为"和平室"。

他们的计划，最终一马当先，带头冲锋。众多的企业领导者在《孙子兵法》这部公元前5世纪经典的战争手册中寻求战略灵感，他们参考的其他近期的书籍还包括《商业战争》（*Business War Games*），《企业家的不对称战争》（*Asymmetric Warfare for Entrepreneurs*）和《首席执行官的秘密武器》（*The CEO's Secret Weapon*）。这些难道都是偶然吗？

用战争比喻商业竞争确实有一定道理。当阿尔弗雷德·斯隆创立通用汽车公司时，他明确地按照军事层级构建公司的组织结构。将军（高层管理人员）确定策略，士兵（中层管理人员）遵循他们的命令。此后，许多其他企业的高管不同程度地接受了战争的类比，认为通过它，人们可以明确自己的角色和责任，也可以激励他人。面对外部敌人的威胁，许多组织内部的人更倾向于搁置自己的个人需求，将时间、精力和金钱用于组织共同的事业。

不过，我不知道现在战争的比喻是否还适用。以前在战争战略和商业战略之间存在的某些相似性显然不再存在。在传统战争中，相对较少的敌手互相作战，在众所周知的交战条件下争夺固定数量的领土。如果你赢了领土，那么你的对手就会放弃这块领土，反之亦然。如果你采取特定行动，那么你的敌人可能会以几种可预测的方式之一做出反应。几十年前，大多数行业都采用这种方式。在一个明确的市场中只有几个非常大的老牌企业相互竞争。可口可乐与百事可乐竞争。索尼与松下竞争。梅赛德斯与宝马和奥迪竞争。通用电气与西门子竞争。竞争的人数和规模是固定的，因此比赛是可以预测的，而且每个人都在争夺相同的固定战利品。

如今，许多行业和市场运作方式各不相同。互联网为分销、营销和商务提供了一种廉价的渠道，从而大大降低了创业的成本。结果，数字化初创企业涌入了消费品、电子产品、运输、工业和电信等市场。这些行业中的老牌企业面临的不再是一个或几个大型"敌人"，而是数十或数百个不可预测的小型"敌人"。规划、制定战略和执行战略不再以自上而下、分级、经过深思熟虑且可预测的方式进行。各个级别的员工都必须不断地计划和执行计划，以跟上周围发生的变化。在这种情况下，战争的隐喻就不太能有效地表示选择、决策和行动了。

战争的隐喻也导致我们将目光从客户身上移开。当公司领导者意识到自己处于战争之中，并且需要使用武器"杀死"敌人时，他们将客户视为赢得战争的奖杯，或者是他们在征服自己竞争对手的过程中遭受的损失。高管将客户放在边缘位置，将注意力集中在竞争上，采取过分激进的行动。这通常会适得其反，有时甚至会致使他们采取不道德的行动。

一项重要的心理学研究表明，当各种能力的人表现出更具攻击性的行为时，他们对世界的看法与他们攻击性较低的状态下会有所不同。当我们驾车行驶在拥挤的交通环境中，变得烦躁并表现出攻击性时，我们就不再关注"客户"，不再关注乘客和我们自己的安全。[1]同样，工作场所的攻击性行为也降低了我们对实际客户和客户需求的关注度。从2016年的大众柴油发动机排放作弊，到2017年富国银行为客户开设假账户的丑闻，以及交通监管机构查出的优步为对抗竞争对手来福车而进行的有争议的伪装行动，这一系列丑闻都显示了高管们追求目标时毫不妥协的态度。但这种态度已侵蚀或完全违反了以客户为中心的原则，进而损害了企业和社会。研究白领犯罪的尤金·绍尔特斯等学者揭示了攻击性极高的行为与公司渎职之间的联系。[2]

但战争隐喻思维所造成的危害更为严重。当高管们充满攻击性地对待竞争对手时，他们的攻击性思维就会得到加强，深刻影响职场文化。同事之间使用的语言变得更加严厉、更加敌对，不那么文明。[3]"我们对抗他们"的思维和对损失的恐惧占了上风。随着时间的推移，公司雇用了更具攻击性的员工，解雇了不太具有攻击性的员工，从而使公司文化更加粗俗。性别多样性受到影响，因为一般女性往往表现得没有男性那么咄咄逼人。如果你想理解为什么这么多的工作单位都没有留住女性领导，也无法营造出亲切的工作场所，你就不能忽视深深扎根于全球某些大公司的商业思维和实践中的攻击性思维模式（好战只是其中一种表现）。

我相信，现在是时候取消和平息商业中的这种做法了。我希望看到更多的女性在最好的公司担任管理和领导职务，而且这种想法不仅是我的价值判断。这是一个实际的问题。我相信，让企业界和平会使丑闻减少，使有害的工作环境减少，使性别失衡现象得到改善，最终，使人们更加关注客户的需求和欲望。

我并不是建议企业降低竞争力。相反，企业必须保持高度的竞争力，但不必积极寻求竞争对手的灭亡。在体育运动中，成功的运动员如汤姆·布雷迪、林赛·沃恩、勒布朗·詹姆斯、威廉姆斯姐妹和罗杰·费德勒都很尊重竞争对手，认为他们是学习的对象和灵感的源泉，甚至是可能合作的人。这样做将产生更好的竞争，而不是更少的竞争。最终，它将让所有人的业务变得更好。

数字化颠覆起初可能会带来严峻的挑战，但它也为我们提供了一个机会，以强有力的方式改变我们的思维模式和业务。耦合、解耦和重新耦合组成了一个强大的工具——一把可以让你钩住许多客户的三叉戟。让我们抓住这个机会，这不只是为了我们的客户，最终也是为我们自己。祝你好运！

塔莱斯·S.特谢拉

波士顿

2019 年

术语说明 ————————————

在本书中，有三个术语出现在显眼的位置："颠覆"、"解耦"和"客户价值链"。由于我要么是采用它们的新意，要么是以与以前的作者不同的方式使用它们，所以有必要在这里做一个说明。

颠覆

本书涉及解耦现象，解耦是一种商业模式创新，它被证明对某些市场具有高度的颠覆性。1995年，克莱顿·克里斯坦森在《哈佛商业评论》中发表了著名的文章，定义和解释了"颠覆性技术"。[1] 这篇文章使用"颠覆性技术／产品"一词来指代一类特殊的技术，这些技术最终将构成他颠覆性创新理论的基础。* 在他1997年的畅销书中《创新者的窘境》中，克里斯坦森引入了"颠覆性创新"这一术语，随后

---

* 这篇文章中只提到过一次"颠覆性创新"。

他和他的同事们在许多著作和文章中阐释了这一术语。[2] 本书在使用的"颠覆性创新"一词与该词在克里斯坦森的理论中的含义一致。

最近，一个与颠覆性创新相关的术语"颠覆"逐渐流行起来。根据《韦氏词典》的定义，"颠覆"是指"打断事物的正常或统一进程，使其分裂、破裂"。[3] 在他最近的大多数文章中，克里斯坦森似乎暗示"颠覆"应只指其颠覆性创新理论。* 在 2015 年的一篇文章——《什么是颠覆性创新？》中，克里斯坦森和他的同事们交替使用了"颠覆性创新（理论）"和"颠覆"。我不同意将这些术语混用。"颠覆性创新"是一个非常具体、定义明确的术语，与克里斯坦森 1997 年在书中提出的理论有关。但"颠覆"是一个常用名词。任何人都可以在不涉及克里斯坦森具体理论的情况下谈论颠覆、颠覆者和颠覆意图。

"颠覆"并没有出现在克里斯坦森 1995 年的文章中，只出现在克里斯坦森和其同事最近所著的书中。[4] 在克里斯坦森的第二本书《创新者的解答》中，他把"颠覆性"这个形容词附加在各种名词上，其中包括"创新"、"战略"、"商业模式"、"公司"和"理论"。实际上，克里斯坦森从狭义上将颠覆性技术定义为一种产品或过程，讨论颠覆性方法、战略类型和最终的结果，即市场颠覆。这就是概念上的问题。我们不应该把产品、方法和结果一对一地联系起来。这样会带来许多问题，其中一个是循环论证的问题：克里斯坦森将"颠覆性创新"（一种选择）定义为引起"颠覆"（一种结果）的原因。换句话说，如果一项技术颠覆了另一项技术，它就是颠覆性的。克里斯坦森使用这些术

---

* 在这里，我不同意克里斯坦森的观点。在与迈克尔·雷纳合著的《创新者的解答》中，克里斯坦森写道："颠覆是一种理论。"他的理论狭义上也是一种颠覆性创新，是关于颠覆如何发生的理论。

语，将原因（或过程）与后果（或结果）混为一谈。*

在本书中，我尊重词典里的定义，使用"颠覆"来表示试图打断一个行业的正常进程（如"颠覆行业 X"）或打断一个老牌公司的正常进程（如"颠覆公司 Y"）。换言之，我将"颠覆"视作一种结果，公司"颠覆"其他公司是一种旨在迫使这种结果发生的过程。

此外，根据流行的用法，我认为发生颠覆的主要迹象是，在相对较短的时间内，颠覆者获得了一个或多个企业大量的市场份额。我们可以对这里的"大量"和"较短"两个词的确切定义进行辩论。就我的目的而言，重要的是要注意到，对一个外部观察者来说，这种份额的转移是相对快速的，也是规模较大的。换言之，"颠覆"指的是颠覆者突然打断了原始参与者在确定的市场中获得和保持市场份额的正常过程。从这个意义上说，"创业公司 A 正在颠覆零售市场"的状态应该表明创业公司 A 正在试图打断或正在打断该行业的历史市场份额分配过程。更确切地说，将初创企业 A 称为"潜在的颠覆者"只捕捉到了其颠覆的意图。另一方面，声称"创业公司 B 颠覆了旧金山出租车行业"意味着市场份额的转移实际上发生了。事实上，优步在全球一些城市的情况就是如此。所以，与克里斯坦森和他的同事最近写的相

---

* 出现的另一个问题，以及对颠覆性创新理论的一般性批评是，正如作者所说，"当'颠覆性创新'一词被用于指某一固定点上的产品或服务而不是指该产品或服务随时间的演变时，它具有误导性"（克莱顿·克里斯坦森、迈克尔·雷纳和罗里·麦克唐纳：《什么是颠覆性创新？》，《哈佛商业评论》，2015 年 12 月）。作者称，颠覆性创新是根据"它们从边缘走向主流的路径"来分类的，因此，人们只能在观察新技术或商业模式的发展轨迹后，才能确定其是不是一种颠覆性创新。创新的分类取决于创新的方向、路径，而不是创新的内在特征。即便如此，"一些颠覆性创新成功了，而另一些却没有"。这个定义使它成为一个描述性的理论，顺便说一句，颠覆性创新理论是一个非常有用的理论，但没有一个严密的事前预测能力。

反，我认为说优步颠覆了出租车行业是准确的。[*]

解耦

我将"解耦"定义为一个初创企业打破了传统老牌企业提供给客户的相邻消费活动之间的联系。作为一类由企业实施的商业模式创新，解耦类似于克里斯坦森的颠覆性创新，但其因果机制截然不同。颠覆是由各种机制产生的结果，包括颠覆性创新、放松管制、出现新的商业模式或解耦等。^{**} 在一些情况下，解耦会导致颠覆，即大量的市场份额快速地从老牌企业（被解耦者）转移到新兴企业（解耦者）手上。但任何基于解耦的商业模式，相对于一个定义明确的市场或老牌企业而言，只能被判断为是颠覆性的，或非颠覆性的。有关此主题的更多信息，请参阅"解耦与颠覆性创新的区别"。

解耦是众多颠覆理论中的一种，在数字化颠覆中有着特殊的应用。正如我在本书中所阐述的，解耦并不能解决因为成品质量差异巨大而导致的竞争问题。开发一个优秀的产品或更好的服务本身并不构

---

[*] 克里斯坦森、雷纳和麦克唐纳在《什么是颠覆性创新？》中声称优步并没有颠覆出租车行业。我不同意，数据显示世界各地许多城市出租车运营商的市场份额迅速转移到优步手中。在某种程度上这足以说明优步颠覆了出租车行业。这是一种颠覆性创新吗？克里斯坦森创造了这个词，他最适合回答这个问题。他和同事们的回答是：事实并非如此。

^{**} 在这里，克里斯坦森和我意见一致。不仅是技术，商业模式也可能具有颠覆性，在某些情况下甚至比新技术更具有颠覆性。然而，由于我们对"颠覆性"的定义不同，他认为商业模式可以被归类为颠覆性创新，而我的意思则是它们可以颠覆市场。

成解耦。与其他形式的商业模式创新（如分类定价）不同的是，解耦发生在客户价值链层面，而不是产品层面。

客户价值链

什么是价值链？迈克尔·波特在 1985 年出版的《竞争优势》一书中对这一术语进行了定义，将其描述为一家公司所从事的创造价值的相互关联的分散活动。[5]价值链由主要活动（如运营和营销）和支持性活动（如人力资源管理和采购）组成。为了理解颠覆，我以活动为单位来进行分析。然而，与波特以企业为中心的观点不同，我持的是以客户为中心的观点，将客户的价值链定义为客户为了满足其消费需求而进行的分散活动。通常，我们可以将这些活动分类，分为搜索、评估、购买、使用以及处置商品或服务的活动。所有客户活动都会为客户创造价值或成本。一项活动可以但不一定会创造价值，这样的活动通常会为客户带来成本。例如，在商店试用产品可以为客户创造价值，但也需要客户花费时间和精力。另一方面，去实体店这项活动只会产生成本。

客户价值链与市场营销中常用的其他概念有相似之处，如"客户漏斗"、"客户旅程"、麦肯锡的"客户决策旅程"和哈佛商学院的"决策过程"。[*6]就像这些结构一样，客户价值链包括一系列被客户一项

---

* 在过去，我会把客户价值链称为决策过程，就像我们在哈佛教 MBA（工商管理学硕士）学生时一样。但我的许多学生、客户和听众都使用"客户价值链"这一说法，所以我决定也这么说。

项完成的分散活动。使客户价值链这个概念与众不同的一个方面是，它能表示一个完整的端到端的消费体验，而其他概念主要指的是流程中购买的部分。必要时，客户价值链还包括产品的使用和处置（如退货、转售或丢弃）。客户价值链的另一个独特方面是，每种活动都与不同类型的价值（价值创造、价值收费、价值侵蚀）相关联。正如我所展示的，通过客户价值链，我们可以对解耦进行有效分析，它也可以帮助我们理解解耦是怎样进行的，高管们可以采取怎样的应对措施。

解耦与颠覆性
创新的区别 ——————————————

在过去，当我向公司高管和普通听众做演讲时，听众有时会问我，解耦与克莱顿·克里斯坦森的颠覆性创新理论相比有什么区别。当理论指不同的现象并从不同的角度阐释现象时，我们很难把不同的理论放在一起比较。然而，在这一部分，我将尽力对比我的理论和克里斯坦森的理论，寻找其中重叠的方面。克里斯坦森多年来为了回应新的观察结果和过去的批评，已经更新和发展了他的理论的基本原则。

克里斯坦森最初的颠覆性创新理论描述了一种动态，即一家新兴公司，通常是一家小公司或新成立的公司，利用他最初所说的"颠覆性技术"，设法超越老牌公司，并最终扩大，实现"颠覆性创新"。[1]克里斯坦森的理论首先假设老牌公司专注于为使其获利最多的客户改进产品。在这样做的同时，老牌公司过分关注某些客户群体的需求，而忽视了其他客户群体的需求。这为初创公司创造了一个进入低端市场的机会（例如，价格较低的低性能产品，如图 A.1 底部的平行箭头所示），并瞄准那些被忽视的客户。老牌公司追求更高的专业性，倾向于关注更高端的市场（如图A.1顶部的平行箭头所示），并开始忽视低端的初创公司。新兴公司最终会向高端市场转移，因为它们提供更高性能产品的能力增加了（如图A.1中的弧形箭头所示）。它们开始在高端市场与老牌公司竞争，而在低端市场中，它们仍然是无可争议的领导者。最终，主流客户会集体转向新兴公司，而无处可去的老牌公司将失去巨大的市场份额（见图A.1）。这种现象只有在创业公司使用颠覆性技术（或创新）的情况下才会发生，而这种技术（或创新）在某些情况下是老牌公司所忽视的。一个经常被引用的例子是20世纪70年代和80年代个人计算机制造商对主机和小型计算机制造商的颠覆。

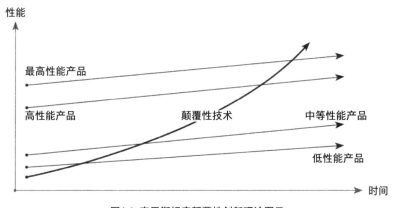

图A.1 克里斯坦森颠覆性创新理论图示

图 A.1 根据克里斯坦森的表述绘制。

克里斯坦森的颠覆性创新理论有三个值得注意的关键特征。首先，它清楚地定义了初创公司在产品性能维度的位置：在关键性能维度的底部，在老牌公司的下方（图 A.2 中的点 A）。因此，生产高端电动汽车的特斯拉不会是一个颠覆性的创新者。[2]其次，克里斯坦森的

理论指明了初创公司在这个主要维度上的轨迹。初创公司的产品性能
得到了改进，并开始缓慢提升（图A.2中的点B）。因此，根据克里斯
坦森的说法，优步不会被视为具有颠覆性。[3] 最后，该理论详细说明
了老牌公司的应对举措。它的产品性能提高了，但由于选择了不同的
技术，老牌公司的反应不像初创公司那样迅捷。最终，初创公司的产
品性能超过了老牌公司，这使得初创公司超越老牌公司，导致市场份
额的颠覆（图A.2中的点C）。多年来，克里斯坦森提供了更多关于此
类事件发生的地点、方式和原因的细节。我在这里不再赘述。尽管如
此，在很大程度上我们也可以通过他对初创公司进入市场的位置、初
创公司的轨迹、与老牌公司的关系以及老牌公司的反应的描述来了解
他的理论。

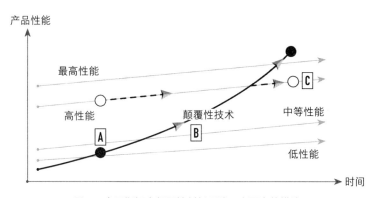

图A.2 克里斯坦森颠覆性创新理论三大要素的描述

黑色圆点代表初创公司的相对位置，而白色圆点代表老牌公司在两个时间段内的相对
位置。实线箭头代表初创公司的轨迹，而虚线箭头代表老牌公司的轨迹。

解耦理论也依赖于一些重要假设。首先，也是最重要的，它假设
数字化颠覆是由于客户的决定而发生的。因此，参与者、初创公司和
老牌公司的动力都在客户价值链的层面上发挥作用。正如克里斯坦森

的理论中说的那样，这些动力源于产品性能差异，但实际上不需要。老牌公司和初创公司之间的商业模式差异也可能导致在如何为客户创造价值、如何收取价值以及价值侵蚀是如何发生的多方面的差异。撇开这个问题不谈，如果我们要根据描述克里斯坦森的颠覆性创新理论的三个要素重新定义解耦理论，那么解耦理论提供的答案如下（见图 A.3）：

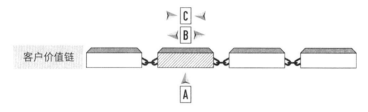

图A.3 解耦理论三大要素的图示

有阴影的矩形表示初创公司提供的活动，白色矩形表示老牌公司提供的活动。B 的箭头代表初创公司的轨迹，而 C 的箭头代表老牌公司的轨迹。

1. **初创公司进入的是哪里？** 答：它进入的是客户价值链（通过解耦）。

2. **初创公司的最终轨迹是怎样的？** 答：它会抓住客户价值链上相邻的活动（通过耦合）。

3. **老牌公司最常见的应对措施是什么？** 答：老牌公司经常会试图重新获得失去的活动（通过重新耦合）。

虽然在我看来，这三个问题的答案并不是解耦理论中最值得关注的元素，但它们应该能让读者比较出解耦与颠覆性创新的不同。在特斯拉和优步的例子中，只有后者颠覆了交通市场。它是通过解耦客户个人的交通消费活动，只提供实际的乘车一项活动从而实现颠覆的。

特斯拉在设计、技术性能和品牌属性方面能与其他汽车制造商竞争，但它并不是通过解耦来做到这一点的。如下表所示，一些（在2018年）非常成功的公司或技术可能是克里斯坦森颠覆性创新的范例，但它们并不是解耦理论中的范例，反之亦然。请注意，根据这两种理论中的任何一种判定的公司取得的市场成功，并不意味着公司本身具有颠覆性。最后，我们可以找到同时符合这两种理论的个别公司。克里斯坦森称，网飞利用流媒体技术颠覆视频租赁市场。但在视频点播阶段之前，网飞使租借 DVD 的行为与去商店的行为解耦。

例子	是颠覆性创新理论中的范例吗？	是解耦理论中的范例吗？
特斯拉	不	不
优步	不	是
PCs	是	不
网飞	是	是

那么，解耦理论与包括克里斯坦森的理论在内的所有其他颠覆理论之间的关键区别是什么？在其他理论中，由于产品性能的提高（在克里斯坦森的案例中，产品性能通过颠覆性创新得以提高），被颠覆的老牌公司将客户输给了挑战者。在解耦过程中，被颠覆的老牌企业将客户活动输给了初创公司，主要是因为初创公司降低了客户用在这些活动上的成本。在一个更实际的问题上，许多理论将管理者的注意力集中在技术上，将其作为一个驱动因素，并鼓励他们跟踪所有已证实和未被证实的技术的发展。在事实发生之前，评估哪些技术可能有一天会变成"颠覆性"技术是很难的。解耦理论将注意力集中在客

户和客户的选择过程上。难点在于判断哪些活动由于需要过度的金钱、精力或时间成本而不能满足客户的需求。这些薄弱环节为潜在的颠覆者创造了进击的机会。

如何计算风险市场份额
和总风险市场份额 ——————————

风险市场份额

首先，你可以使用以下公式评估客户认为解耦的总成本是低（负）的还是高（正）的：

成本$_{解耦}$＝成本$_{解耦者}$（金钱、时间、精力）– 成本$_{老牌公司}$（金钱、时间、精力）

接下来，你可以确定目标客户对这三种成本的潜在敏感度。你通常可以通过调查或综合分析来做到这一点。现在，你可以将这两个因素相乘，计算解耦者从某家老牌公司那里窃取客户的可能性，即解耦的潜能：

解耦的潜能 ＝ 成本$_{解耦}$ × 敏感度$_{成本}$*

最后，为了计算出任何一家老牌公司的风险市场份额，用解耦的

---

* 准确地说，是将解耦的成本与敏感度分布（在 0 至成本差的区间内）整合起来。最后计算出的"解耦的潜能"的数值应在 0 至 1 之间。

潜能乘以老牌公司的市场份额。用数学公式表示，就是：

风险市场份额 = 解耦的潜能 × 市场份额_{老牌公司}

风险市场份额指最大的潜在损失，它假设市场上的所有客户都会在购买老牌公司的产品时，考虑金钱、时间和精力成本，而不考虑其他维度的因素。同时，我们也不考虑执行层面上的因素，如营销支出、分销渠道和资金可用性。从某种意义上说，风险市场份额代表了颠覆者商业模式的潜在颠覆价值，而不是颠覆性业务本身的价值。

总风险市场份额

在某种程度上，我们可以一次计算一个颠覆者给所有行业内的老牌企业带来的风险市场份额，将它们相加以确定整个行业的风险市场份额，即总风险市场份额；或者反过来，计算解耦者成功解耦的最大潜能。用公式表示就是：

总风险市场份额 $=\sum_{老牌企业}$解耦的潜能 × 市场份额$_{老牌企业}$[*]

---

[*] 符号 $\sum$ 表示总和，比如，$\sum_i x_i = x_1 + x_2 + x_3 + x_4 + \cdots$

致谢　————————————

　　在写作本书的过程中，我非常感谢许多人的帮助和鼓励。克莱顿·克里斯坦森是最早看到我关于解耦的想法的人之一。他鼓励我说："寻找（解耦理论在现实中的）其他情况各异的例子来证实它的有效性。"感谢阅读和评论本书早期草稿的人：大卫·贝尔、皮特·卡班、吉姆·柯林斯、贾妮卡·狄龙、汤姆·艾森曼、丹·格鲁伯、琳达·希尔、马克·希尔、乔尔·考夫曼、沃尔特·基切尔三世、瑞安·牛顿、卡什·兰根、卡米尔·唐、肯·威尔伯和克里斯托·泽尔。尤金·绍尔特斯和伊娃·特谢拉用他们宝贵的时间帮我修订了许多章节，并对每一章都做出了详细的评论。对你们所有人，言语无法表达我的感激之情。很感谢哈佛的同事们对我工作的支持，以及一路上对我助益良多的对话，感谢巴拉特·阿南德、琳达·艾普雷盖特、弗兰克·塞斯佩德斯、本·埃德曼、本·埃斯蒂、凯西·朱斯蒂、肖恩·格林斯坦、理查德·哈默梅什、琳达·希尔、费利克斯·奥伯霍尔－泽吉、约翰·奎尔奇二世、瑞恩·拉菲埃利、尤金·绍尔特斯和朱峰。我要特别感谢院长尼廷·诺里亚和我的前研究主任特雷莎·阿玛比尔，他们打开了看似关闭的大门。很感谢我的学术之家里市场营销部门的每一位同事，特别是大卫·贝尔、道格·钟、约翰·戴顿、罗希特·德什潘德、苏尼尔·古普塔、拉吉夫·拉尔、唐纳德·魏和卡什·兰根。感谢我的两位助手——西亚拉·杜根和芭芭拉·特里塞尔，他们的管理工作让我的生活和工作变得轻松多了。

如果没有商界领袖的支持，如果他们没有盛情邀请我去其公司内部，让我深入探索，那么这本书也不可能完成。我要感谢我过去客户公司的高级管理人员。感谢活力集团（Active Inter-national）、巴西银行 Banco Pan、拜耳制药、宝马公司、科蒂公司、Grommet 购物网站公司、Mediabong 科技公司、微软公司、耐克公司、罗兰贝格公司、西门子公司、Technos 游戏开发公司、塔莱斯集团（和我没有关系）、巴西商业媒体公司 TV Globo、联合利华公司和 YouTube 视频网站公司。我也要感谢这些支持我早期工作的公司：可口可乐公司、德丰杰风险投资公司、迪士尼、脸书公司、谷歌公司、巴西 Grupo Padrão 公司、网飞公司、美国 NVP 风投集团、派拉蒙影业、Progress Partners 公司、丝芙兰公司和华纳兄弟，以及邀请我介绍我的研究的贸易组织：美国 ABF、巴西电子电器工业协会，巴西 Amcham Campinas 协会、东盟地区论坛、戛纳狮子国际创意节、Ibvar 组织、瑞士 INMA 机构、美国电气制造商协会以及新英格兰报业和新闻协会。我也要感谢以下首席执行官、前首席执行官或主席，他们为我慷慨地贡献了自己宝贵的时间：卡蒂亚·比彻姆（美妆订阅服务公司 Birchbox）、达雷尔·卡文斯（母婴电商公司 Zulily）、安德烈·克拉克（西门子巴西公司）、斯考特·库克（财务软件公司财捷）、查尔斯·戈拉（二手奢侈品包袋急售网站 Rebag）、杰森·哈里斯（广告公司 Mekanism）、罗恩·约翰逊（精选美食电商 Enjoy）、休伯特·乔利（百思买）、刘岩（电视媒体公司 TVision）、蒂亚戈·皮科洛（电子游戏开发公司 Technos）、朱尔斯·皮耶里（在线产品推广平台 The Grommet）、尼拉杰·沙阿（家居电商 Wayfair）、玛丽亚·托马斯（网络商店平台 Etsy）和莎拉·伍德（市场营销公司 Unruly）。特别感谢风险投资公司 Bright Bridge Ventures 的安东尼·布劳德本特和薪酬管理公司 Salary Finance 的阿塞什·萨卡尔，他们都为第六章的分析提供了数据。最后，我要感谢我为写这本书而采访过的所有其他商界领袖，我在书中记录和引用了他们睿智的发言。非常感谢你们的贡献。

我还要感谢参加我的关于数字化颠覆的应对方法的研讨会的人，我从他们身上学到了很多。其中包括以下公司的中高层管理人员：怡安、雅芳、法国巴黎银行、香奈儿、克里斯汀·迪奥、德意志银行、迪纳摩、雅诗兰黛、爱马仕、杰格·莱考特/历峰、捷普、卡夫亨氏、欧莱雅、零售科技 SaaS 平台 Mercaux、微软、慕尼黑再保险集团、皮尔逊、雷诺汽车、电子游戏开发公司 Technos、联合利华、医疗保健管理咨询公司 Vizient 和无数其他公司。感谢哈佛商学院的学生，他们参加了我的数字化营销战略、电子商务、营销入门的课程和定量营销方法博士研讨会。

我也要感谢过去十年来我遇到的出色的合著者：大卫·贝尔、摩根·布朗、艾莉森·卡弗利、露丝·科斯塔斯、罗希特·德什潘德、莱安德罗·吉索尼、苏尼尔·古普塔、彼得·杰米森、拉娜·埃尔·卡利奥比、阿基科·坎诺、莱奥拉·科尔菲尔德、朱拉·利亚孔妮特、亚历克斯·刘、大卫·洛佩斯-伦戈夫斯基、莎拉·麦卡拉、唐纳德·魏、罗莎琳德·皮卡德、里克·皮特斯、马修·普雷布尔、

276

卡什·兰根、佐藤信夫、萨凡纳（卫）·石、霍斯特·斯蒂普、伊丽莎白·沃特金斯、米歇尔·韦德尔、肯尼斯·威尔伯和普里西拉·佐格比。你们帮助我在许多问题上形成了自己的想法。谢谢！

还有我的摇滚明星般的编辑团队，在本书的策划和起草阶段他们是我重要的动力。我的编辑塞思·舒尔曼是最好的引导者。在我的学生和合著者中，我再也找不到比格雷格·皮肖塔更好的合作者了，他是一个伟大的思想伙伴。还有团队中的洛林·里斯，最初，我们完全不认识，有一天他来到我的办公室，和我说："你必须写这本书。"感谢洛林、格雷格和塞思，感谢你们对这个项目的信任，感谢你们的辛勤工作，以及你们自始至终的无私奉献。能成为这个团队的一员，我感到很幸运。也谢谢我的编辑罗杰·斯科尔和他在皇冠出版集团的优秀员工：感谢你们对本书有足够的信心，在经济上支持它，投入了无数的时间来润色它，改进它的语言，让书中的观点更加清晰明确。

在个人层面上，我要感谢我的父母，若昂·巴蒂斯塔和阿孙塔·特谢拉。自从你们极具颠覆性的儿子出生以来，你们一直都对他很有耐心。我可能很少这么说，但我深深地感激。我想对我的孩子们说：卡利娜，我为你感到骄傲，自从你指着房间里的东西说了你人生中的第一个词"假各"（意思是"这个"），后来又说了第一个完整的句子，"鸡有，有波士顿"（可能是想说波士顿有鸡），我一直为你骄傲。你的出现照亮了我的生活。马利，你是我见过的最可爱、最体贴的小男孩。总有一天你会站在巨人的肩膀上，就像你站在我低于平均身高的肩膀上一样。非常感谢你成为这样的你。最后，感谢我的妻子伊娃，她无畏、强大、聪明、美丽，是我生活中真正的伙伴。我非常感谢你对我工作的全力支持。鉴于我拥有这么多，我无疑是被选中的人。我非常爱你们。

格雷格·皮肖塔要感谢以下的人：首先，感谢他的妻子马格达莱娜·克鲁拉克－皮肖塔，如果没有她的支持，他将永远走不到这一步；其次，感谢安妮·玛丽·利宾斯基，她是哈佛大学尼曼新闻基金会的策展人。没有她，格雷格和我就永远不会见面，也没有机会一起工作。

我们对强大的新观念的热情将我们团结在一起！

注释

引 言

1. Paula Gardner, "Borders CEO Recalls 'Painful Time' 5 Years After Book Seller's Bankruptcy Filing," MLive, February 16, 2016.
2. Rahul Gupta, "Nokia CEO Ended His Speech Saying This 'We Didn't Do Anything Wrong, but Somehow, We Lost,'" LinkedIn, May 8, 2016.
3. Khadeeja Safdar, "J. Crew's Mickey Drexler Confesses: I Underestimated How Tech Would Upend Retail," *Wall Street Journal*, May 24, 2017.
4. Clayton M. Christensen, Michael Raynor, and Rory McDonald, "What Is Disruptive Innovation?," *Harvard Business Review* 93, no. 12 (December 2015): 44–53.
5. Motoko Rich, "For the Future of Borders, a Focus on Innovation," *New York Times*, July 19, 2006.

第一章

1. Emily Jane Fox, "Best Buy: Earnings 'Clearly Unsatisfactory,'" CNN, November 20, 2012, http://money.cnn.com/2012/11/20/news/companies/best-buy-earnings/, accessed May 7, 2014.
2. Andrea Chang, "Retail Groups Lash Out After Amazon Announces Price Check App Promotion," *Los Angeles Times*, December 7, 2011.
3. Google Shopper Marketing Agency Council, "Mobile In-Store Research, How In-Store Shoppers Are Using Mobile Devices," April 2013, 26, http://ssl.gstatic.com/think/docs/mobile-in-store_research-studies.pdf.

4. Nick Wingfield, "More Retailers at Risk of Amazon 'Showrooming,'" *New York Times*, February 27, 2013.

5. Miguel Bustillo, "Phone-Wielding Shoppers Strike Fear into Retailers," *Wall Street Journal*, December 15, 2010.

6. Christopher Matthews, "Are We Witnessing the Death of the Big-Box Store?," *Time*, May 24, 2012.

7. Miguel Bustillo, "Best Buy CEO Resigns," *Wall Street Journal*, April 11, 2012.

8. Thomas Lee, "Best Buy's New Chief Is Selling from Day 1," *Star Tribune*, September 9, 2012.

9. Maxwell Wessel, "Best Buy Can't Match Amazon's Prices, and Shouldn't Try," *Harvard Business Review*, December 10, 2012.

10. "Continuing Operations Store Count and Retail Square Footage 2005–2011," Investor Relations site at Bestbuy.com, http://s2.q4cdn .com/785564492/files/doc_financials/2017/q3/Store-Count-and-Square -Footage-Q3FY17.pdf, accessed March 17, 2017.

11. Lee, "Best Buy's New Chief Is Selling from Day 1."

12. Stephanie Clifford, "Mobile Deals Set to Lure Shoppers Stuck in Line," *New York Times*, November 19, 2011; Matt Schifrin, "How Best Buy Can Beat Showrooming," *Forbes*, July 5, 2012; "Turning the Retail 'Showrooming Effect' into a Value-Add," Wharton Business School, University of Pennsylvania, September 26, 2012, http://knowledge.wharton.upenn.edu /article/turning-the-retail-showrooming-effect-into-a-value-add.

13. Larry Downes, "Why Best Buy Is Going out of Business . . . Gradually," *Forbes*, January 2, 2012.

14. Drew Fitzgerald, "Fear of Showrooming Fades," *Wall Street Journal*, November 4, 2013.

15. Wessel, "Best Buy Can't Match Amazon's Prices."

16. "Evolution of International Fixed Voice Revenue for Select European Countries, 2000 to 2013," in "The Impact of VoIP and Instant Messaging on Traditional Communication Services in Europe," IDATE, September 2015.

17. "A Year of Birchbox: A Full Review of the Subscription Service," *Beauty by Arielle* blog, July 1, 2013, http://www.beautybyarielle.com/2013/01/a-year-of-birchbox-full-review-of.html.

18. This has since changed. By 2017, Birchbox offered full-sized items for sale.

19. "Interview: Philippe Pinatel, SVP and GM of Sephora Canada, Talks Beauty E-Commerce," *Cosmetics Magazine*, August 2015.

20. Lauren Keating, "Report Finds That Only 1.9 Percent of Mobile Gamers Make In-App Purchases," *Tech Times*, March 25, 2016.

21. Unfortunately, Aereo did not last long, as the United States Justice Department later ruled its business model illegal and ordered it to shut down.

22. Company website: https://www.motifinvesting.com/benefits/what-we-offer.

23. "American Time Use Survey Summary—2015 Results," U.S. Bureau of Labor Statistics, June 24, 2016.

24. Matt Phillips, "No One Cooks Anymore," *Quartz*, June 14, 2016.

25. Chef Steve's personal website: https://www.mygourmetguru.com, accessed March 17, 2017.

26. Natt Garun, "7 Bizarre Airbnb Rentals That Are Almost Too Weird to Believe," *Digital Trends*, May 6, 2013, http://www.digitaltrends.com/web /7-bizarre-airbnb-rentals-that-are-almost-too-weird-to-believe, accessed March 25, 2017; offer for 2017 Maserati Ghibli at Turo.com: https://turo .com/rentals/cars/nj/fort-lee/maserati-ghibli/230992, accessed on March 25, 2017.

27. Catherine Shu, "Spoiler Alert App Makes Donating Food as Easy as Tossing It in a Dump," TechCrunch, July 6, 2015.

28. Jen Wieczner, "Meet the Women Who Saved Best Buy," *Fortune,* October 25, 2015.

29. Miriam Gottfried, "How to Fight Amazon.com, Best Buy–style," *Wall Street Journal,* November 20, 2016.

30. Wieczner, "Meet the Women Who Saved Best Buy."

第二章

1. Alejo Nicolás Larocca, *My Pan-Am Story: Forty Years as a Stewardess with the "World's Most Experienced Airline"* (Buenos Aires: Editorial Dunken, 2015), 75–76.

2. William Stadiem, *Jet Set: The People, the Planes, the Glamour, and the Romance in Aviation's Glory Years* (New York: Ballantine Books, 2014).

3. Sophie-Claire Hoeller, "Vintage Photos from the Glory Days of Aviation," *Business Insider*, July 15, 2015.

4. Christopher Muther, "What Happened to the Glamour of Air Travel?," *Boston Globe*, September 6, 2014; Mark Thomas, "Air Transport: Market Rules," Fact Sheets on the European Union, European Parliament, March 2017, http://www.europarl.europa.eu/atyourservice/en/displayFtu .html?ftuId=FTU_5.6.7.html.

5. Patricia O'Connell, "Full-Service Airlines Are 'Basket Cases,'" *Business-Week*, September 12, 2002.

6. Siobhan Creaton, *Ryanair: How a Small Irish Airline Conquered Europe* (London: Aurum Press, 2005).

7. "Ryanair: The Godfather of Ancillary Revenue," report by Idea Works Company, November 19, 2008.

8. "Ryanair: Annual Report for the Year Ended March 31, 2016," Ryanair Investor Relations website, https://investor.ryanair.com/wp-content/uploads /2016/07/Ryanair-Annual-Report-FY16.pdf.

9. "Leading Airline Groups Worldwide in 2015, Based on Net Profit (in Billion U.S. dollars)," Statista.com. One other possible explanation for Ryanair's profitability is lower overhead costs, including pilots' salaries, as described in Liz Alderman and Amie Tsang, "Jet Pilot Might Not Seem like a 'Gig,' but at Ryanair, It Is," *New York Times*, November 16, 2017.

10. In order to analyze whether the accumulation of patents leads tech startups to grow revenues, I collected historical data about patents granted by the U.S. Patent Office to the most innovative companies in 2015 (those that were granted forty or more patents that year). From this sample, I selected for further analysis the digital technology companies that were startups on or after 1995, the beginning period covered by the data set. I matched this data to the annual revenues from the companies that had become public or published their annual revenues up until 2015. Twenty companies had enough data for a regression analysis to be done, among them Google, Amazon, Facebook, Yahoo, Salesforce.com, eBay, LinkedIn, Zynga, PayPal, Rakuten, and ten others. For each firm, a pair of regressions was estimated to compare whether revenues drove patents or the other way around. The better-fitting model would provide the answer. I found that the average explanatory power of a model that assumed cumulative revenues explained patents granted, year by year, was

84 percent (known as R-square), while the R-square for the models that assumed the inverse relationship, that it was the cumulative number of patents that explained revenue growth year over year, was on average only 42 percent. A follow-up company-by-company analysis further showed that for seventeen out of the twenty companies, the best explanation was that the number of patents granted was a consequence of revenues, not the cause. So while some big tech companies might have a few individual patents that allow them to grow sales from proprietary tech innovations, in general this is not supported for the digital technology startups I analyzed. This finding does not apply to established tech firms in 1995 such as Microsoft or Intel.

11. Dan Milmo, "Ryanair Plan for Standing-Only Plane Tickets Foiled by Regulator," *Guardian*, February 28, 2012. O'Leary has consistently looked for new ways that Ryanair could offer a service more akin to a bus experience. He has made headlines by proposing ideas for further cost-cutting measures, such as charging passengers for using toilets while flying, or introducing standing-only tickets. According to British newspapers, he has proposed that passengers who purchase the airline's cheapest tickets to London—selling for as little as one euro—fly in standing berths, "same as on the London Underground, handrails and straps." At an airline industry conference in London in late 2016, O'Leary raised eyebrows among competitors by laying out a new vision for how Ryannair could make flying free within the next five to ten years. Instead of making money with tickets, he explained, he would profit by striking deals with airports to receive a cut of the cash spent in restaurants, bars, and shops. In such a scenario, he argued, the flights could be free and would always be full. For more, see Chris Leadbeater, "Ryanair CEO: 'How I Plan to Make Air Travel Free Within 10 Years,' " *Daily Telegraph,* November 23, 2016.

12. Ramon Casadesus-Masanell, agreeing that "there is no generally accepted definition" of a business model, opts to focus on large established business. He sees companies as being like machines: you need to understand how they are assembled and how they work. The parts of a company are the choices managers make, whereas the way it works are consequences of these choices. Among the many choices of a business model, Casadesus-Masanell highlights three: what the company prioritizes, what it owns of

value, and how its people are organized. This is what he means by policies, assets, and governance. To him, this definition of a business model is a useful way for large company executives to identify how the entirety of their business works.

For entrepreneurs starting their own business, Casadesus-Masanell's definition is not a particularly useful one. For them, Alexander Osterwalder, author of the Business Model Canvas, has a readily applicable definition of a business model. He sees business models as interdependent construction bricks. As you would build a building, you start off with the economic base of your business: where money comes from (revenues) and where it goes (costs). Then you build it upward. On the revenue side, you have to determine who will pay (customer segment), what they will get (value proposition), how to reach them (channel), and how this will evolve (relationships). On the cost side, you determine the partners, activities, and resources needed to provide your customers value. This definition of a business model works well for builders. But what if your business needs only partial fixing?

Clayton Christensen, the father of the theory of disruptive innovation, perceiving the complexity of the task of defining a business model that can be broadly applicable, proposes only four building blocks. Two concern priorities: the value to the customers and the profit for the business. The other two are execution-related: the resources available and the processes necessary to deliver on the priorities. Christensen does a nice job of simplifying the components into a theoretical portion, of what value will be created for the customers and how the firm will make money, and an executional portion.

Ultimately, the most appropriate definition depends on what you plan to do with it. If you plan to conduct an exhaustive reevaluation of your key operating assumptions with senior management in a large company, Casadesus-Masanell's definition could be the most appropriate definition of a business model to use. On the other hand, if you are in the early stages of starting a small business, then Osterwalder's definition may be more appropriate. And if you already think of execution, then Christensen's definition readily allows for that.

Due to its simplicity and broad applicability, in this book I choose to use, with minor adaptations, the definition by Allan Afuah of the University of Michigan in his book *Business Model Innovation: Concepts, Analysis, and Cases* (New York: Routledge, 2014).

13. Charles Baden-Fuller and Mary S. Morgan, "Business Models as Models," *Long Range Planning* 43, no. 2 (2010): 156–171.

14. "Join Costco," Costco website, https://www.costco.com/join-costco.html.

15. "Costco Wholesale, Annual Report 2016," report for the fiscal year ended August 28, 2016, http://phx.corporate-ir.net/phoenix.zhtml?c=83830&p =irol-reportsannual.

16. "The First 'Fare Wars,'" in "America by Air," Smithsonian National Air and Space Museum, https://airandspace.si.edu/exhibitions/america-by-air /online/heyday/heyday03.cfm, accessed May 2017.

17. David J. Teece, "Business Models, Business Strategy and Innovation," *Long Range Planning* 43, no. 2 (2010): 172–194.

18. Feng Li, "Digital Technologies and the Changing Business Models in Creative Industries," paper presented at the 48th Hawaii International Conference on System Sciences, 2015.

19. "Now or Never: 2016 Global CEO Outlook," KPMG International, June 2016, https://home.kpmg.com/content/dam/kpmg/pdf/2016/06/2016 -global-ceo-outlook.pdf.

20. Ramon Casadesus-Masanell and Feng Zhu, "Business Model Innovation and Competitive Imitation: The Case of Sponsor-Based Business Models," *Strategic Management Journal* 34, no. 4 (2013): 464–482.

21. Geoffrey A. Fowler, "There's an Uber for Everything Now," *Wall Street Journal*, May 5, 2015.

22. David Harrison, "Complementarity and the Copenhagen Interpretation of Quantum Mechanics," UPSCALE, Department of Physics, University of Toronto, 2002, https://faraday.physics.utoronto.ca/PVB/Harrison /Complementarity/CompCopen.html.

23. "There are only two ways I know of to make money: bundling and unbundling," said Jim Barksdale in London in 1995, promoting the internet browser company Netscape to investors. It became one of the most famous quotes of the digital age, as it reflected a key observation that it was much easier to bundle and unbundle digital products than it previously had been to do with hard products. See also Justin Fox, "How to Succeed in Business by Bundling—and Unbundling," *Harvard Business Review*, June 24, 2014.

24. Lucy Küng, Robert Picard, and Ruth Towse, *The Internet and the Mass Media* (Los Angeles: Sage, 2008), 143–144.

25. Alex Pham, "EMI Group Sold as Two Separate Pieces to Universal Music and Sony," *Los Angeles Times*, November 12, 2011. EMI Group Limited no longer exists as an independent company as of 2016.

26. Anita Elberse, "Bye Bye Bundles: The Unbundling of Music in Digital Channels," *Journal of Marketing* 74, no. 3 (2010).

27. "Unbundle Products and Services: Giving You Just What You Want, Nothing More," part of the series "Patterns of Disruption," Deloitte University Press, 2015, https://dupress.deloitte.com/content/dam/dup-us-en /articles/disruptive-strategy-unbundling-strategy-stand-alone-products /DUP_3033_Unbundle-products_v2.pdf.

28. "1999 Form 10-K," New York Times Company, March 14, 2017, and "2016 Form 10-K," New York Times Company, February 2, 2017, http://investors .nytco.com/investors/financials/quarterly-earnings/default.aspx.

29. "EMI's Southgate Expresses Confidence in Global Music Market," *Billboard*, March 8, 1997, 1; Ben Sisario, "EMI Is Sold for $4.1 Billion in Combined Deals, Consolidating the Music Industry," *New York Times*, November 11, 2011.

30. "Investor Factbook 2009/2010," McGraw-Hill Companies Investor Relations website, http://media.corporate-ir.net/media_files/IROL/96/96562 /reports/MHP09Book/corporate-segment-information/eleven-year -revenue.html; "Annual Report as of December 31, 2016," McGraw-Hill Education Inc., http://investors.mheducation.com/financial-information /annual-reports/default.aspx.

31. Robert Gellman, "Disintermediation and the Internet," *Government Information Quarterly* 13, no. 1 (1996): 1–8.

32. David Oliver, Celia Romm Livermore, and Fay Sudweeks, *Self-Service in the Internet Age: Expectations and Experiences* (London: Springer Science & Business Media, 2009), 100–101.

33. Justin Walton, "Top 5 Apps for Stock Traders," Investopedia, November 13, 2015, http://www.investopedia.com/articles/active-trading/111315/top-5 -apps-stock-traders.asp.

34. Decoupling isn't a completely new phenomenon. In a 2003 *Harvard Business Review* article entitled "The Customer Has Escaped," Joseph Nunes and Frank Cespedes alluded to some non-digital examples of "unbundling

offerings," as they called it. Yet as Google Ventures (GV) general partner Tyson Clark explained to me in personal correspondence, "It strikes me that 'decoupling' and 'unbundling' were being used synonymously (incorrectly) at GV as we looked at companies that were actually trying to separate, as you [Thales Teixeira] put it, the value-creating activities from the value destroying activities. It's a powerful distinction."

35. Thales Teixeira, Nobuo Sato, and Akiko Kanno, "Managing Consumer Touchpoints at Nissan Japan," Harvard Business School Case 516-035, September 2015.

36. Teixeira, Sato, and Kanno, "Managing Consumer Touchpoints at Nissan Japan."

37. Christina Rogers, Erik Holm, and Chelsey Dulaney, "Warren Buffett Buys New-Car Retail Chain," *Wall Street Journal*, October 2, 2014.

38. Turo, company website, https://turo.com/how-turo-works, accessed March 2017.

39. BlaBlaCar, company website, https://www.blablacar.co.uk, accessed August 2016.

40. Mike Spector, Jeff Bennet, and John D. Stoll, "U.S. Car Sales Set Record in 2015," *Wall Street Journal*, January 5, 2016.

41. According to Allan Afuah in *Business Model Innovation*, Google did not invent search engines or sponsored ads, but it was better at business model innovation, monetizing search engines via auctions.

42. Trov, company website, http://trov.com, accessed March 2017.

43. "Trov, Total Equity Funding," company profile at Crunchbase, https://www.crunchbase.com/organization/trov#/entity, accessed March 2017.

44. "37 Cart Abandonment Rate Statistics," Baymard Institute, https://baymard.com/lists/cart-abandonment-rate, accessed March 2017.

45. "Klarna: No Sale Left Behind," CNBC, June 7, 2016, http://www.cnbc.com/2016/06/07/klarna-2016-disruptor-50.html.

46. Parmy Olson, "How Klarna Plans to Replace Your Credit Card," *Forbes*, November 7, 2016.

47. Jim Collins, *Good to Great: Why Some Companies Make the Leap and Others Don't* (New York: HarperBusiness, 2001).

48. Teece, "Business Models, Business Strategy and Innovation."

49. See interview at https://youtu.be/20d-6nXK3q0.

50. As research has shown, executives also react to disruption by blaming

it on regulatory changes and consumer behavior. See Economist Intelligence Unit, "Thriving Through Disruption," September–October 2016, http://eydisrupters.films.economist.com/thriving.

51. Afuah, *Business Model Innovation*.

第三章

1. Airbnb, company website, https://www.airbnb.com/about/about-us, accessed July 2018.

2. Marriott International, company website, https://hotel-development.marriott.com, accessed March 2017.

3. Greg Bensinger, "New Funding Round Pushes Airbnb's Value to $31 Billion," *Wall Street Journal*, March 9, 2017.

4. Griselda Murray Brown, "How Demand Is Rising Among Wealthy Buyers for 'Hotel-Serviced Living,'" *Financial Times,* October 25, 2013.

5. 2014 Annual Member Survey of the United States Tour Operators Association, cited in "The Rise of Experiential Travel," report by Skift, 2014.

6. "Unbundling the Hotel: The 62 Startups Marriott and Hilton Should Be Watching," CB Insights, June 16, 2016, https://www.cbinsights.com/blog/unbundling-the-hotel.

7. Peter F. Drucker, *Management*, rev. ed. (New York: Collins, 2008), 98. On page 61 of that seminal work, Drucker explained: "It is the customer who determines what a business is. It is the customer alone whose willingness to pay for a good or for a service converts economic resources into wealth, things into goods. What the customer buys and considers value is never a product. It is always utility, that is, what a product or a service does for him. Because its purpose is to create a customer, the business enterprise has two—and only these two—basic functions: *marketing* and *innovation*."

8. Adam Lashinsky, "Amazon's Jeff Bezos: The Ultimate Disrupter," *Fortune*, November 16, 2012.

9. iHeartCommunications Inc., Form 10-K, March 10, 2017, https://www.sec.gov/Archives/edgar/data/739708/000073970817000005/ihcomm201610-k.htm; iHeartMedia Inc., company website, http://iheartmedia.com/Corporate/Pages/About.aspx, accessed March 2017. iHeartMedia, owner of iHeart Radio, filed for bankruptcy in early 2018.

10. Pandora Media Inc., "About Pandora Media," https://www.pandora.com /about, accessed August 2016.

11. Pandora Media Inc., 4th Quarter and Full Year 2016 Financial Results, p. 1, http://investor.pandora.com/interactive/newlookandfeel/4247784 /Pandora_Q4_Financial_Results_Press_Release.pdf.

12. Twitch, company website, http://twitchadvertising.tv/audience/, accessed July 2018.

13. Steam, company website, http://store.steampowered.com/, accessed August 2016.

14. Ben Gilbert, "Meet Gabe Newell, the Richest Man in the Video Game Business," Business Insider, January 18, 2017. Steam is owned by the privately owned Valve Corporation, which doesn't release any financial numbers. Sergey Galyonkin, a gaming industry analyst and expert, estimated the value of games sold on Steam in 2016 at $3.5 billion. As Steam's average cut was 30 percent, its annual revenue might be around $1.05 billion. In recent M&A transactions in the video gaming industry, companies such as Mojang, PopCap, Playdom, and SuperCell sold at a revenue multiple of 7.4 to 9.4. This would make Steam's business alone worth $7.8–9.9 billion.

15. Juro Osawa and Sarah E. Needleman, "Tencent Seals Deal to Buy 'Clash of Clans' Developer Supercell for $8.6 Billion," Wall Street Journal, June 21, 2016.

16. Waze, company website, https://data-waze.com/2016/09/13/waze-releases -2nd-annual-driver-satisfaction-index, accessed March 2017.

17. Dara Kerr, "Google Reveals It Spent $966 Million in Waze Acquisition," CNET, July 25, 2013.

18. Dollar Shave Club, company website, https://www.dollarshaveclub.com, accessed March 2017.

19. According to one source, "EIPs are simple cognitive operations such as reading a value, comparing two values or adding them into a person's memory, and are used in science research to measure cost of effort, for instance when scanning or reading a data chart, [or] comparing or adding numbers. EIPs are particularly useful for measuring consumer behavior effort in restricted contexts such as computer interfaces or Web pages." Antonio Hyder, Enrique Bigné, and José Martí, "Human-Computer Interaction," in

The Routledge Companion to the Future of Marketing, edited by Luiz Mountinho, Enrique Bigné, and Ajay K. Manri (London: Routledge, 2014), 302.

20. Beth Kowitt, "Special Report: The War on Big Food," *Fortune*, May 21, 2015.

21. Aaron Smith, "Shared, Collaborative and On Demand: The New Digital Economy," *Pew Research Center*, May 19, 2016.

第四章

1. Stewart Alsop, "A Tale of Four Founders—and Four Companies," *Alsop Louie Partners*, blog, September 2012, http://www.alsop-louie .com/a-tale-of-four-founders-and-four-companies.

2. Eric Johnson, "How Twitch's Founders Turned an Aimless Reality Show into a Video Juggernaut," *Recode*, July 5, 2014.

3. Alsop, "A Tale of Four Founders."

4. Jessica Guynn, "It's Justin, Live! All Day, All Night!," *San Francisco Chronicle*, March 30, 2007.

5. Guynn, "It's Justin, Live! All Day, All Night!"

6. Jesse Holland, "Courts Find Justin.TV Not Guilty of 'Stealing Cable' in Lawsuit Filed by UFC," SB Nation/MMA Mania, March 22, 2012.

7. Andrew Rice, "The Many Pivots of Justin.TV: How a Livecam Show Became Home to Video Gaming Superstars," *Fast Company*, June 15, 2012.

8. Oscar Williams, "Twitch's Co-founder on the Curious Appeal of Watching Gamers Game," *Guardian*, March 17, 2015.

9. Lisa Chow, "Gaming the System (Season 3, Episode 2)," Gimlet Media podcast, April 22, 2016.

10. Drew FitzGerald and Daisuke Wakabayashi, "Apple Quietly Builds New Networks," *Wall Street Journal*, February 3, 2014.

11. Bree Brouwer, "Twitch Claims 43% of Revenue from $3.8 Billion Gaming Content Industry," TubeFilter, July 10, 2015.

12. Chris Welch, "Amazon, Not Google, Is Buying Twitch for $970 Million," *The Verge*, August 25, 2014.

13. Erin Griffith, "Driven in the Valley: The Startup Founders Fueling GM's Future," *Fortune*, September 22, 2016.

14. Unfortunately, this was not enough, and in 2016 Washio went out of business after only three years in service and spending $17 million from inves-

tors. Meanwhile, TaskRabbit said it was profitable in 2016 in all nineteen cities where the service operated. According to Bloomberg, it took the company eight years to reach a revenue of $25 million. Since its launch, TaskRabbit raised $50 million in venture capital. On September 2017, it was acquired by IKEA.

15. Claire Suddath, "The Butler Didn't Do It: Hello Alfred and the On-Demand Economy's Limits," *Bloomberg BusinessWeek*, January 21, 2016.

16. Matt Greco, "Watch Me Play Video Games! Amazon's Twitch Platform Draws Users and Dollars," CNBC, May 14, 2016.

17. Arthur Gies, "Here Are the Winners of Valve's $20+ Million 2016 International Dota 2 Championships," *Polygon*, August 13, 2016.

18. In June 2016, Prologis managed 1,959 logistics real estate facilities with a combined space of 676 million square feet in eighteen countries: https://www.prologis.com/node/4436, accessed June 2016.

19. Shelfmint, company website, http://www.shelfmint.com, accessed June 2016.

20. In 2016, San Francisco–based Storefront merged with a French startup, Oui Open, in order to speed up their global expansion. A similar business model applied to the groceries sector was adopted by Shelfmint, a New York–based startup founded in 2014.

21. Kearon Row closed in March 2017.

22. Founded in 2009, Trunk Club raised $12.44 million in venture capital before being acquired by fashion retailer Nordstrom in 2014 for $350 million. Keaton Row raised $17.3 million from investors between its launch in 2011 and 2015. In 2016, the company changed its business model. Instead of serving as a platform for third-party stylists around the United States, it employed a few in-house experts in its New York office and used them to provide all stylist services to consumers.

23. To find how investors value startups disrupting markets with different types of decoupling, we analyzed a sample of 325 U.S.-based companies that had the last round of financing in 2016 and were valued at $10 million or more, according to CB Insights. We identified fifty-five startups offering business-to-consumer products or services that used decoupling for early market entry. We then analyzed the startups' influence on the typical consumer value chain to classify them according to the type of activities being decoupled by looking at their main value proposition. We found

twelve startups decoupling value-creating activities, twenty-nine startups decoupling value-eroding activities, and fourteen startups decoupling value-charging activities. The startups not part of the analysis were either not decouplers, more than one type of decoupler, or unable to be classified based on the website's stated value proposition to the consumer. Average valuation numbers were calculated using CB Insights' data on the last round of funding or acquisition prices. Since then, some startups have gone public. These market valuations were not considered.

24. Peter Bright, "Microsoft Buys Skype for $8.5 Billion. Why, Exactly?," *Wired*, May 10, 2011; Catherine Shu, "Japanese Internet Giant Rakuten Acquires Viber for $900M," TechCrunch, February 13, 2014; Matt Weinberger, "Amazon's $970 Million Purchase of Twitch Makes So Much Sense Now: It's All About the Cloud," Business Insider, March 16, 2016.

25. Douglas MacMillan, "Dropbox Raises About $250 Million at $10 Billion Valuation," *Wall Street Journal*, January 17, 2014; Ingrid Lunden, "Spotify Is Raising Another $500M in Convertible Notes with Discounts on IPO Shares," TechCrunch, January 27, 2016 (by 2018, Spotify had gone public and was valued at nearly $30 billion); NASDAQ, "Zynga Inc. Class A Common Stock Quote and Summary Data," June 24, 2016; Lora Kolodny, "Jay-Z Backed JetSmarter Raises $105 Million to Become Uber for Private Jets," TechCrunch, December 12, 2016; Erin Griffith, "Exclusive: Birchbox Banks $60 Million," *Forbes*, April 21, 2014.

26. Thales S. Teixeira and Peter Jamieson, "The Decoupling Effect of Digital Disruptors," Harvard Business School Working Paper no. 15-031, October 28, 2014, 8; Claire O'Connor, "Rent the Runway to Hit $100M Revenues in 2016 Thanks to Unlimited Service," *Forbes*, June 15, 2016.

27. Overview of FreshDirect, Crunchbase, https://www.crunchbase.com/organization/fresh-direct#/entity, accessed July 2016.

28. Dan Primack, "Unilever Buys Dollar Shave Club for $1 Billion," *Fortune*, July 19, 2016.

第五章

1. William Lidwell and Gerry Manacsa, *Deconstructing Product Design: Exploring the Form, Function, Usability, Sustainability, and Commercial Success of 100 Amazing Products* (Beverly, MA: Rockport, 2011), 166–167.

2. Jeremy Coller and Christine Chamberlain, *Splendidly Unreasonable Inventors* (Oxford: Infinite Ideas, 2009), 3–4.

3. Randal C. Picker, "The Razors-and-Blades Myth(s)," John M. Olin Law and Economics Working Paper no. 532, University of Chicago Law School, September 2010.

4. Jack Neff, "Gillette Shaves Prices As It's Nicked by Rivals Both New and Old," *Advertising Age*, April 9, 2012; Emily Glazer, "A David and Gillette Story," *Wall Street Journal*, April 12, 2012.

5. Henry Chesbrough and Richard S. Rosenbloom, "The Role of the Business Model in Capturing Value from Innovation: Evidence from Xerox Corporation's Technology Spin-off Companies," *Industrial and Corporate Change* 11, no. 3 (2002): 529–555.

6. Market data according to research firm Slice Intelligence, cited in Jaclyn Trop, "How Dollar Shave Club's Founder Built a $1 Billion Company That Changed the Industry," *Entrepreneur*, March 28, 2017.

7. Korea-based Dorco is a supplier for most of Dollar Shave's blades. Ben Popken, "Does Dollar Shave Really Shave?," *Market Watch*, April 20, 2012.

8. "DollarShaveClub.com—Our Blades Are F***ing Great," YouTube, March 6, 2012, https://www.youtube.com/watch?v=ZUG9qYTJMsI.

9. Dollar Shave Club's website lists the following perks: no hidden costs, cancel anytime, and 100 percent money-back guarantee: https://www.dollarshaveclub.com/blades, accessed July 2017.

10. "Management's Discussion and Analysis of Financial Condition and Results of Operations," in "Effects of Merger Proposed Between the Gillette Company and the Procter & Gamble Company," Gillette, 2004, https://www.sec.gov/Archives/edgar/data/41499/000114544305000507/d16016_ex13.htm. P&G does not break down profits at the level of the Gillette unit. Its entire grooming business, which includes Braun electric shavers and shaving-related cosmetics, reported a 22 percent net profit margin in 2016. "Annual Report 2016," Procter & Gamble's corporate website, http://www.pginvestor.com/Cache/1500090608.PDF?O=PDF&T=&Y=&D=&FID=1500090608&iid=4004124.

11. U.S. Patent and Trademark Office, http://www.patentview.org.

12. Jessica Wohl, "P&G Buys High-End Brand the Art of Shaving," Reuters, June 3, 2009.

13. Anthony Ha, "Dollar Shave Club Launches Razor Subscription Service, Raises $1M from Kleiner (and Others)," TechCrunch, March 6, 2012.

14. By 2016, Gillette's share of the U.S. market had shrunk by one-third, to 54 percent, and Dollar Shave Club was acquired by P&G's archrival Unilever for $1 billion. For details, refer to Mike Isaac and Michael J. de la Merced, "Dollar Shave Club Sells to Unilever for $1 Billion," *New York Times*, July 20, 2016.

15. "Give Commercials the Finger: TiVo Introduces TiVo BOLT," press release, TiVo, September 30, 2015, http://ir.tivo.com/Cache/1001214134 .PDF?O=PDF&T=&Y=&D=&FID=1001214134&iid=4206196.

16. Amanda Kooser, "Store Charges $5 'Showrooming' Fee to Looky-Loos," CNET, March 26, 2013; Thales S. Teixeira and Peter Jamieson, "The De- coupling Effect of Digital Disruptors," Harvard Business School Working Paper no. 15-031, October 28, 2014, 9.

17. Matthew Inman, "Why I Believe Printers Were Sent from Hell," The Oat- meal, http://theoatmeal.com/comics/printers, accessed January 4, 2018.

18. Jeff J. Roberts, "What Today's Supreme Court Printer Case Means for Business," *Fortune*, March 21, 2017.

19. Kyle Wiens, "The Supreme Court Just Bolstered Your Right to Repair Stuff," *Wired*, June 1, 2017.

20. On November 29, 2016, Lexmark International Inc. was acquired by a consortium of investors composed of Apex, PAG Asia Capital, and Leg- end Holdings and taken private.

21. I first heard about the idea of rebalancing from Eduardo Navarro when he was the chief strategy officer of Telefonica. They applied it to a rather narrow telephony pricing decision. Here I propose the concept broadly as value rebalancing.

22. Mitchell Smith, "Shop Owner Shrugs Off Criticism of $5 Browsing Fee," *Brisbane Times*, March 27, 2013.

23. According to their website, "Celiac Supplies operates as an educational centre for individuals, school groups and the hospitality industry. Celiac Supplies no longer sells gluten free products. It is now an advisory service for gluten free diets and people having trouble combining more than one allergy in their diet. Fees apply for consultancy service." http://www.celiac supplies.com.au/, accessed October 10, 2017.

第六章

1. Noel Randewich, "Tesla Becomes Most Valuable U.S. Car Maker, Edges Out GM," Reuters, April 10, 2017.

2. Jeff Dunn, "Tesla Is Valued as High as Ford and GM—but That Has Nothing to Do with What It's Done So Far," Business Insider, April 11, 2017.

3. Julia C. Wong, "Tesla Factory Workers Reveal Pain, Injury and Stress: 'Everything Feels like the Future but Us,'" *Guardian*, May 18, 2017.

4. Tom Krisher and Dee-Ann Durbin, "Investors Pick Tesla's Potential Instead of GM's Steady Sales," *Toronto Star*, June 1, 2017. The article quotes one analyst who says: "The financial markets are much more interested in investing in the potential of what might be huge than in the reality of what's already profitable and likely to remain so for years to come."

5. Brooke Crothers, "GM, Worried About Market Disruption, Has an Eye on Tesla," CNET, July 18, 2013. Ironically, catching up with Tesla meant looking toward GM's past. GM had pioneered electrification, launching the first mass-produced all-electric EV1 in 1996 as a means of responding to California's greenhouse gas emission regulations. The product was unprofitable, so when the state eased its regulations, GM recalled the cars, took them out to the Arizona desert, and crushed them. Twenty years later, GM was back in the game with the Chevrolet Bolt.

6. Tom Krisher, "GM Starts Producing 200-Mile Electric Chevrolet Bolt," Associated Press, November 4, 2016; Sarah Shelton, "1 Million Annual US Plug-in Sales Expected by 2024," HybridCars.com, June 11, 2015.

7. "Driving Forward: The Future of Urban Mobility," Report published in Knowledge@Wharton Series, University of Pennsylvania, February 2017, 1–2.

8. Jim Edwards, "Uber's Leaked Finances Show the Company Might—Just Might—Be Able to Turn a Profit," Business Insider, February 27, 2017.

9. Rachel Holt, Andrew Macdonald, and Pierre-Dimitri Gore-Coty, "5 Billion Trips," Uber Newsroom, June 29, 2017.

10. "Summary of Travel Trends," in *2009 National Household Travel Survey*, U.S. Department of Transportation, June 2011, 31–34.

11. "Form 10-K (Annual Report) for Period Ending 12/31/2016," Avis Budget Group, February 21, 2017, 18; Catherine D. Wood, "Disruptive

Innovation. New Markets, New Metrics," ARK Investment Management, November 2016, 6–7.

12. Johannes Reichmuth, "Analyses of the European Air Transport Market: Airline Business Models," Deutsches Zentrum fur Luft- un Raumfahrt e.V., December 17, 2008, 9.

13. Shaun Kelley and Dany Asad, "Airbnb: Digging In with More Data from AirDNA," industry overview report by Bank of America Merrill Lynch, October 27, 2015, 6.

14. Zach Barasz and Brook Porter, "Are We Experiencing Transportation's Instagram Moment?," TechCrunch, April 26, 2016.

15. Caitlin Huston, "Watch Uber's Self-Driving Cars Hit the Road in Pittsburgh," *Market Watch*, September 15, 2016.

16. Adam Millard-Ball, Gail Murrary, Jessica ter Schure, Christine Fox, and Jon Burkhardt, "Car-Sharing: Where and How It Succeeds," U.S. Transportation Research Board, Washington, DC, 2005, 4–11; Pierre Goudin, "The Cost of Non-Europe in the Sharing Economy," European Parliamentary Research Service, January 2016, 86.

17. David Kiley, "Why GM Wants to Take Over Lyft and Why Lyft Is Saying No," *Forbes*, August 16, 2016.

18. Carol Cain, "Why Maven Is Such a Good Bet for GM," *Detroit Free Press*, June 17, 2017.

19. Actually, General Motors paid founders of Cruise Automation almost $600 million in cash and GM stock, and the rest in deferred payments and employee compensation under the condition the founders stay with the company for a certain period of time. Bill Vlasic, "G.M. Wants to Drive the Future of Cars That Drive Themselves," *New York Times*, June 4, 2017.

20. Cruise Automation, company profile, Crunchbase, https://www.crunchbase.com/organization/cruise/investors, accessed May 2017; Alan Ohnsman, "Cruise's Kyle Vogt: GM Will Deploy Automated Rideshare Cars 'Very Quickly,'" *Forbes*, March 13, 2017.

21. Cadie Thompson, "Your Car Will Become a Second Office in 5 Years or Less, General Motors CEO Predicts," Business Insider, December 12, 2016.

22. *Tesla Motors vs. Anderson, Urmson and Aurora Innovation*, case 17CV305646, filed with Superior Court of California in Santa Clara,

January 25, 2017, https://www.scribd.com/document/337645529/Tesla -Sterling-Anderson-lawsuit.

23. John Howard and Jagdish Sheth, "A Theory of Buyer Behavior," *Journal of the American Statistical Association*, January 1969, 467–487; George Day, Allan Shocker, and Rajendra Srivastava, "Customer-Oriented Approaches to Identifying Product Markets," *Journal of Marketing* 43, no. 4 (1979): 8–19.

24. John Hauser and Birger Wernerfelt, "An Evaluation Cost Model of Consideration Sets," *Journal of Consumer Research* 16 (March 1990): 393–408.

25. Joseph Alba and Amitava Chattopadhyay, "Effects of Context and Part-Category Cues on Recall of Competing Brands," *Journal of Marketing Research* 22, no. 3 (1985): 340–349.

26. John R. Hauser and Birger Wernerfelt, "An Evaluation Cost Model of Consideration Sets," *Journal of Consumer Research* 16, no. 4 (1990): 393–408.

27. John Dawes, Kerry Mundt, and Byron Sharp, "Consideration Sets for Financial Services Brands," *Journal of Financial Services Marketing* 14, no. 3 (2009): 190–202.

28. Clayton M. Christensen, Michael Raynor, and Rory McDonald, "What Is Disruptive Innovation?," *Harvard Business Review* 93, no. 12 (December 2015): 44–53.

29. Clayton M. Christensen, *The Innovator's Dilemma* (Boston: Harvard Business Review Press, 1997), 28–30.

30. Zheng Zhou and Kent Nakamoto, "Price Perceptions: A Cross-National Study Between American and Chinese Young Consumers," *Advances in Consumer Research* 28 (2001): 161–168; Eugene Jones, Wen Chern, and Barry Mustiful, "Are Lower-Income Shoppers as Price Sensitive as Higher-Income Ones? A Look at Breakfast Cereals," *Journal of Food Distribution Research*, February 1994, 82–92.

31. Theo Verhallen and Fred van Raaij, "How Consumers Trade Off Behavioural Costs and Benefits," *European Journal of Marketing* 20, nos. 3–4 (1986): 19–34; Carter Mandrik, "Consumer Heuristics: The Tradeoff Between Processing Effort and Value in Brand Choice," *Advances in Consumer Research* 23 (1996): 301–307.

32. Donald Ngwe and Thales S. Teixeira, "Improving Online Retail Margins by Increasing Search Frictions," working paper, July 2018.

33. The top three banks in terms of the value (in millions of GBP) of their consumer loan portfolios (at the end of their respective 2016 fiscal years) given here were identified using Capital IQ Inc., a division of Standard & Poor's, and by screening for companies in that database that were incorporated in the United Kingdom and whose total loan portfolios at the end of their respective 2016 fiscal years were greater than zero. After excluding institutions that either did not have consumer loan portfolios or did not report numbers for their consumer loan portfolios in the Capital IQ database, the top three banks were HSBC Bank, Barclays Bank, and Lloyds Bank. The author used the consumer loan data, as presented in Capital IQ, for these specific banking entities rather than those of their parent or holding companies (HSBC Holdings, Barclays, and Lloyds Banking Group, respectively). While these three banks were all incorporated in the United Kingdom, it was not clear how much of their consumer loan portfolio were loans issued to consumers within the United Kingdom and how much might have been issued to consumers outside of the United Kingdom. Capital IQ defined consumer loans as "loans given to individuals for the purchase of domestic and household durable goods on hypothecation. It includes all forms of installment credit other than Home Mortgage Loans and Open-End Credits." Source: Capital IQ Company Screening Report, "Consumer Loans [FY 2016] (£GBPmm, Historical Rate)," Capital IQ Inc., accessed July 19, 2017.

34. The author calculated the total consumer credit market (and individual bank and collective credit card market shares) for the purpose of this MaR analysis as follows. First, the author took the total values, in millions of GBP, of eight major U.K.-incorporated banks' consumer loan portfolios at the end of their respective 2016 fiscal years—HSBC Bank (£114,314), Barclays Bank (£56,729), Lloyds Bank (£20,761), Royal Bank of Scotland (£13,780), Bank of Scotland (£10,667), National Westminster Bank (£10,273), Santander UK (£6,165), and Nationwide Building Society (£3,869)—and added them together to arrive at a combined market of approximately £236.6 billion in consumer loans. For the purpose of this analysis, the author defines the total consumer loan market as the cumulative consumer loans of just these eight banks (i.e., a £236.6 billion market). This figure does not incorporate consumer loans issued by other banks or financial institutions, and may include loans issued to consumers outside

of the United Kingdom. The author then calculated each of these eight banks' individual shares of the £236.6 billion market. Next, the author incorporated credit card data. The Bank of England reported the total amount (in millions of GBP) of outstanding consumer credit excluding student loans (not seasonally adjusted) for each month of 2016, and broke out how much of that total outstanding amount was on credit cards. The author averaged the monthly totals for all twelve months of 2016 and arrived at an average of £65,213 million for the amount of outstanding consumer credit excluding student loans attributed to credit cards over the course of 2016, and an average of £186,668 million for the total amount of outstanding consumer credit excluding student loans over the course of 2016. Thus, credit cards accounted for 34.9 percent of the market for consumer credit excluding student loans over the course of 2016. When the 34.9 percent credit card market share was added to that of the £236.6 billion consumer loan market described previously, the total market share of consumer loans was reduced to approximately 65 percent of the consumer credit market under consideration. Individual banks' shares of the consumer credit market were therefore reduced accordingly. For example, Barclays Bank's market share was reduced from 23.9 to 15.6 percent when the market under consideration was broadened to include credit cards. Although the data for consumer loans and credit cards come from different sources, may include loans to consumers outside of the United Kingdom, and measure different time frames and therefore cannot be reconciled with each other, combining these two data sets provides the best approximation of individual banks' share of the consumer credit market combined with credit cards' share of the consumer credit market.

The consumer loan data for each bank was obtained from a Capital IQ Company Screening Report, "Consumer Loans [FY 2016] (£GBPmm, Historical rate)," Capital IQ Inc., a division of Standard & Poor's, accessed July 19, 2017. The credit card market share data was calculated from Bank of England, Bankstats, A Money & Lending, A5.6, "Consumer Credit Excluding Student Loans," Excel workbook, "NSA Amts Outstanding" worksheet, last updated June 29, 2017, http://www.bankofengland.co.uk /statistics/pages/bankstats/current/default.aspx, accessed July 2017.

35. The 22.2 percent average purchase rate (APR) for credit cards in the United Kingdom in 2016 was calculated by the author based on two

numbers published by Moneyfacts.co.uk in 2016: an average percentage rate (APR) for credit cards of 21.6 percent on February 29, and a rate of 22.8 percent on September 6. Moneyfacts.co.uk, "Credit Card Interest Rate Hits an All Time High," February 29, 2016; Moneyfacts.co.uk, "Credit Card Interest Hits New Record High," September 6, 2016.

36. Thales Teixeira, Rosalind Picard, and Rana el Kaliouby, "Why, When, and How Much to Entertain Consumers in Advertisements? A Web-Based Facial Tracking Field Study," *Marketing Science* 33, no. 6 (2014): 809–827.

37. John R. Hauser, "Consideration-Set Heuristics," *Journal of Business Research* 67, no. 8 (2014): 1688–1699.

38. "Know Your Industries: 90+ Market Maps Covering Fintech, CPG, Auto Tech, Healthcare, and More," CB Insights, August 2017.

39. "Most Popular Father's Day Gifts," MarketWatch, June 14, 2013.

40. Peter Henderson, "Some Uber and Lyft Riders Are Giving Up Their Own Cars: Reuters/Ipsos Poll," Reuters, May 25, 2017.

41. Sophie Kleeman, "Here's What Happened to All 53 of Marissa Mayer's Yahoo Acquisitions," Gizmodo, June 15, 2016.

42. Seth Fiegerman, "End of an Era: Yahoo Is No Longer an Independent Company," CNN, June 13, 2017.

第七章

1. For other examples, see Thales S. Teixeira and Morgan Brown, "Airbnb, Etsy, Uber: Growing from One Thousand to One Million Customers," Harvard Business School Case 516-108, June 2016 (revised January 2018), and Thales S. Teixeira and Morgan Brown. "Airbnb, Etsy, Uber: Acquiring the First Thousand Customers," Harvard Business School Case 516-094, May 2016 (revised January 2018).

2. Austin Carr, "19_Airbnb: For Turning Spare Rooms into the World's Hottest Hotel Chain," *Fast Company*, February 7, 2012.

3. Jordan Crook and Anna Escher, "A Brief History of Airbnb," TechCrunch, June 28, 2015.

4. Michael Blanding, "How Uber, Airbnb, and Etsy Attracted Their First 1,000 Customers," *HBS Working Knowledge*, July 13, 2016; Teixeira and Brown. "Airbnb, Etsy, Uber: Acquiring the First Thousand Customers."

5. Teixeira and Brown, "Airbnb, Etsy, Uber: Growing from One Thousand to One Million Customers."

6. Teixeira and Brown, "Airbnb, Etsy, Uber: Acquiring the First Thousand Customers."

7. Teixeira and Brown, "Airbnb, Etsy, Uber: Growing from One Thousand to One Million Customers."

8. Thales S. Teixeira and Michael Blanding, "How Uber, Airbnb and Etsy Turned 1,000 Customers into 1 Million," *Forbes*, November 16, 2016.

9. Blanding, "How Uber, Airbnb, and Etsy Attracted Their First 1,000 Customers."

第八章

1. Chris Zook and Jimmy Allen, "Strategies for Growth," Insights, Bain & Company, November 1, 1999.

2. Zook and Allen, "Strategies for Growth."

3. Chris Zook and James Allen, "Growth Outside the Core," *Harvard Business Review*, December 2003.

4. Tracey Lien, "Uber Conquered Taxis. Now It's Going After Everything Else," *Los Angeles Times*, May 7, 2016.

5. Alexander Valtsev, "Alibaba Group: The Most Attractive Growth Stock in 2016," Seeking Alpha, March 29, 2016.

6. Constance Gustke, "China's $500 Billion Mobile Shopping Mania," CNBC, March 14, 2016.

7. Heather Somerville, "Airbnb Offers Travel Services in Push to Diversify," Reuters, November 17, 2016.

8. Leigh Gallagher, "Q&A with Brian Chesky: Disruption, Leadership, and Airbnb's Future," *Fortune*, March 27, 2017.

9. Christopher Tkaczyk, "Kayak's Vision for the Future of Online Travel Booking," *Fortune*, August 18, 2017.

10. Walter Isaacson, *Steve Jobs* (New York: Simon & Schuster, 2011).

11. Isaacson, *Steve Jobs*.

第九章

1. Victor Luckerson, "Netflix Accounts for More than a Third of All Internet Traffic," *Time*, May 29, 2015.

2. Mathew Ingram, "Here's Why Comcast Decided to Call a Truce with Netflix," *Fortune*, July 5, 2016.

3. Georg Szalai, "Comcast CEO Touts 'Closer' Netflix Relationship, Talks Integrating More Streaming Services," *Hollywood Reporter*, September 20, 2016.

4. Matthew S. Olson, Derek C. M. van Bever, and Seth Verry, "When Growth Stalls," *Harvard Business Review* 86, no. 3 (March 2008): 50–61.

5. Eddy Hagen (@insights4print), "#Innovation? Not everybody wants/ needs it: Netflix still has nearly 4 million subscribers to DVD by mail . . . https://www.recode.net/2017/10/5/16431680/netflix-streaming-video -subscription-price-change-dvd-mail," Twitter, October 6, 2018, https:// twitter.com/insights4print/status/916261769517158400.

6. Robbie Bach did state, "In my experience, licking the cookie is not unique to the Microsoft culture."

7. Gary Rivlin, "The Problem with Microsoft," *Fortune*, March 29, 2011.

8. In early 2017, Westfield Digital Labs was rebranded as Westfield Retail Solutions. See Adrienne Pasquarelli, "No ETA for the Mall of the Future: Westfield Rebrands Digital Labs Unit," AdAge, February 8, 2017.

9. A few months after I interviewed Kaufman, Europe's largest real estate investment trust offered to acquire the high-end mall operator.

10. Kaufman elaborated on this point, remarking: "How to get people to do what we need them to do? What's in it for them? It is not for lack of en- thusiasm, but for lack of incentives. That's why most strategies fail, for me. The organizational issues get in the way of speed. Change agents are not only fighting the speed of market, but also internally pulled back by the organization's inertia. A lot of times, in my experience, they have the right ideas but the organization can't get out of its way. Organizational resistance happens because incentives are not aligned at the individual level. Think of employees like customers. How are you shaping their be- havior? How are you incentivizing commitment from the traditional part of the business to invest in the new and highly uncertain initiatives? In the

[Silicon] Valley, they have [stock] options. You need to align incentives so everybody has a stake."

11. Geoff Colvin, "How Intuit Reinvents Itself," *Fortune*, October 20, 2017.

12. Colvin, "How Intuit Reinvents Itself."

13. Colvin, "How Intuit Reinvents Itself."

14. "Intuit's First 'Founders Innovation Award' Winner, Hugh Molotsi," posted by IntuitInc, August 31, 2011, YouTube, https://www.youtube.com/watch?v=GtgseZmJH4I.

15. David Kirkpatrick, "Throw It at the Wall and See If It Sticks," *Fortune*, December 12, 2005.

16. Apart from a layoff of 399 employees in 2015 that was due to "realignment," according to a company spokesperson.

17. Lara O'Reilly, "The 30 Biggest Media Companies in the World," Business Insider, May 31, 2016.

18. Robert A. Burgelman, Robert E. Siegel, and Jason Luther, "Axel Springer in 2014: Strategic Leadership of the Digital Media Transformation," Stanford GSB, E522, 2014.

19. Burgelman, Siegel, and Luther, "Axel Springer in 2014."

20. Robert A. Burgelman, Robert Siegel, and Ryan Kissick, "Axel Springer in 2016: From Transformation to Acceleration?," Stanford GSB, E610, 2016.

21. Burgelman, Siegel, and Luther. "Axel Springer in 2014."

第十章

1. Jeffrey Ball, "Inside Oil Giant Shell's Race to Remake Itself for a Low-Price World," *Fortune*, January 24, 2018.

2. Ball, "Inside Oil Giant Shell's Race to Remake Itself for a Low-Price World."

3. This is one of those sayings that has been attributed to just about everyone, according to the website Quote Investigator (https://quoteinvestigator.com/2013/10/20/no-predict/#return-note-7474-2), but this version is a translation from Karl Kristian Steincke, *Farvel Og Tak: Minder Og Meninger* (Copenhagen: Fremad, 1948), 227.

4. "Expanding the Innovation Horizon: The Global CEO Study 2006," IBM Global Business Services, 22.

5. "Marketplace Without Boundaries? Responding to Disruption," 18th Global CEO Survey, PriceWaterhouseCoopers, 2015, 18.

6. Roger T. Ames and Max Kaltenmark, "Laozi," *Encyclopaedia Britannica*, https://www.britannica.com/biography/Laozi.

7. Amos Tversky and Daniel Kahneman, "The Framing of Decisions and the Psychology of Choice," *Science* 211 (January 30, 1981): 453–458.

8. Richard Thaler and Cass Sunstein, *Nudge: Improving Decisions About Health, Wealth and Happiness* (New Haven, CT: Yale University Press, 2008), 81–102.

9. John Kemp, "Spontaneous Change, Unpredictability and Consumption Externalities," *Journal of Artificial Societies and Social Simulation* 2, no. 3 (1999).

10. Website of MSCI, one of the owners of GICS classification standard, https://www.msci.com/gics, retrieved November 2017.

11. Data for 2016 for the U.S. households based on Consumer Expenditure Survey, Bureau of Labor Statistics, U.S. Department of Labor, available at https://www.bls.gov/cex/tables.htm.

12. Aaron Smith, "Shared, Collaborative and On Demand: The New Digital Economy," Pew Research Center, May 19, 2016.

13. Heather Saul, "Why Mark Zuckerberg Wears the Same Clothes to Work Every Day," *Independent*, January 26, 2016.

14. Brian Moylan, "How to Perfect the Art of a Work Uniform," *New York Times*, June 5, 2017.

15. Bryan Pearson, "Kroger's Meal Kits Could Make a Meal of the Industry," *Forbes*, May 17, 2017; Shannon Liao, "Walmart Now Sells Meal Kits, Just like Amazon and Blue Apron," The Verge, December 7, 2017.

16. Michael Ruhlman, *Grocery: The Buying and Selling of Food in America* (New York: Abrams, 2017).

17. "Having Rescued Recorded Music, Spotify May Upend the Industry Again," *Economist*, January 11, 2018.

18. Emily Dreyfuss, "The Pharmacy of the Future Is Ready for Your Bathroom Counter," *Wired*, June 15, 2017.

19. The Bureau of Labor Statistics (BLS) compiled price data on new cars, toys, TVs, software, household energy, public transportation, education, college tuition fees, childcare, food and beverages, housing, and medical care. The BLS reports on the monthly Consumer Price Index (CPI)

of individual goods and services for urban consumers at national, state, and city levels. Data used in this sequence are based on the U.S. national average of urban consumers, relative to December 1997 (which has been given the value of zero). CPI is presented on an annual basis, which we have derived as the average of the monthly CPIs in a given year. The data are available at https://beta.bls.gov/dataQuery/search, accessed December 2017.

20. For example, the average tuition and fees at public four-year colleges in the United States increased from $4,740 in 2017 dollars in 1997–98 to $9,970 in 2017–18 (an increase of 110 percent), and average tuition at private nonprofit colleges increased in 20 years from $21,160 to $34,740 (an increase of 65 percent). Source: "Trends in College Pricing 2017," College Board, 2017.

21. "Not What It Used to Be: American Universities Represent Declining Value for Money to Their Students," *Economist*, December 1, 2012.

22. For example, the average health insurance premium for family coverage grew in the United States from $9,249 in 2003 to $18,764 in 2017, according to data reported by the Kaiser Employer Survey to the National Conference of State Legislators. Sources: "Data Brief: Paying the Price," Commonwealth Fund, August 2009, and "Health Insurance: Premiums and Increases," National Conference of State Legislators, http://www.ncsl.org/research/health/health-insurance-premiums.aspx, accessed April 2018.

23. For example, the median home value in the United States has risen from $119,600 in 2000 to $199,200 in 2017, according to the U.S. Census and the real estate analytics company Zillow. Source: Emmie Martin, "Here's How Much Housing Prices Have Skyrocketed over the Last 50 Years," CNBC, June 23, 2017.

24. The major drivers for the rise in food prices in the United States over the past two decades were high oil prices (raising shipping costs), climate changes (creating more drought), subsidies to corn production for biofuels (taking the product out of the food chain), limits to stockpiling food by the World Trade Organization (leading to price volatility), and people switching to meat in their diets. K. Amadeo, "Why Food Prices Are Rising, the Trends and 2018 Forecast," The Balance, March 19, 2018.

25. For example, according to analysts at Schroders, an asset management company, while the affordability of a new car in the United States has significantly improved since the 1990s, the total cost of ownership has risen 40 to 50 percent between the 1990s and the 2010s as a result of higher fuel prices, road tax, congestion charging, parking charges, etc. See K. Davidson, "The End of the Road: Has the Developed World Reached 'Peak Car'?," Schroders, January 2015.

26. Average transaction price for light vehicles in the United States was $36,113 in December 2017, according to Kelley Blue Book, a vehicle market information company. The national average domestic itinerary fare for the fourth quarter of 2017 was $347, according to the Bureau of Transportation Statistics.

27. Prices of clothing dropped as production shifted to cheaper labor markets, low-cost retailers grabbed market share, and social changes such as fewer people needing a separate office wardrobe. See L. Rupp, C. Whiteaker, M. Townsend, and K. Bhasin, "The Death of Clothing," *Bloomberg Businessweek*, February 5, 2018.

28. The decrease in prices of electronic goods is driven by technology innovation leading to cheaper components, proliferation of devices, and competition between manufacturers and retailers. For example, between 1997 and 2015, prices of personal computers and peripheral equipment decreased 96 percent, television prices dropped 95 percent, audio equipment prices declined by 60 percent, and prices of photographic equipment and supplies were 57 percent lower. See "Long-Term Price Trends for Computers, TVs, and Related Items," *Economics Daily*, U.S. Bureau of Labor Statistics, October 13, 2015.

29. In a recent international survey, all twenty-two of Australia's metropolitan areas were found to be unaffordable for middle-income families, and fifteen of them were rated as severely unaffordable. Middle-income housing affordability is rated using the "median multiple," which is the median house price divided by the median household income. The indicator has been recommended by the World Bank and the United Nations. Markets are rated affordable when the median multiple is 3.0 or lower. The markets become severely unaffordable when they cross the median multiple of 5.1 or higher. The median multiple for all twenty-two

Australian metropolitan areas is 5.9. Source: "14th Annual Demographia International Housing Affordability Survey: 2018," 12. The median house price in Sydney skyrocketed fifteenfold between 1980 and 2016, from AU\$64,800 to AU\$999,600. See M. Thomas, "Housing Affordability in Australia," Parliament of Australia, https://www.aph.gov.au/About _Parliament/Parliamentary_Departments/Parliamentary_Library/pubs /BriefingBook45p/HousingAffordability, accessed April 2018.

30. For more analysis of the differences between American and German public transport systems, see R. Buehler and J. Pucher, "Demand for Public Transport in Germany and the USA: An Analysis of Rider Characteristics," *Transport Reviews* 32, no. 5 (2012): 541–567.

31. Quote by Toby Clark, director of research for Europe at Mintel, in A. Monaghan, "Britons Spend More on Food and Leisure, Less on Booze, Smoking and Drugs," *Guardian*, February 16, 2017.

32. The data on consumer expenditures on food, alcoholic beverages, and tobacco consumed at home in 2016 were collected by Euromonitor International and calculated by the U.S. Department of Agriculture's Economic Research Service: https://www.ers.usda.gov/data-products/food -expenditures.aspx.

33. International data for 2016 from OECD's Global Health Expenditure Database at http://stats.oecd.org/Index.aspx?DataSetCode=SHA, accessed April 2018.

34. The American Time Use Survey methodology is described in "Technical Note," in "American Time Use Survey—2016 Results," Bureau of Labor Statistics, U.S. Department of Labor, June 27, 2017, 5–9.

结　语

1. A long strand of psychological research has shown that when people exhibit heightened aggression, they behave differently, losing track of others around them and forgetting about their needs.

2. Eugene F. Soltes, *Why They Do It: Inside the Mind of the White-Collar Criminal* (New York: PublicAffairs, 2016).

3. A. H. Buss and M. Perry, "The Aggression Questionnaire," *Journal of Personality and Social Psychology* 63, no. 3 (1992): 452–459.

术语说明

1. J. L. Bower and C. M. Christensen, "Disruptive Technologies: Catching the Wave," *Harvard Business Review* 73, no. 1 (1995).

2. Clayton M. Christensen, *The Innovator's Dilemma: When New Technologies Cause Great Firms to Fail* (Boston: Harvard Business School Press, 1997).

3. "Disrupt," Merriam-Webster.com, accessed July 2018.

4. See, for example, Clayton M. Christensen and Michael E. Raynor, *The Innovator's Solution: Creating and Sustaining Successful Growth* (Boston: Harvard Business School Press, 2003). In more recent articles, Christensen uses the term "disruption theory" to refer to his theory of disruptive innovation. I think this is misguided. It created confusion by implying that the word "disruption" should be used only when referring to his specific theory of how, in some cases, incumbents lose significant market share to new entrants using a certain class of innovations.

5. M. E. Porter, *The Competitive Advantage: Creating and Sustaining Superior Performance* (New York: Free Press, 1985).

6. David Court, Dave Elzinga, Susan Mulder, and Ole Jørgen Vetvik, "The Consumer Decision Journey," *McKinsey Quarterly*, June 2009; Thales S. Teixeira, "Marketing Communications," Harvard Business School Background Note 513-041, August 2012.

解耦与颠覆性创新的区别

1. Joseph L. Bower and Clayton M. Christensen, "Disruptive Technologies: Catching the Wave," *Harvard Business Review* 73, no. 1 (1995): 43.

2. "Tesla's Not as Disruptive as You Might Think," *Harvard Business Review,* May 2015, 22.

3. Clayton M. Christensen, Michael E. Raynor, and Rory McDonald, "What Is Disruptive Innovation?," *Harvard Business Review,* December 2015, 44.